Anna Maria Keller

Bildung in der frühen Kindheit

16 Bundesländer im Vergleich

Erziehungswissenschaft
Band 26
Herausgeber: Reinhold S. Jäger und Urban Lissmann

Verlag
Empirische Pädagogik e. V.
Bürgerstraße 23
76829 Landau
Telefon: +49 6341 906 180
Telefax: +49 6341 906 166
E-Mail: info@vep-landau.de
Homepage: www.vep-landau.de

Titelbild
© Harald Baron

Druck
BoD Norderstedt

Zitiervorschlag
Keller, A. M. (2009). Bildung in der frühen Kindheit. 16 Bundesländer im Vergleich (Erziehungswissenschaft, Bd. 26). Landau: Verlag Empirische Pädagogik.

ISBN 978-3-941320-08-6

INHALTSVERZEICHNIS

Vorwort

Mit dieser Studie hat Frau Keller eine bemerkenswerte Arbeit vorgelegt:

Sie weist im ersten Teil nach, dass man den Begriff *Bildung* nicht nur auf die in der Forschung im Vordergrund stehenden Domänen „Sprache“ oder auf „Vorläuferfähigkeiten für Mathematik“ beschränken sollte. Für jeden Experten ist es ein Allgemeinplatz, dass die Sprachentwicklung und das mathematische Verständnis für junge Kinder eminent bedeutsam sind. Daneben gibt es eine Fülle anderer beachtenswerter Domänen der Bildung.

Sie geht auch auf den Begriff *Bildung* im Kontext des modernen Kinder- und Jugendhilfegesetzes (KJHG) ein. Dort nimmt er neben den beiden Begriffen *Betreuung* und *Erziehung* einen prominenten Platz ein.

Die von den meisten Bürgern gewünschte politische Wende hat in Gesamt-Deutschland nach 1989 zu einem (fast) vollständigen Verschwinden alter und durchaus bewährter Konzepte der alten DDR im Elementarbereich geführt. Tietze hat eindeutig und unwidersprochen in mehreren empirischen Studien nachgewiesen, wie viel Rückstand der Kindergarten im Westen aufwies. Umgekehrt waren die Ausbildung und die Berufstätigkeit der DDR-Kindergärtnerinnen oft qualitativ besser als im Westen. Der Begriff der Bildung stand schon Jahrzehnte vor vergleichbaren Regelungen im Westen in DDR-Gesetzen. Sehr schnell nach 1989 entstanden fünf Neue Bundesländer. In der Folge entstanden aber auch – forciert durch die verfassungsmäßig verankerte Zuständigkeit der Länder in den meisten Bildungsbereichen – unterschiedliche Regelungen und Gesetze, die im zweiten Teil dieses Buches angesprochen werden. Sie sind die Basis der qualitativen Inhaltsanalyse der Autorin.

Die Umfänge der „Roh-Produkte“ sind von Bundesland zu Bundesland sehr verschieden. In einigen Fällen sind die Ausführungen äußerst mager und (zu) bescheiden, in einem Bundesland sind sie extrem umfangreich und (zu) lehrbuchhaft.

Der Leser des Buches wird aufgefordert, sich sein eigenes Urteil auf der Grundlage der umfangreichen Arbeiten von Anna Maria Keller zu bilden.

Landau, im Juni 2009 apl. Prof. Dr. Bernhard Wolf

Kinder! Habt hohe Ziele, große Träume und strebt nach Ruhm. – Irgendetwas wird immer daraus.

Janusz Korczak

Vorüberlegungen

Bildung: *... Bildungsanstalt – Bildungsgut – Bildungsdiskussion – Bildungsweg – Bildungswissenschaft – Bildungspolitik ...*

Kinder: *... Kindergarten – Kinderhort – Kinderspiel – Kinderbetreuung – Kinderkrippe – Kinderliebe – kinderleicht ...*

Die akademische sowie politische Bildungs- und Erziehungsdiskussion in Deutschland bezieht sich überwiegend auf Schulkinder und Jugendliche – mit der Bildung, Erziehung und Betreuung von Kleinkindern beschäftigen sich in Deutschland nur wenige Erziehungswissenschaftler. Der obere Kasten verweist auf Assoziationen mit den Begriffen „Bildung“ und „Kinder“. Bildung scheint eine ernsthafte Angelegenheit zu sein, wohingegen vieles, was mit Kindern zu tun hat, spielerisch anmutet. Gerd Schäfer stellte Mitte der 1990er Jahre fest: „Bildungsprozesse werden immer noch für umso wichtiger eingeschätzt, je höher die dabei ‚vermittelten‘ Bildungsgüter auf unserer kulturellen Werteskala stehen, je edler die moralischen Empfindungen erscheinen, die sie leiten, und je vernünftiger sich die Personen geben, die gebildet werden. Die frühkindliche Bildung findet demzufolge kaum ein politisches Interesse, keine wirksame Lobby und fehlt deshalb weitgehend auch in den sozial- und humanwissenschaftlichen Forschungsplänen“ (Schäfer, 1995, S. 17). Auch Rauschenbach (2002) bemerkt, dass für die Öffentlichkeit Bildung immer noch mit dem Schulbeginn verknüpft sei. Echte Bildung, so sagt er, scheine erst loszugehen, wenn die Kinder einen Schulranzen auf dem Rücken tragen. Der Lebensraum von Kindern vor Schuleintritt gleiche dem eines Schonraumes vor pädagogischer Einflussnahme.

Verschiedene Studien haben Schulleistungen, pädagogische Qualität oder Ausgaben für das Bildungssystem untersucht und Alarm geschlagen. Manche behaupten, der Wirtschaftsstandort Deutschland sei geschwächt in seiner Konkurrenzfähigkeit auf dem Weltmarkt. Eine gängige These lautet: Deutschland sei in hohem Maße auf die Bildung, Kreativität und Leistung seiner Bürger angewiesen. Weitergedacht kann auch gefragt werden, ob neben der Leistungskraft der Bürger auch andere Argumente für mehr Investitionen in Bildung sprechen.

Vor diesem Hintergrund fragt diese Arbeit: Was bedeutet Bildung in der frühen Kindheit? Welchen Stellenwert erhalten Bildungsangebote im Elementarbereich? Wie können konkrete Bildungsangebote für junge Kinder aussehen? Zeichnet sich in diesem Bereich – insbesondere in der Zeitrechnung nach der viel beachteten PISA-Studie – ein Wandel ab? Wie findet der sogenannte PISA-Schock in der frühkindlichen Pädagogik seinen Widerhall?

Sinn oder Unsinn von PISA ist nicht Gegenstand dieser Arbeit. Die Folgen dieser Studie sind aber bedeutsam, da eine mitunter aufgeregte bildungspolitische Diskussion ausgelöst wurde, in welcher Beziehung schulischer Leistung und frühe Förderung im Kindergarten stehen. Eine These besagt, dass fehlende Bildungsgelegenheiten in der frühen Kindheit sich negativ auf die Schullaufbahn des Jugendlichen auswirken. Besonders in der erziehungswissenschaftlichen Diskussion steht der Bildungsauftrag des Kindergartens steht auf dem Prüfstand.

Die vorliegende Arbeit geht diesen und ähnlichen Fragen nach, ohne sie jedoch vollends klären zu können. Als Prüfstein für einen möglichen Wandel des Bildungsverständnisses in der frühen Kindheit sollen die Bildungspläne der sechzehn Bundesländer, welche nach diversen kritischen Studien (also nach PISA, den Empfehlungen des Forum Bildung und dem OECD-Länderbericht zur frühkindlichen Betreuung, Bildung und Erziehung) entstanden und sich an einem gemeinsamen Rahmen orientieren, anhand zuvor zu bestimmender Bildungskategorien untersucht werden. Welche Inhalte werden dabei als wichtig erachtet und wie können diese realisiert werden? Im ersten Kapitel werden zunächst verschiedene Auffassungen von Erziehung und Bildung genauer betrachtet, um anschließend ein Bildungsverständnis für die frühe Kindheit zu entwickeln. Diese Vorgehensweise verdeutlicht, dass die Bildung junger Menschen komplex, umfassend und gleichsam individuell verläuft. Von einer erwachsenen Bildungsidee mittels einfacher Abstriche zu einer Theorie der Bildung in die frühe Kindheit zu gelangen, ist keine ausreichend differenzierte Methode. Um den Werdegang der heutigen Bildungsempfehlungen zu verdeutlichen, befasst sich das zweite Kapitel mit der curricularen Entwicklung des Kindergartens ab dem Zeitpunkt seiner Entstehung im 19. Jahrhundert, wobei das Augenmerk auf früheren und heutigen Reformbemühungen liegt. Berücksichtigt wird ebenfalls die Entwicklung des Kindergartens nach 1945 in der DDR, da hier der Elementarbereich schon viel früher Teil des Bildungssystems war und die Bildungsarbeit mit Hilfe von Bildungsplänen organisiert wurde. Das dritte Kapitel schließt den theoretischen Teil dieser Arbeit mit den die Untersuchung leitenden Fragestellungen ab. Der empirische Teil hat zum Ziel, die Bildungsempfehlungen auf konkrete Angaben zu Bildungsinhalten hin zu analysieren. Diese Analyse wird in Kapitel 5 tabellarisch dargestellt, ausgewählte Ergebnisse sind in Kapitel 6 zusammengefasst. Ob nun der in dieser Arbeit angelegte Maßstab von Bildung in der frühen Kindheit in den Bildungsempfehlungen der sechzehn Bundesländer wiedergefunden wurde, ist Gegenstand der abschließenden Diskussion. Hier soll sowohl der pädagogische Bezug der Thematik dargelegt, als auch ein Ausblick gewagt werden.

Ich möchte mich bei Prof. Dr. Bernhard Wolf herzlich dafür bedanken, dass er mich bei meiner Diplomarbeit betreut und jederzeit unterstützt hat. Auf seine Anregung hin wird die Arbeit, die im Herbst 2007 abgeschlossen wurde, nun in Buchform publiziert.

1 Die Konzepte Erziehung und Bildung

Erziehung und Bildung sind neben Sozialisation, Entwicklung, Lernen und Erfahrung die Grundbegriffe der Pädagogik und damit immer neu zu diskutieren und zu interpretieren.

Das Begriffspaar Bildung – Erziehung steht in einem gewissen Spannungsverhältnis zueinander: hier zeichnet sich eine Polarität von Selbst- und Fremdbestimmung ab. Heydorn (1970, S. 10) beschreibt dies mit starken Worten: „Mit dem Begriff der Bildung wird die Antithesis zum Erziehungsprozess entworfen! Bildung begreift sich als entbundene Selbsttätigkeit, als schon vollzogene Emanzipation. Mit ihr begreift sich der Mensch als sein eigener Urheber! Bildung ist eine neue, geistige Geburt!"

Doch sind Erziehung und Bildung kaum voneinander zu trennen. Sie stehen in einem Wechselverhältnis zueinander und bedingen sich gegenseitig. „Erziehung zielt auf die Ermöglichung von Bildung; sonst wäre sie bloße Zucht. Und Bildung bedarf der Erziehung als ihrer Voraussetzung, einer Erziehung, die zur Selbstbestimmung führen will und um der künftigen Selbstbestimmungsfähigkeit willen Fremdbestimmung ausübt" (Sesnik, 2000, S. 23).

Trotzdem muss der unterschiedliche Bedeutungszusammenhang der beiden Begriffe berücksichtigt werden und es ist sinnvoll, die bestehenden Differenzen herauszuarbeiten. Denn sonst besteht die Gefahr, beide Begriffe flexibel auszutauschen, Erziehung und Bildung beispielsweise in traditioneller Form aufzufassen, also als eine einseitige Aktivität der älteren Generation zur Formung der nachwachsenden Generation (Laewen, 2002, S. 26). „Weder die Vermischung der beiden – aufeinander verweisenden – Begriffe noch ein Ignorieren ihres Zusammenhangs, da sie sich einerseits auf völlig unterschiedliche Tätigkeiten und Sachverhalte beziehen, andererseits in jeder pädagogischen Praxis zueinander ins Verhältnis gesetzt werden, [...]" (Laewen, 2000, S. 27).

Im Folgenden sollen die Begriffe differenziert werden, um erwägen zu können, welche Rolle „Bildung" in der frühen Kindheit spielen könnte. Es stellt sich die Frage nach der Konsequenz für die inhaltliche Konzeption der Bildungs- und Erziehungsempfehlungen für den Elementarbereich.

1.1 Überlegungen zum Konzept Erziehung

Innerhalb der Erziehungswissenschaft existiert eine Fülle von Definitionsversuchen, was unter Erziehung zu verstehen sei. Der Begriff Erziehung wurde im

Verlauf der Geschichte der Pädagogik auf vielfältige Weise ausgelegt. „Er gehört zu den randlosesten der pädagogischen Fachsprache“ (Geißler, 1975, S. 15). Zwei Richtungen der Auslegung lassen sich unterscheiden. Einerseits wird Erziehung verstanden als ein herstellendes Machen, wobei die direkte Einwirkung des Erziehers die Richtung vorgibt. Das Kind ist Objekt der erzieherischen Maßnahmen, es soll aus seiner Unreife und Unmündigkeit herausgeführt werden. Diese Einstellung herrschte vor allem im 18. Jahrhundert vor, sowie innerhalb der lerntheoretischen Konzepte des klassischen und operanten Konditionierens. Auf der anderen Seite steht eine Erziehungsauffassung, die die natürliche Entwicklung des Zöglings im Blick hat, wobei auf direkte Einwirkungen des Erziehers verzichtet werden soll und es eher darum geht, die Umwelt geschickt für das Kind zu arrangieren. Ein Beispiel hierfür ist der Erziehungsroman „Emile“ (1762) von Jean-Jacques Rousseau. Diese Denkweise beeinflusste später die reformpädagogischen Ansätze.

1.1.1 Erziehungsbedürftigkeit

Voraussetzung für weitere pädagogische Gedankengänge ist die anthropologische Frage: Bedarf der Mensch überhaupt der Erziehung? In der Pädagogik ist es verbreitet, den Menschen als erziehungsbedürftiges Wesen zu bezeichnen. Bereits Immanuel Kant (1724-1804) begann seine pädagogische Vorlesung mit der Feststellung, dass der Mensch der Erziehung bedürfe: „Der Mensch ist das einzige Geschöpf, das erzogen werden muss“ (zitiert nach Rink, 1922, S. 193). Und „Der Mensch kann nur Mensch werden durch Erziehung. Er ist nichts, als was die Erziehung aus ihm macht“ (Rink, 1922, S. 195).

Martinus J. Langeveld bezeichnet den Menschen als homo educandus und betont, dass ein Kind ohne menschliche Erziehung kein Mensch würde. „Dass der Mensch ein Wesen ist, das erzieht, erzogen wird und auf Erziehung angewiesen ist, ist selbst eines der fundamentalsten Kennzeichen des Menschenbildes“ (zitiert nach Roth, 1966, S. 147).

Adolf Portmann und Arnold Gehlen begründen aus biologischer Perspektive: der Mensch ist normalisierte physiologische Frühgeburt (Portmann) und organisch mittelloses Mängelwesen (Gehlen). Die lange Kindheit des Menschen birgt in sich die Chance einer großen Lernfähigkeit und Erziehung erfüllt hierbei die zentrale Aufgabe.

Langewand (2001, S. 204) hält fest: „Seit Herbart gehört ‚Bildsamkeit‘ in die Reihe derjenigen Voraussetzungen, die getroffen werden müssen, um ‚Erziehung‘ begreiflich zu machen.“ Das, was der Mensch einmal werden soll steht nicht im Voraus fest, er wird es durch sich selbst. Dabei ist es ist wichtig, dass der Mensch selbsttätig wird, um das zu werden, was er ist.

Brezinka definiert den Begriff Erziehungsbedürftigkeit folgendermaßen: „Unter Erziehungsbedürftigkeit wird das Merkmal des Menschen verstanden, naturnotwendig auf Handlungen anderer Menschen angewiesen zu sein, durch welche diese versuchen, das Gefüge seiner psychischen Dispositionen (seine Persönlichkeit) in irgendeiner Hinsicht dauerhaft zu verbessern oder seine als wertvoll beurteilten Bestandteile zu erhalten oder die Entstehung von Dispositionen, die als schlecht bewertet werden, zu verhüten“ (Brezinka, 1990, S. 168).

Wenn Erziehung das Ziel der Mündigkeit des Heranwachsenden verfolgt, beschreibt dies den Prozess des Übergangs aus der Unmündigkeit hin zur Mündigkeit. Das Kind wird dabei als defizitär angesehen, denn es muss erst seine Unmündigkeit überwinden, um Mensch zu werden. Unter dem Gesichtspunkt lebenslangen Lernens ist diese Auffassung in Frage zu stellen. Als weiteren Kritikpunkt führt Lenzen (1999, S. 160) die starke Normativität dieser anthropologischen Voraussetzung an. Dies Normativität habe sich auch bis heute zum Teil behaupten können.

1.1.2 Bilder von Erziehung

Kozdon (1994) betont den Einfluss der jeweiligen weltanschaulichen Position auf erzieherische Vorstellungen. Denn jede Weltsicht sei verbunden mit einem Bild des Menschen, welches wiederum Richtung und Ziele der Erziehung festlege. „Denn Erziehen ist eine wertende Tätigkeit“ (Kozdon, 1994, S. 698). Diese Werte unterliegen dem historischen und gesellschaftlichen Wandel, sind abhängig von sozialer, politischer, religiöser Prägung und – das ist das Wesentliche – sind auch in der Gegenwart parallel aktuell. Das Bild vom „Menschen“, vom „Kind“, beeinflusst die pädagogischen Theorien ebenso wie das pädagogische Handeln.

Das defizitäre Bild vom Kind als kleiner Erwachsener (Kluge, 2006) wurde nicht mit der Aufklärung überwunden, sondern ist auch heute durchaus aktuell. Kinder erfahren im Wirtschaftssystem hohe Anerkennung, dank ihrer Kaufkraft. Doch in anderen gesellschaftlichen Bereichen gelten sie als unmündig und haben keine Mitbestimmungsrechte. Dieses Bild des Kindes als „noch nicht erwachsen sein“ ist das älteste und auch langlebigste Kindbild (vgl. Kluge 2006). In Europa galten Kinder bis ins 19. Jahrhundert als billige Arbeitskräfte, als Altersvorsorge für die Eltern und wuchsen unbemerkt in die Erwachsenenwelt hinein. Sobald sie laufen und sprechen konnten verrichteten sie Arbeiten gemeinsam mit den Eltern. Erziehung erfolgte in Form eines Lehrverhältnisses, eine Kindheit als eigenständige Lebensphase gab es so nicht. Kluge (2006, S. 23) verdeutlicht das Kräfteverhältnis von Kind und Erwachsenem anhand eines Schaubildes mittels eines einseitigen Pfeils vom Erwachsenem zum Kind. Der Erwachsene steht dem unmündigen Kind übermächtig gegenüber, die Bedürfnisse des Kindes bleiben unberücksichtigt.

Hauptsächlich religiöse Inhalte bestimmten vom Mittelalter bis zur Aufklärung die Vorstellungen von Erziehung. Die christliche Glaubenswelt verfolgte Ideen der Erbsündetheorie ebenso wie den Mythos des heiligen Kindes (Oelkers, 2001, 35-38). Rousseau bricht mit diesen Traditionen. „Die Stelle, die die Lehrtradition seit dem Mittelalter mit ‚Wahrheit' und ‚Tugend' bestimmt hatte, soll durch Natur – und nur durch sie – gefasst werden" (Oelkers, 2006, S. 43). Ziel sei dabei, das Unechte und Künstliche innerhalb der Erziehung zu vermeiden. Die Natur hingegen könne dem Kind helfen, seine Potenziale zu entfalten, ohne dass der Erwachsene als Erzieher eingreifen müsse. Eine Erziehung, die Tugend und Sittlichkeit zum Ziel habe, könne Kinder nur unglücklich machen, denn sie sollten lediglich der Abhängigkeit der Dinge unterliegen. „Daher soll Kindheit nichts anderes sein als die Übung der natürlichen Freiheit [...], die negativ definiert ist, durch die Abwesenheit Dritter" (Oelkers, 2001, S. 56). Rousseaus Ansatz stellte im 18. Jahrhundert einen radikalen Perspektivwechsel dar: Erziehung wird aus dem Blickwinkel des Kindes betrachtet. Von Hentig (2004 b, S. 42-83) kennt sieben pädagogische Prinzipien, die nach Rousseau Emile (den Zögling des gleichnamigen Erziehungsromans) zu einem freien, wahrhaftigen und unabhängigen Menschen leiten sollen:

1) Die Kindheit gilt als eigenständige Lebensphase und ist nicht bloßes Durchgangsstadium zum Erwachsenenalter.
2) Die Beobachtung des Kindes ist Voraussetzung für Erziehung (hieraus folgt die Forderung nach Empirie).
3) Moralität und Sittlichkeit sind nicht die ersten Ziele der Erziehung. Nicht Belehrungen, Bestrafung und Zeitdruck, sondern Zurückhaltung des Erziehers und Zeit-Verlieren-Können als Grundsätze der Erziehung („negative Pädagogik").
4) Macht, Zwang, Gehorsam sind keine guten Erziehungsmittel. Kinder lernen am besten von den Dingen und von den Menschen, indem sie Erfahrungen am eigenen Körper sammeln.
5) Kindheit und Jugendalter werden in vier Phasen unterteilt, mit denen sich auch die Erziehung altersgemäß wandelt.
6) Erziehung zum Bürger
7) Natürliche Religion

Das erste Gefühl eines Kindes solle das der Selbstliebe sein und erst das zweite Gefühl das der Nächstenliebe (Oelkers, 2001, S. 53). Hier stellt Rousseau (1712-1778) sich gegen die traditionelle theologische Einstellung, den kindlichen Egoismus brechen zu wollen. Selbstliebe wird positiv aufgefasst, der Vergleich mit andern ausgeschaltet. Rousseau fordert das Eigenrecht des Kindes und gleichzeitig das Opfern der Kindheit für eine Erziehung, die auf eine Zukunft ausgerichtet ist. Denn Erziehung wird als Motor für gesellschaftliche Veränderungen gesehen. Oelkers (ebd., S. 65) verweist auf den totalen Moment der Rousseauschen Erziehungsidee:

„1.) Die Erfahrungswelt des fiktiven Kindes ist total kontrolliert.
2.) Die Kontrolle betrifft die Gegenstände und Themen des Lernens, den didaktischen Plan und den Erfahrungsraum.
3.) Die Grenzen des Raumes sind nie klar markiert und gleichwohl vorhanden.
4.) Das Kind soll genau das nicht merken, also sich in der Illusion der eigenen Freiheit bewegen.
5.) Die Überwachung ist Sache des pädagogischen Schöpfers.“

Es zeigt sich, dass nicht nur „die Natur“ allein bestimmt, sondern der Erzieher. Er ist es, der dem Kind immer voraus ist und es leitet, auch wenn er dies das Kind nicht spüren lassen soll. Das Kind soll glauben, selbst Herr der Situation zu sein. Rousseau geht es um den Prozess der Menschwerdung und der Erziehung kommt dabei die zentrale Rolle zu. Rousseaus Erziehungslehre stellt die Verknüpfung zwischen Erziehung und Gesellschaft heraus. Selbstständigkeit und Aufrichtigkeit des Einzelnen sind von Gewicht für seine eigene Freiheit innerhalb der gesellschaftlichen Ordnung. Das gilt heute im selben Maße, wie es im 18. Jahrhundert wichtig war. Der Respekt vor einem Individuum, das Zugeständnis von Zeit und Anschauungsmöglichkeiten für seinen Entwicklungs- und Lernprozess, scheinen heute gute Grundpfeiler zu sein (vgl. von Hentig, 2004 b).

Für Johann Heinrich Pestalozzi (1746-1827) ist das Ziel jeglicher Erziehung der sittliche Mensch. Nach Pestalozzis Erkenntnis liegen die Voraussetzungen zu einer sittlichen Lebensgestaltung in der Natur des Menschen. Jedem Kinde seien Kräfte und Anlagen mitgegeben, diese seien zu Beginn noch nicht entwickelt, ließen sich erst nach und nach entfalten. Herz, Kopf und Hand entwickeln sich nach je eigenen Gesetzmäßigkeiten. Aufgabe des Erziehers sei es, diese Gesetzmäßigkeiten kennen zu lernen und sich ihnen zu unterwerfen. Alle erzieherischen Einflüsse müssten sich danach richten. Oberste Maxime der Erziehung sei – wie bei Rousseau – die Naturgemäßheit. Nur sie sei bildend, und jeder nicht naturgemäße Einfluss auf den Menschen wirke sich negativ aus. Erziehung sei ein interaktives Geschehen, und damit sei die wichtigste Fähigkeit des Pädagogen, jedes Kind in seiner Einzigartigkeit wahrzunehmen (vgl. zusammenfassend Kraft, 1996).

Die Frage nach dem Verhältnis von Anlage und Umwelt und den damit verknüpften Chancen der Erziehung war schon für Friedrich Schleiermacher (1768-1834) verbunden mit der Frage nach Allmacht und Ohnmacht der Erziehung (vgl. Oelkers, 2001). Zwei anthropologische Extreme überschneiden sich. Eine Erziehungsauffassung geht davon aus, dass die Natur des Kindes alles mit sich machen ließe, daraus folgt die Vorstellung der Allmacht der Erziehung. Eine andere Erziehungsauffassung glaubt, die Natur des Menschen habe alles für das Kind schon festgelegt, hieraus folgt die Ohnmacht der Erziehung. Nach Schleiermacher bleibt die Natur des Kindes im Dunkeln, doch seine Selbsttätigkeit wird vorausgesetzt. Schleiermacher versteht Erziehung als Einwirkung: das sittlich Gute sei zu unterstützen, sittlich Schlechtes zu unterbinden. Auftrag und Ziel der Erziehung sei es, „den Menschen der Idee des Guten möglichst entsprechend zu bilden" (ebd., S. 82). Verallgemeinert bringt Schleiermacher die Theorie der Erziehung auf eine Frage: „Was will denn eigentlich die ältere Generation mit der jüngeren?" (Schwenk 2001, S. 438). Die ältere Generation gebe Wissen und gesammelte Erfahrungen an die Jüngeren weiter, damit die nachfolgende Generation nicht immer wieder von vorne beginnen müsse. Zunächst handele es sich dabei um ein asymmetrisches Einwirken der Älteren auf die Jüngeren, was dann aber auf eine gleichberechtigte Interaktion hinauslaufe, da Erziehung irgendwann aufhöre. „Im Unterschied zum Lernen und zu Bildung hat Erziehung lebensgeschichtlich ein Ende, das in der Regel mit dem Jugendalter zusammenfällt" (Marotzki, 2006, S. 148). Heute wäre jedoch eine weitere Verallgemeinerung notwendig, da sich das Verhältnis der Generationen und damit verbunden auch die Aufhebung von Erziehungssubjekt und Erziehungsobjekt gewandelt haben. Schwenk (2001) hebt dabei die Selbstdefinition der Gesellschaft hervor, die sich fragen müsse, wie die Generationen mit sich selbst und miteinander leben wollen.

In seiner Schrift „Über die ästhetische Darstellung der Welt als das Hauptgeschäft der Erziehung" (1804) stellt Johann Friedrich Herbart (1776–1841), Moralität als den höchsten Zweck dar. So lautet auch der erste Satz (o. J., S. 59): „Man kann die eine und ganze Aufgabe der Erziehung in den Begriff: Moralität, fassen." An Rousseaus Gedankenkomplex kritisiert Herbart die Unterscheidung eines Naturmenschen von der Gesellschaft, diesen Widerspruch löst Herbart im Ziel der Moralität auf. Rousseau übersehe zudem, dass das Lernen und die Erfahrungen Folgen haben, die die Seele und das Ich verändern, ohne dass die Natur den Weg festgelegt hätte. Herbart spricht in diesem Zusammenhang von sich bewegenden Vorstellungsmassen, von einem Anreichern der bereits vorhandenen Erfahrungen. Erziehung erfolge durch ein Lenken und Eingreifen in Vorstellungsmassen. Die „Bildsamkeit" des Menschen sei Voraussetzung für Erziehung, verbunden mit der Fragestellung, wie es gelingen könne, im Kind Moralität zu entwickeln (vgl. Langewand 2001, S. 204-207).

Jaspers (1883-1969) verknüpft anthropologische und pädagogische Überlegungen. „Jedes Verstehen der Erziehung ist gebunden an ein Verstehen des Menschen, der durch Erziehung zu seinem vollen und eigentlichen Menschsein entwickelt, erweckt, ermutigt und ermächtigt werden soll“ (Jaspers, 1992, S. 27). Menschsein ist charakterisiert durch Widersprüche und Spannungen, also nichts Harmonisches und Ganzes. Jaspers (ebd., S. 28ff.) beschreibt den Menschen als „Umgreifendes“, der sich durch unterschiedliche Weisen kennzeichnet und damit je verschiedene Aspekte der Erziehung angesprochen werden:

- „Der Mensch als Dasein“: Gemeint ist hier die Erziehung als Schutz und Pflege, das Körperliche im Allgemeinen.
- „Der Mensch als Bewusstsein überhaupt“: Erziehung wird gesehen als Vermittlung von Wissen, als Ermöglichung kritischen Denkens. Hier spielen Bildung und die damit verbundene Entwicklung der Persönlichkeit eine Rolle.
- „Der Mensch als Geist“: Erziehung als Anweisung zum geistigen Leben, das ethische und spirituelle Ebenen erschließt.
- „Der Mensch als Existenz“: Die Ausbildung der Individualität wird durch eine Erziehung als Hilfe zum Selbstwerden unterstützt.

Erziehung als Hilfe bei der Menschwerdung bezieht sich auf den unteilbaren Menschen und beinhaltet die Idee der Ganzheitlichkeit.

Der Behaviorismus legt bei der Frage nach Anlage und Umwelt den Schwerpunkt klar auf Letzteres. Erziehung folge demnach Allmachtsvorstellungen: „Gebt mir ein Dutzend gesunde, gut gebaute Kinder und meine eigene spezifizierte Welt, um sie darin großzuziehen, und ich garantiere, dass ich irgendeines aufs Geradewohl herausnehme und es so erziehe, dass es irgendein beliebiger Spezialist wird, zu dem ich es erwählen könnte – Arzt, Jurist, Künstler, Kaufmann, ja sogar Bettler und Dieb, ungeachtet seiner Talente, Neigungen, Absichten, Fähigkeiten und Herkunft seiner Vorfahren“ (Watson zit. n. März, 1980, S. 242f.). Menschen werden reduziert auf reaktive und passive Wesen. Erzieher manipulieren die Verhaltenskonsequenzen (Belohnung und Bestrafung), um erwünschtes Verhalten zu stärken und unerwünschtes Verhalten zu schwächen. Dieses mechanistische Modell der Erziehung mit dem Wunsch nach einer effektiven Erziehung bleibt durchaus auch heute aktuell, wenn man beispielsweise an die Interventionen der „Super-Nanny“ im Fernsehen denkt. Hier wird mittels lenkender Interventionen versucht, das Verhalten der Beteiligten zu beeinflussen. In den bildungspolitischen Diskussionen tauchen ebenfalls immer wieder Begrifflichkeiten wie z. B. „Humankapital“ auf, die auf eine Grundhaltung verweisen, in der die Idee des Form- und Machbaren im Vordergrund steht.

In Konkurrenz zum Behaviorismus tritt die psychoanalytische Theorie nach Freud, die betont, dass das evolutionäre Erbe des Menschen sich weitgehend der Beeinflussung entzieht und dass die frühen Kindheitserfahrungen von großer Bedeutung seien. Das Ererbte sei folglich nicht grundsätzlich änderbar, doch die Erfahrungen der Kindheit beeinflussten die Art, wie Veranlagungen in der menschlichen Persönlichkeit zum Ausdruck kommen können. Sie bilden demnach die Grundlage für alles folgende und entscheiden darüber hinaus, wie der Einzelne selbst sein weiteres Leben empfindet (Bettelheim, 1987, S. 16-19). Beim Umgang mit Kindern sei die Achtung vor ihrer Persönlichkeit von entscheidender Bedeutung. „Freud meinte, das wünschenswerteste Resultat einer psychoanalytischen Erziehung – das heißt einer Erziehung, die sowohl die Bedeutung des Unbewussten als auch die Notwendigkeit anerkennt, dessen Kräfte so zu zügeln, dass sie für nützliche gesellschaftliche und persönliche Zwecke eingesetzt werden können – sei, einen Menschen in die Lage zu versetzen, gut zu lieben und gut zu arbeiten“ (ebd., S. 20).

Die Gedanken von Rousseau, Pestalozzi und Fröbel inspirierten die Reformpädagogen zur Zeit der Jahrhundertwende, die darauf hofften, die Welt durch Erziehung ändern zu können (Flitner, 1999, S. 24). Kindheit gilt nun als Symbol für die eigentliche Natur, welche erhalten, aufgebaut, gestärkt werden solle, statt sie durch Anpassung und Gehorsam zu zerstören. Das Kind sei aus sich heraus aktiv, es lerne aus Gelegenheiten. Erziehung warte ab und folge den Bewegungen des Kindes (Oelkers, 2001, S. 176). Als Gemeinsamkeit unterschiedlicher reformpädagogischer Strömungen nennt Flitner (1999, S. 27f.):

- Es ginge nicht mehr darum, der jüngeren Generation ein Wissenspaket zu vermitteln, sondern vielmehr darum, die Bedürfnisse der Kinder herauszufinden und daran die Pädagogik neu zu denken.
- Kinder haben ein Sozialleben, das günstigen wie auch ungünstigen Einflüssen ausgesetzt sei.
- Ein ganzheitliches Lernen, das zwischen Kinder -und Arbeitswelt vermittelt, benötige anregende Lernumgebungen und Lernbedingungen.
- Die moralische, politische und ästhetische Orientierung der Kinder solle sich nicht nur nebenher im Zusammenleben mit den Erwachsenen vollziehen, denn der Gedanke an eine bessere Gesellschaft mache es notwendig, auf diesen Gebieten Kindern die Möglichkeiten zu schaffen, Ästhetik und Moral neu zu erfahren.

In der Praxis der Reformpädagogik erfahren Kinder eine neue Wahrnehmung und Achtung. Das Kind ist nicht mehr Objekt der Erziehung, der Bearbeitung oder bloßer Nachwuchs der Gesellschaft, sondern Zentrum pädagogischen Handelns – „Pädagogik vom Kinde aus“ (ebd., S. 30). Maria Montessori (1870-1952) wird vom Christentum beeinflusst und betrachtet das Kind als von Natur aus gut. Sie geht davon aus, dass jedes Kind eine Art inneren Bauplan in sich trage, der sich – verschiedene sensible Perioden durchlaufend – mit einem bestimmten Ziel entwickle. Zentral ist die Erziehung zur Selbsttätigkeit (Roux & Schmiedt, 2004, S. 49f.). Auf weitere Facetten dieses Ansatzes möchte ich unter dem Aspekt der Bildung näher eingehen und an dieser Stelle einen seltener genannten Pädagogen berücksichtigen.

Janusz Korczak (1878-1942) ist zwar kein Pädagoge von Hause aus und er hat auch keine zusammenhängende pädagogische Schrift verfasst, keine Erziehungsgrundsätze entwickelt. Doch ist er ein konsequenter Verfechter der Autonomie der kindlichen Persönlichkeit: Kindheit ist weder ein Zustand der Unfertigkeit, noch der Inbegriff der Unschuld. Korczak zollt dem Kind Anerkennung und Achtung, ohne es zu romantisieren. Die meisten reformpädagogischen Strömungen haben einen Hang dazu, das Kind zu mystifizieren und Wünsche und Hoffnungen der Erwachsenen auf die Kindheit zu projizieren. Genau dies tut Korczak nicht. Er zeigt sich solidarisch mit Kindern, er handelt und argumentiert vom Kinde aus, bzw. mit den Kindern (Flitner, 1999, S. 48ff.) „Ich fordere die Magna Charta Liberatis, als ein Grundgesetz für das Kind. Vielleicht gibt es noch andere – aber diese drei habe ich herausgefunden:

1. Das Recht des Kindes auf seinen Tod.
2. Das Recht des Kindes auf den heutigen Tag.
3. Das Recht des Kindes, so zu sein, wie es ist“ (Korczak, 1979, S. 40).

Korczak versteht sich als Anwalt der Kinder und seine Botschaft ist auch im 21. Jahrhundert aktuell. Kinder haben wenige Selbstbestimmungsrechte und in ernsthaften Lebensbereichen kaum Mitbestimmungsrechte. Im Recht des Kindes auf seinen Tod wird die Bedeutung der Freiräume für die kindlichen Erfahrungen – Erfahrungen am eigenen Leib – betont. Diese werden durch Überbehütung und Ausgrenzung bzw. Einsperren in Kinderzimmer verhindert. Heute sprechen Soziologen und Pädagogen von einer Verhäuslichung, Verinselung und Pädagogisierung der Kindheit. Der Fernsehkonsum lässt keine realen Erfahrungen zu und es entsteht eine Art zweite Realität, die nicht mehr alle Sinne anzusprechen vermag. Kindheit ist eine gleichberechtigte Lebensphase, die von der Gesellschaft akzeptiert werden muss und nicht bloße Vorbereitung auf das Erwachsenenleben. Kinder haben also ein Recht auf den heutigen Tag, die Gegenwart darf nicht der Zukunft geopfert werden. In dem Recht des Kindes, so zu sein, wie es ist, geht es darum, wie das Kind sein kann und nicht wie es sein soll. Kinder sind Persönlichkeiten, die sich unterschiedlich schnell oder langsam entwickeln, sie nehmen unterschiedlich wahr, denken verschieden. Korczak wendet sich gegen jede Normativität im pädagogischen Denken, denn darin drücke sich ein Mangel an Respekt gegenüber der Eigenart jedes Kindes aus (Flitner, 1999, S. 51). Das Kind habe ein Recht auf Erziehung, aber ebenso das Recht, sich dieser auch zu widersetzen. Die Frage, ob Kinder als vollwertige Mitglieder unserer Gesellschaft anerkannt werden, müsse immer wieder neu gestellt werden. Korczak erklärt Kinder zu Fachleuten, deren Kompetenz die der Erwachsenen auch übersteigen könne (vgl. Öhlschläger, 1999, S. 13 und 42).

Die reformpädagogischen Ansätze wurden vom Nationalsozialismus zunichte gemacht. Im totalitären System herrschten „pädagogische Chefideologen" (Giesecke, 1993, S. 8). Ernst Krieck, einflussreichster Nazi-Pädagoge, geht der Frage nach, wie Erziehung funktional – durch einzelne Personen, wie auch durch Staat, Kirche, Institutionen oder Familie und deren Verbindungen untereinander – vermittelt werde. Dabei ist der Gedanke ausschlaggebend, Erziehung als im Dienste der Rasse und der Volksgemeinschaft stehend zu betrachten (Roux & Schmiedt, 2004, S. 61). Auf einen kurzen Nenner gebracht bezeichnet Giesecke Kriecks Erziehungskonzept als „alle erziehen alle zu jeder Zeit" (Giesecke, 1993, S. 40).

Auf die nach dem zweiten Weltkrieg im Osten und Westen sich unterschiedlich entwickelnde Erziehungs- und Bildungslandschaft wird unter 2.1 und 2.2 detaillierter eingegangen. Im Folgenden werden aktuelle und allgemeine Begriffsbestimmungen unternommen, um daraufhin Vorstellungen über Erziehung speziell in Bezug auf die frühe Kindheit herauszuarbeiten.

Brezinka ist wohl einer der am häufigsten zitierten Autoren, wenn es um eine „Definition Erziehung / erzieherisches Handeln" geht, da hier das Bemühen deutlich wird, einen wertfreien und weiten Bestimmungsversuch zu unternehmen: „Erzieherisches Handeln ist absichtliches, zweckbestimmtes, zielgerichtetes Handeln; es ist bewusste Zwecktätigkeit. Der erzieherisch Handelnde (Erzieher) will durch sein Handeln bewirken, dass der Mensch, auf den es sich richtet (der Zu-Erziehende oder Educand), einem ihm gesetzten Ideal möglichst ähnlich wird. Erziehung nennen wir die Handlungen, durch die Menschen versuchen, das Gefüge der psychischen Dispositionen anderer Menschen in irgendeiner Hinsicht dauerhaft zu verbessern oder seine als wertvoll beurteilten Bestandteile zu erhalten oder die Entstehung von Dispositionen, die als schlecht bewertet werden, zu verhüten" (Brezinka, 1989, S. 12). Erziehung wird hier als eine Zweck-Mittel Beziehung aufgefasst. Pädagogische Handlungen haben eine Bestimmung, es sollen Ziele erreicht und Zwecke erfüllt werden. Erziehung richtet sich auf die Persönlichkeit, als positiv bewertete Eigenschaften sollen unterstützt, schlechten Gewohnheiten und Einflüssen soll entgegengewirkt werden. Folgende Eigenschaften seien nach Brezinka (ebd., S. 47-51) zu fördern:

- Grundvertrauen
- Bereitschaft zur Selbsterhaltung durch eigene Anstrengung
- realistisches Welt- und Selbstverständnis
- Gemütsbildung
- Selbstdisziplin

Lange Zeit bestand innerhalb der Pädagogik Konsens darüber, dass Erziehung durch das Generationenverhältnis konstituiert wird, dass sich also die ältere Generation den Heranwachsenden mit dem Ziel zuwendet, ihnen Regeln und Normen des Zusammenlebens zu vermitteln (siehe Schleiermacher). Dies scheint für heute so einfach nicht mehr zu sein. Giesecke (1990) spricht vom Ende der Erziehung, denn das bisherige Erziehungsverhältnis ist in Frage zu stellen, denke man beispielsweise an den Umgang mit Computer und Internet. In diesen Bereichen sind es die Jungen, die die Älteren im Umgang mit den neuen Medien unterweisen. Erziehung lasse sich als Begriff immer weniger fassen und eine allgemeingültige Definition könne es nicht geben. Eine Pluralisierung der Sozialisationsformen, eine Relativierung von Normen und Werten, ein gesamt soziokultureller Wandel entziehe den Eltern und Erziehern die Macht, die Persönlichkeit des Kindes im Ganzen zu steuern. Pädagogisches Handeln bzw. Erziehung könne lediglich partikular gesehen werden, dies dann jedoch auf die gesamte Lebensspanne ausgedehnt. Das Erreichen der Mündigkeit bedeutet heute nicht mehr den Abschluss jeglicher pädagogischer Maßnahmen. Pädagogisches Handeln habe sich dabei spezialisiert und partikularisiert (Giesecke, 2000, S. 10-23). Aus diesem Grund hält Giesecke fest: „Pädagogisches Handeln hat zum Ziel, Menschen Lernen zu ermöglichen; [...]“ (ebd., S. 29).

Was gute oder schlechte Erziehung ist, vermag in der Form nicht festgestellt werden. Eine Begriffsdefinition kann sich lediglich auf Strukturmomente von Erziehung beziehen, die Gudjons (1999, S. 102f.) wie folgt zusammenfasst:

- „Erziehung ist intentional, sie sucht Ziele, Normen und Werte zu verwirklichen. Das Erziehungsgeschehen ist aber – anders als ‚Bildung‘ – von seiner intentionalen Struktur her letztlich darauf gerichtet, sich selbst aufzuheben.
- Das Erziehungsgeschehen ist ein Interaktionsprozess, in dem sich Sinndeutungen und Handlungen des einen am Tun des anderen ausrichten. Erzieher und Educand treten sich dabei in Rollen gegenüber, deren Charakter von der gesellschaftlichen Art und Weise der Institutionalisierung von Erziehung abhängt. In der Regel impliziert dies ein ‚Kompetenzgefälle‘. [...]
- Erziehung ist – einschließlich der Ziele und Interaktionsprozesse – eingebunden in einen umfassenden historisch-gesellschaftlichen Kontext, der Wandlungsprozessen unterliegt. ‚Die‘ Erziehung gibt es nicht.

– Erziehung erfolgt in Auseinandersetzung mit Inhalten, Gegenständen, Themen etc., die die kognitive Ebene (z. B. Wissen, Einsichten), die affektive Ebene (z. B. Einstellungen) oder die Handlungsebene (z. B. Fertigkeiten) in wechselseitigem Zusammenhang betreffen."

1.1.3 Erziehung in der frühen Kindheit

Der in der Reformpädagogik deutlich gewordene Wandel vom Kind als Objekt erzieherischer Maßnahmen hin zum Subjekt seines eigenen Erziehungsprozesses ist heute weiter in der Entwicklung. Das Kind wird von Geburt an als kompetent und aktiv an Interaktionsprozessen beteiligt gesehen. Mittlerweile geht man davon aus, dass, wenn die Individualität des Kindes von Beginn an anerkannt wird, das Kind als gleichwertiger Interaktionspartner innerhalb der pädagogischen Situation gesehen werden muss (Kluge, 2006, S. 26). Die Person des Kindes ist ebenso gleichberechtigt wie die Person des Erwachsenen. Die UN-Kinderrechtskonvention von 1989 – die die Gedanken Janusz Korczaks (siehe 1.1.2) weiterführen – macht dies deutlich: Bemerkenswert an den Kinderrechten ist, dass Kindern neben den besonderen Schutz- und Fürsorgerechten vor allen Dingen auch Selbst- und Mitbestimmungsrechte in Angelegenheiten, die sie betreffen, zugesprochen werden. Wesentliche Auffassung ist, Kinder zu jeder Phase ihres Lebens als Subjekt ihres eigenen Lebens anzuerkennen. Dies geht einher mit dem Respekt der Erwachsenen vor diesen kindlichen Lebensphasen, sowie der Übernahme von Verantwortung, Kinder auf ihrem eigenen Weg zu begleiten (Portmann, 2001, S. 10). Erziehung ist in diesem Zusammenhang gelebte Demokratie, damit Kinder von Anfang an in die demokratischen Grundregeln hineinwachsen und die Bedeutung von Achtung, Solidarität, Gleichberechtigung und Freiheit leben lernen. Kluge (2006) beschreibt den Erziehungsvorgang innerhalb des pädagogischen Interaktionsmodells, in welchem Erwachsene und Kinder gleichberechtigt miteinander interagieren, als einen dynamischen Prozess: „Das pädagogische Interaktionsmodell übersieht nicht das jederzeit bestehende Kompetenzgefälle zwischen Zu-Erziehenden und Erziehenden. Aber es spricht dem Erwachsenen nicht einseitig Kompetenzen zu und dem jungen Menschen generell ab. Vielmehr werden soziale Kompetenzen auf beiden Seiten gleichermaßen vorausgesetzt und von Situation zu Situation neu gewichtet und eingefordert" (ebd., S. 26).

Erziehung sei damit zu einem gemeinsamen Vorhaben von gleichberechtigten Partnern geworden, wobei an dieser Stelle betont werden muss, dass diese Auffassung nicht alle professionellen Erzieher teilen und auch heute noch „veraltete" Kindbilder weiterexistieren. Voraussetzung für ein gleichberechtigtes Zusammenleben von Kindern und Erwachsenen ist die Akzeptanz der Erwachsenen, dass Kinder sie in ihrem Denken und Handeln beeinflussen, denn erst dann ist die Interaktion reziprok, dynamisch und entwickelt sich weiter.

Je jünger ein Kind ist, desto wichtiger ist es für seine Entwicklung, die Betreuung nach den Bedürfnissen des Kindes zu richten. Dies ist gleichzeitig die Basis jeder Erziehung. Hierauf wird unter 1.3 vertieft eingegangen, denn verlässliche Bindungen sind Ausgangspunkt für Erziehung und Bildung. Die Bindungsforschung verweist darauf, dass die Bereitschaft des Kindes zur Kooperation mit den Erwachsenen innerhalb sicherer Bindungsbeziehungen wächst. Die Qualität frühkindlicher Bindungserfahrungen wird in internen Arbeitsmodellen gespeichert, die zwar nicht unveränderbar, jedoch relativ stabil sind und sich sowohl auf die Persönlichkeitsentwicklung des Kindes, als auch auf seine Vorstellungen über die Entwicklung weiterer Beziehungen auswirken (vgl. Laewen, 2002, Schneewind, 2002). Die Bindung eines Kindes an einen Erwachsenen macht es somit zugänglich für dessen Wünsche und Absichten. Laewen verwendet hier das Bild eines Tores zum Inneren eines Kindes, durch das die Bindungsperson einen Zugang zum Kind erlangen kann und erzieherischen Einfluss üben kann. Jedoch reagiert das Kind nicht immer entsprechend der Erwartungen der Erwachsenen. Denn das Kind selbst interpretiert und konstruiert diese Absichten und Botschaften je individuell, misst ihnen unterschiedliche Bedeutungen bei (Laewen, 2002, 70ff.).

Laewen (2002) sieht die Begriffe Bildung und Erziehung eng miteinander verbunden. Bildung – und darauf wird im Folgenden ausführlicher eingegangen – wird als reines Sich-Selbst-Bilden verstanden, eine in einen „sozialen Bezug eingebettete Eigenbewegung des Kindes zur Aneignung der Welt und damit einem direkten Zugriff von außen entzogen" (S. 72). Hieran schließt sich die Frage an, was Erziehung unter Berücksichtigung dessen sein könne. Schleiermachers Frage (siehe 1.1.2) nach der kulturellen Vermittlung der älteren Generation an die nachfolgende bleibt aktuell, denn hieraus ergeben sich die konkreten Tätigkeiten von Eltern und Erziehern. Laewen versteht Bildung als Selbstbildung des Kindes und Erziehung als Aktivität der Erwachsenen. Erziehung könne in Form zweier Zugangsweisen mit Bildung in Bezug gesetzt werden:

„1) Die Gestaltung der Umwelt des Kindes. Dazu gehört:
- die Architektur der Kindertagesstätte und die Anlage des Freigeländes, im engeren Sinne die Raumgestaltung und die materielle Ausstattung der Einrichtung;
- die Gestaltung von Zeitstrukturen und Situationen.

2) Die Gestaltung der Interaktion zwischen Erwachsenen und Kind. Dazu gehört:
   - die Zumutung von Themen durch die Erwachsenen;
   - die Beantwortung der Themen der Kinder durch die Erwachsenen;
   - die Wahl des Dialogs als Form der Interaktion" (Laewen, 2002, S. 73).

Die erzieherischen Aufgaben und die erzieherische Verantwortung der Erwachsenen im Hinblick auf die Selbstbildungsprozesse des Kindes kommen hier deutlich zum Ausdruck. Dem Aspekt, dass Erziehung nicht nur intentional, mit bestimmten erzieherisch-bewussten Handlungen verbunden sei, sondern oftmals indirekt über die Umgebung, die herrschende Atmosphäre, Materialien etc. abläuft, wird in diesem Ansatz große Bedeutung beigemessen.

Bildung und Erziehung müssen den Lernenden als konstruierendes Subjekt anerkennen, das bedeute also auch für das Konzept von Erziehung, den Einzelnen als Mitwirkenden an seinem eigenen Erziehungsprozess zu betrachten. „Erziehung kann nicht anders auf die Tatsache der Bildsamkeit der Kinder reagieren, als durch die ‚Aufforderung zur Selbsttätigkeit'" (ebd., S. 77).

Luhmann (2002) hebt in seiner Systemtheorie ebenfalls die Bedeutung der Selbstkonstruktion hervor. Die Möglichkeiten einer direkten Beeinflussung von außen schließt er dabei aus. Für die Bildung in der frühen Kindheit bedeutet dies, Gelegenheiten zu schaffen, die das Kind zum Nachdenken, zum Verknüpfen und Rekonstruieren anregen.

1.2 Überlegungen zum Konzept Bildung

Bildung wird im ZEIT-Lexikon (2005, Band 2, S. 202) als „die Formung des Menschen im Hinblick auf seine geistigen, seelischen, kulturellen und sozialen Fähigkeiten" beschrieben.

Bildung ist ein „Vorgang und Ergebnis einer geistigen Formung des Menschen, in der er als instinktmäßig nicht festgelegtes Wesen in Auseinandersetzung mit der Welt, besonders mit den Gehalten der Natur, zur vollen Verwirklichung seines Menschseins, zur ‚Humanität' gelangt; das hierbei zugrunde liegende Bildungsideal ist in seinen Inhalten gesellschaftlich-kulturell bedingt und geschichtlich wandelbar" (dtv-Lexikon, 1995, Band 2, S. 266).

„Mit Bildung ist heute meist all das gemeint, was der Mensch durch die Beschäftigung mit Sprache und Literatur, Wissenschaft und Kunst zu gewinnen vermag, durch die erarbeitende und aneignende Auseinandersetzung mit der Welt schlechthin" (Schwenk, 2001, S. 208).

„[...] dass Bildung als Resultat von Arbeit angesehen wir: von Arbeit an sich selbst. Sie lässt sich nicht durch Infusion erwerben“ (Luhmann, 2002, S. 189).

In diesen Definitionsversuchen kommt deutlich zum Ausdruck, dass Bildung etwas mit der Entwicklung und der Entfaltung der Persönlichkeit zu tun hat, dass es sich dabei um einen Prozess handelt, der mit bestimmten Inhalten einhergeht. Der Frage, welche Inhalte das sein können oder sein sollten, gehe ich insbesondere im empirischen Teil dieser Arbeit nach und zwar im Hinblick auf die aktuellen Bildungsempfehlungen für den Elementarbereich. An dieser Stelle möchte ich zuvor die klassischen Auffassungen darstellen, die unser heutiges Verständnis von Bildung beeinflusst haben. Dafür ist es notwendig, in die Geschichte zurückzublicken, jedoch würde es den Umfang dieser Arbeit sprengen, würde ich in der Antike bei Platon beginnen. Aus diesem Grund werde ich die Ausführungen auf den klassischen deutschen Bildungsbegriff einschränken, der sich im 18. Jahrhundert herauskristallisierte, um danach auf die Ansätze heutiger Bildungsdenker einzugehen. Dabei lässt sich eine Entwicklung aufzeigen, bei der der Bildungsbegriff „von der Mottenkiste [...] zur zentralen Kategorie“ aufsteigt (Gudjons, 1999, S. 104f.).

1.2.1 Der klassische Bildungsbegriff

Der Begriff Bildung hat eine ganz spezifische Semantik, die sich nicht in jede Sprache übersetzen lässt. Die englische Sprache beispielsweise verwendet den Begriff „education“ für beide Sachverhalte und macht somit keinen expliziten Unterschied zwischen Erziehung und Bildung. Das Verständnis von Bildung spiegelt die gesellschaftliche Realität der jeweiligen Zeit wieder. Etymologisch gesehen geht der Begriff Bildung auf „Bild“ im Sinne von Abbild zurück. Unter Bildung ist damit das genaue Nachzeichnen der Welt zu verstehen. „Herders Sprachbuch“ spricht sogar von Bildung als „die sichtbare Gestalt, so noch in Körper, Gesichtsbildung“ (1964, S. 70); also Bildung als natürliche Gestaltung aller Menschen. Das Wort „bilden“ umschreibt Herder als „formen, sowohl nachbilden als schöpferisch gestalten, so gebraucht von Gott, den Menschen und der Natur“ (ebd., S. 71). In dieser Formulierung kommt nun zum Ausdruck, dass der Mensch sich selbst bilden muss – kein anderer kann dies für ihn übernehmen. Bildung ist folglich ein aktiver Begriff. Der Mensch bildet sich an der Natur, an der Kunst, in der Interaktion mit Menschen und Dingen.

Einer der ersten Pädagogen, der Vorstellungen der Bildung für alle, Überlegungen zu kindbezogenem Unterricht und Bildungsinhalten für die frühe Kindheit äußerte, war im 17. Jahrhundert Johann Amos Comenius. Er entwickelte einen systematischen Bildungsweg auf der Grundlage verständnisvoller Erziehung. Allerdings stand hierbei die Vorbereitung des Menschen auf das Jenseits im Mittelpunkt und der Bezug zu Gott durchdringt seine gesamte Pädagogik. Der Mensch wird sehr wohl als lernfähig und lernbedürftig angesehen, jedoch wird der kindlichen Eigentätigkeit keine Bedeutung beigemessen, das einzelne Kind bleibt passiv. Nach Comenius sei Bildung gleichzusetzen mit Gottesebenbildlichkeit. Doch ist es wichtig, Comenius an dieser Stelle zu erwähnen, da seine didaktischen Pläne vor allem auch reformpädagogische Überlegungen beeinflussten (Roux & Schmiedt, 2004, S. 23-28).

Das deutsche Wort „Bildung" wurde erst im Laufe des 18. Jahrhunderts zu einem pädagogischen Begriff, der eine „innere Bildung" bezeichnet und auf die christliche Imago-die-Lehre zurückgeht. Die spätmittelalterliche Mystik stellte die Einswerdung des Menschen mit Gott in den Mittelpunkt, wobei die Prägung der Seele durch die Erfahrung Gottes als „Einbilden" verstanden wurde. Im Laufe der Geschichte wurde Gott abgelöst und Bildung wurde pädagogisch als die Formung des Menschen durch den Menschen verstanden (vgl. Schwenk, 2001).

Wilhelm von Humboldt (1767-1835) prägte das Bildungsideal einer vollkommenen Humanität. Die Veränderungen in Gesellschaft und Politik brauchten einen allgemein gebildeten Menschen, aktive Individuen, mit dem Ziel eines bürgerlichen Verfassungsstaates. Die Idee der allgemeinen und ganzheitlichen Bildung setzte sich gegen den die Vernunft betonenden Bildungsgedanken der Aufklärung durch (Roux & Schmiedt, 2004, S. 39ff.). Der Humanismus verstand Bildung als den Prozess, in dem der Mensch sich erst zum Menschen entwickelt. Die Entwicklung der Persönlichkeit ist dabei zum Einen das Ergebnis zielgerichteter Unterrichtung und zum Anderen der Prozess der Selbstverwirklichung des Menschen. Humboldts Bildungsbegriff bezieht sich auf die gesamte Persönlichkeit. Bildung solle die Freisetzung des Menschen zu sich selbst sein, was wiederum Grundvoraussetzung für Selbstbestimmung und Selbstbildung sei. Außerdem solle Bildung als Grundrecht für alle zugänglich sein. Der Mensch nimmt somit eine Vorrangstellung vor dem Bürger ein. Die humanistische Bildungstheorie richtete sich gegen das an der praktischen Nützlichkeit orientierte Bildungswissen der Aufklärung und eine isolierte berufliche Bildung. Individualität solle sich frei entfalten im Umgang mit den klassischen Sprachen und der Literatur (Goethe, Schiller u. a.). Dieses Ideal menschlicher Persönlichkeit könne erreicht werden, indem der Einzelne seine intellektuellen, emotionalen und kreativen Fähigkeiten zur Entfaltung bringe, diese miteinander verbinde und eben diese Mischung von ausgebildeten Fähigkeiten seine unverwechselbare Individualität ausmache. Eine so gebildete Persönlichkeit zeichne sich dann nicht nur durch ihre Fachkenntnisse aus, sondern sie verfüge auch über Allgemeinbildung (ein breit gestreutes Wissen), Herzensbildung (mit den Gefühlen im Einklang) und Charakterbildung (verantwortungsvoller Umgang mit den Mitmenschen) (vgl. zusammenfassend Lenzen, 2001, S. 213-219 und dtv-Lexikon, 1995, Band 8, S. 205).

1.2.2 Aktuelle Auffassungen von Bildung

Wolfgang Klafki, der vom Humboldtschen Bildungsbegriff ausgeht, gilt als der bedeutendste Vertreter der bildungstheoretischen Didaktik, die in den 1960er Jahren entstand. Klafki knüpft an die Gedanken von Comenius (1592-1670) an und versteht Bildung als Allgemeinbildung: für alle (Chancengleichheit), allseitig (vielseitige Interessensförderung) und durch das Allgemeine (epochaltypische Schlüsselprobleme). „Allgemeinbildung bedeutet [...] ein geschichtlich vermitteltes Bewusstsein von zentralen Problemen der Gegenwart und – soweit vorhersagbar – der Zukunft zu gewinnen, Einsicht in die Mitverantwortlichkeit aller angesichts solcher Probleme und die Bereitschaft, an ihrer Bewältigung mitzuwirken. Abkürzend kann man von der Konzentration auf epochaltypische Schlüsselprobleme unserer Gegenwart und der vermutlichen Zukunft sprechen“ (Klafki, 1993, S. 56). Dieser Entwurf ist kritisch-konstruktiv zu verstehen, denn Aufgabe von Bildung ist, den Menschen aus den Zwängen des gesellschaftlichen Systems, aus undurchschauten Abhängigkeiten herauszuführen (vgl. http://www.didaktik.uni-jena.de/docs/bitheo_did.pdf).

Klafki unterscheidet im Hinblick auf Bildung zwei große Theoriegruppen, um daran anschließend seine Vorstellungen einer kategorialen Bildung zu formulieren:

- „Materiale Bildungstheorien gehen von Inhalten aus; die fragen, welche Inhalte aus der vielfältigen Wirklichkeit so wertvoll oder richtig sind, dass Schüler sie lernen bzw. erfahren sollen.“
- „Formale Bildungstheorien gehen von den zu erziehenden Schülern und ihren (vermuteten) subjektiven und/oder objektiven Bedürfnissen aus; sie fragen, was für die Schüler gegenwärtig oder künftig wichtig ist“ (Jank & Meyer, 1991, S. 78)
- Kategoriale Bildung: „Nicht jeder Bildungsinhalt hat auch Bildungsgehalt. Um herauszufinden, was lehrwert ist, nennt Klafki folgende drei Auswahlprinzipien:
    - das Elementare: einfache und grundlegende Sachverhalte, die über sich hinausweisen
    - das Fundamentale: Grunderfahrungen und grundlegende Einsichten der Wahrnehmung der Welt

- das Exemplarische: das Typische, der Einzelfall, der für eine große Auswahl eines Sachgebiets mit gleicher Struktur steht" (http://de.wikipedia.org/wiki/Wolfgang_ Klafki#Kategoriale_Bildung).

Als Schlüsselprobleme und damit als wesentliche Bildungsinhalte beschreibt Klafki (1993, S. 59f.) folgende Themenbereiche, die hier lediglich kurz aufgeführt werden sollen:
- die Friedensfrage (kritische Bewusstseinsbildung),
- die Umweltfrage (Erhaltung der Lebensgrundlagen),
- die gesellschaftlich produzierte Ungleichheit (multikulturelle Erziehung),
- die Möglichkeiten und Gefahren durch Kommunikationsmedien,
- das Spannungsverhältnis der Subjektivität und der Ich-und-Du-Beziehung.

Im Zentrum von Bildung und Erziehung stehen die Fähigkeit zur Selbst- und Mitbestimmung, als auch die Fähigkeit zur Solidarität.

Hartmut von Hentig ist ein nachdrücklicher Kritiker der modernen Bildung. Im folgenden Absatz stelle ich in Auszügen seinen Bildungsansatz auf der Grundlage seines Buches „Bildung – Ein Essay" (2004 a) vor. Von Hentig stellt Fragen zur, bzw. an die Bildung:
- „‚Was bildet den Menschen?'" (S. 13)
- „‚Welche Bildung brauchen und wollen wir eigentlich?'" (S. 15)
- „‚Wer ist der gebildete Mensch?'" (S. 20)
- „‚Welches Menschenbild liegt deiner / meiner Menschenbildung zugrunde?'" (S. 34)
- „‚Welche Eigenschaften, Tugenden und Qualifikationen braucht der heutige Mensch / die heutige Welt?'" (S. 34)

Thesenartig werden diese Fragen 14 Sätzen gegenüber gestellt, wobei in dieser Arbeit lediglich auf drei Thesen eingegangen werden soll, die die Grundgedanken zum Thema Bildung präzise verdeutlichen:

These 3 *„Der Mensch bildet sich"* gibt von Hentigs Grundgedanken wieder, Bildung als Selbstbildung zu begreifen (ebd., S. 9 und 37). Der Mensch müsse sich als Ganzes entwickeln dürfen und dabei solle ihn die Erziehung nicht – und hier wird die Übereinstimmung mit Humboldts humanistischer Bildungstheorie deutlich – auf die Berufsausbildung einengen, auch er selbst solle sich nicht auf die Ausbildung seines Verstandes beschränken. Das Ziel für von Hentig, wie auch für Humboldt, ist die sich selbst bildende Individualität.

These 4 *„Das Leben bildet"* (ebd., S. 9) zeigt, dass von Hentig der bestehenden Schule kritisch gegenüber steht. Deshalb betont er mehrfach, dass auch ohne formalen Unterricht die Kinder und Jugendlichen durch ihre verschiedenartigen Lebensumstände gebildet würden. Hierin beruft er sich auf Rousseau, der den Fokus seines Bildungsbegriffs auf die natürliche Entfaltung des Menschen setzt. Zu einer Frage zugespitzt formuliert er einerseits: „Was geht besser ohne Schule?" (ebd., S. 41). Andererseits: „Was verlangt – unter neuzeitlichen Lebensverhältnissen – nach einer institutionalisierten öffentlichen Pädagogik?" (ebd., S. 41). Von Hentig sagt selbst: „Das Leben bildet: Wären alle Eltern so gebildet, wie sie wünschen, dass ihre Kinder es werden, es genügte, das Leben mit diesen zu teilen – und Zeit zu haben" (ebd., S. 44).

These 8 *„Alle Menschen sind der Bildung bedürftig und fähig"* beschreibt Bildung in der Grundbedeutung von „Formen und Sich-Formen" (ebd., S. 10 und 59). Bildung müsse allen Kindern zugänglich sein. Hier setzt seine Kritik an der Klassifizierung in niedrige und hohe Bildung mittels der Einteilung in Lernstufen ein. Bildung sei seiner Auffassung nach nicht zu messen an dem Schwierigkeitsgrad der Lernaufgabe. Entscheidend seien hingegen die Unterschiede der Persönlichkeit, der Lebensauffassungen und der Lebensentwürfe, die wiederum die Bildung beeinflussen.

Statt einen verbindlichen materialen Bildungskanon aufzustellen, geht es bei von Hentig um eine Benennung von Maßstäben und Anlässen. Sechs Maßstäbe, die sich in Form von „Bildungskriterien" von operationalisierbaren Bildungszielen oder Schlüsselproblemen abgrenzen: „Abscheu und Abwehr von Unmenschlichkeit; die Wahrnehmung von Glück; die Fähigkeit und den Willen, sich zu verständigen; ein Bewusstsein von der Geschichtlichkeit der eigenen Existenz; Wachheit für letzte Fragen; und – ein doppeltes Kriterium – die Bereitschaft zur Selbstverantwortung und Verantwortung in der res publica" (ebd., S. 73). Des Weiteren führt von Hentig zehn Bildungsanlässe an, die er als gewöhnliche Lebenstätigkeiten beschreibt, welchen das Potential von Bildung innewohne:

1) das Erzählen von Geschichten (z. B Mythen, Märchen hören und selbst erzählen);
2) das Gespräch, die gestaltete Sprache (versus funktionalisiertes Gespräch), philosophieren;
3) Sprache / Fremdsprache beherrschen (Benennung als Aneignung von Welt);
4) das Theaterspiel als „Mittel, die eigene Person zu überschreiten, ein Mittel der Erkundung von Menschen und Schicksalen und ein Mittel der Gestaltung der so gewonnenen Einsicht" (ebd., S. 117);
5) Erfahrungen mit der Natur (Staunen, Neugier, Wissensdrang, methodisches Erforschen, Verantwortung, Abhängigkeit);

6) Politik in der Gemeinschaft (hier: Schule) erfahren (Verantwortung übernehmen, Entscheidungen / Vereinbarungen treffen, Verhandeln, Überzeugen etc.);
7) Arbeit (Selbsterhaltung, Selbstständigkeit);
8) Fest und Feier als gesteigertes Leben (zweckfreie fröhliche und ernste Zuwendung der Menschen zueinander);
9) Musik und andere bildende Künste (Empfinden von Schönheit, Betrachtung, Gestaltung, Kunstsinn, ästhetische Kritik);
10) Aufbrechen, neue Orte und Verhältnisse kennen zu lernen, den Horizont zu öffnen (vgl. zusammenfassend ebd., S. 101-138).

Der Titel des Vortrags, den von Hentig 1985 zum zehnjährigen Bestehen der Bielefelder Laborschule gehalten hat, beschreibt sehr treffend sein pädagogisches Denken: „Die Menschen stärken, die Sachen klären". Selbstbestimmtes Handeln lasse sich kaum mit Lehrplänen und festen Curricula vereinbaren. Erst Bildung ermögliche Verstehen und Selbstbestimmung.

1.2.3 Bildung in der frühen Kindheit

Friedrich Fröbel (1782-1852) ging davon aus, dass das Kind gut sei und lehnte damit die kirchliche Lehre von der Erbsünde des Menschen ab. Sein Ansatz geht zurück auf die kindgemäßen Erziehungs- und Bildungsideen von Rousseau und Pestalozzi, wobei Fröbel sich ganz besonders auf die Phase der frühen Kindheit spezialisierte. Ziel von Erziehung und Bildung ist die Selbstbestimmung des Menschen und damit verbunden eine allseitige Entfaltung und Entwicklung des Individuums. Aden-Grossmann (2002) betont zwei Aspekte der Fröbelschen Pädagogik als von großer Bedeutung:

1. Fröbels Einstellung zur seelisch-geistigen Entwicklung in der frühen Kindheit
2. sowie seine Theorie des Spiels als auch die von ihm entwickelten „Spielgaben" (S. 31).

Fröbel misst der Beziehung zwischen Mutter und Kind einen hohen Stellenwert für die kindliche Entwicklung zu. Schon früh sollte das Kind durch Übungen im Spiel im motorischen, kognitiven und emotionalen Bereich gefördert werden. Im Zentrum seiner Pädagogik steht das Spiel des Kindes, welches er als Voraussetzung dafür ansieht, dass das Kind sich zu einem ausgeglichenen und selbstbestimmten Menschen entwickelt. 1840 gründete Fröbel den ersten Kindergarten, der sich von den bis zu dieser Zeit bekannten Kleinkindbewahranstalten abgrenzte. Denn der Fröbelsche Kindergarten ist als unterste Stufe eines einheitlichen Bildungssystems gedacht, der drei Funktionen zu erfüllen habe:

1. Kinder im Vorschulalter werden durch Spiele gefördert und auf die Schule und das weitere Leben vorbereitet.
2. Junge Frauen (und Männer) können im Kindergarten in Erziehungsaufgaben ausgebildet werden.
3. Die Entwicklung von geeignetem Spielmaterial, als auch die fachliche Diskussion sollen gefördert werden (vgl. Aden-Grossmann, 2002, S. 39).

Anzumerken bleibt hier, dass das Angebot des Kindergartens sich an die Kinder des Adels und des Bürgertums richtete. Der Versuch, Bildung auch für die benachteiligten Schichten durchzusetzen scheiterte und führte 1851 zum preußischen Kindergartenverbot das eine weitere Ausdehnung und Entwicklung des Kindergartens untersagte, Kindergärten wurden polizeilich verboten (Aden-Grossmann, 2002, S. 38-41).

Welch große Bedeutung Fröbel dem Spiel für die kindliche Entwicklung beimisst, wird in folgendem Zitat deutlich: „Es gebiert darum Freude, Freiheit, Zufriedenheit, Ruhe in sich und außer sich, Frieden mit der Welt [...] Ein Kind, welches tüchtig, selbstthätig still, ausdauernd bis zur körperlichen Ermüdung spielt, wird gewiß auch ein tüchtiger, stiller, ausdauernder [...] Mensch [...] Die Spiele dieses Alters sind die Herzblätter des künftigen Lebens; denn der ganze Mensch entwickelt sich und zeigt sich in derselben in seinen feinsten Anlagen" (ebd., S. 42). Aus diesem Grund stellte Fröbel selbst geeignete Spielgaben zur Förderung des Kindes her. Diese setzen sich bis heute zusammen aus einem Kasten mit farbigen Bällen, Kugeln, Würfel, Walze, sowie sechs Baukästen. Als Beschäftigungsmittel werden Legetäfelchen, Stäbchen, Muscheln verwendet. Außerdem wird ausgestochen, geflochten, mit Ton modelliert und mit Erbsen gearbeitet. Mathematische Grunderfahrungen und das Erkennen von Gesetzmäßigkeiten durch vergleichen und zuordnen sollen durch einen selbsttätigen Umgang mit den Materialien im Spiel ermöglicht werden. Der Vorteil dieser Methode liegt darin, dass Kinder durch Wiederholen und Probieren zu Einsichten gelangen, die sie auf abstraktem Denkweg noch nicht erreichen können. Aus diesem Grund sind auch in heutigen Kindergärten Fröbel-Materialien weit verbreitet (ebd., S. 41f.).

Die Reformpädagogin Maria Montessori (1870-1952) hatte und hat immer noch großen Einfluss auf den Elementarbereich. Sie unterscheidet nicht zwischen dem Lernen im Kinderhaus und dem Lernen in der Schule, womit deutlich wird, dass ihre Grundgedanken sowohl für jüngere als auch für ältere Kinder Gültigkeit besitzen – und zwar für jedes einzelne Kind. Montessoris Blick gilt dem individuellen Kind mit seinen Begabungen, Talenten, Fähigkeiten und Fertigkeiten. Das bedeutet, Pädagogik „vom Kinde aus" zu denken. Ausgangspunkt ist, das Kind als von sich aus zum Lernen motiviert zu begreifen. Im Spiel arbeitet das Kind, dabei beschäftigt es sich intensiv geistig. Lernen soll frei sein von Strafe und Belohnung. Damit zusammen hängt die Haltung der Erwachsenen gegenüber dem Kind, auf die ich weiter unten zurückkomme. In der frühen Kindheit (Montessori nennt hier den Zeitraum von 0 bis 6 Jahren) steht die Schulung der Sinne sowie die Übungen des praktischen Lebens im Vordergrund. Hierfür hat sie spezielle Materialien entwickelt: vom Sinnesmaterial für das Kindergartenalter hin zu einem erweiterten Angebot für Mathematik, Lesen, Schreiben, Biologie, Geographie usw., wobei die Fehlerkontrolle in das didaktische Materiale integriert ist. Ein ganzheitliches Lernen, das die primären Bedürfnisse des Kindes nach Bewegung, Spiel, Kommunikation und freiem Gestalten berücksichtigt, muss ermöglicht werden. Es sind drei Eckpfeiler, auf denen Montessoris Pädagogik aufbaut:

A) selbst entwickelte Bau- und einfache Spielelementen, die Kinder zum selbstständigen Forschen animieren sollen; eine vorbereitete Umgebung,
B) „Stillezeiten" und gemeinsame Mahlzeiten zur Förderung sozialen Lernens; Entwicklung ohne Zeitdruck und Leistungsvergleiche,
C) die beobachtende Distanz der Erzieher, die eine Störung des Lernens durch den Einfluss der Erwachsenen verhindern soll (vgl. zusammenfassend Montessori, 1996; Aden-Grossmann, 2002; Becker-Textor, 1995).

„Nach Maria Montessori zu arbeiten bedeutet [...] weit mehr, als nur Montessori-Material einzusetzen. Es kommt darauf an, ihre Sichtweise vom Kind zu akzeptieren und anzunehmen, sich in der Rolle der von ihr beschriebenen ‚neuen Lehrerin' zurechtzufinden. So wird ein Montessori-Kindergarten geprägt von einem anderen Geist, einer anderen Atmosphäre. Im Zentrum des pädagogischen Alltags stehen die Begriffe Freiheit, Ordnung, Stille, Konzentration, schöpferisches Lernen, Selbstentfaltung, Selbständigkeit, die neue Lehrerin, die sensiblen Perioden, das Kind als Baumeister des Menschen und nicht zuletzt die von ihr formulierte Forderung des Kindes an den Erwachsenen: ‚Hilf mir, es selbst zu tun!'" (Becker-Textor, o. J., S. 16f).

Der Erwachsene muss sich seiner Haltung dem Kind gegenüber bewusst werden, vor allem darüber, welches Bild vom Kind die pädagogische Interaktion bestimmt. Montessori (1996, S. 20-23) beschreibt das Verhältnis des Erwachsenen zum Kind als egozentrisch: er urteile nach seinen eigenen Maßstäbe und betrachte das Kind als „leeres Wesen", das die Führung durch einen Erwachsenen benötigt. „Mit einem solchen Verhalten glaubt der Erwachsene um das Wohl des Kindes eifrig, voll Liebe und Opferbereitschaft besorgt zu sein. In Wirklichkeit aber löscht er damit die Persönlichkeit des Kindes aus" (ebd., S. 24). Das Kind jedoch trage einen inneren Bauplan in sich, der sich sensible Perioden durchlaufend, entwickelt. Dem Erwachsenen kommt die Rolle des Beobachters und des Gestalters der vorbereiteten Umgebung zu. Ansonsten hat sich der Erzieher eher passiv zu verhalten und steht als geduldiger Berater dann zur Verfügung, wenn das Kind seine Hilfe benötigt. Ziel der Erziehung ist die Selbstständigkeit des Kindes (Roux & Schmiedt, 2004).

Ein weiteres italienisches pädagogisches Konzept, das international die Elementarpädagogik beeinflusst, ist das der Reggio-Pädagogik. Dieser Ansatz steht für eine konsequente Kindorientierung. Das Kind wird als Wesen gesehen, das sich aktiv mit der gegenständlichen und sozialen Welt, mit seinem Körper, seiner Person, seinen Gefühlen und Bedürfnissen auseinandersetzt. Kinder sorgen mit ihrer Energie und ihrer Wissbegierde dafür, eigene Kompetenzen zu entwickeln (Knauf 2000, S. 181ff.). Lernen gelingt am besten in der Interaktion mit anderen. Aufgabe des Erziehers ist es, eine Atmosphäre zu schaffen, die die Kinder zu emotionalen und kognitiven Reaktionen veranlasst. Hierzu bedarf es wiederum einer vorbereiteten Umgebung, in der Materialien, Situationen etc. bereitgestellt werden. Die große Bedeutung zwischenmenschlicher Beziehungen für das Lernen wird hier unterstrichen. Kinder müssen sich angenommen fühlen, damit sie bereit werden, sich für Neues zu öffnen und zu lernen. Die Projektarbeit bildet eine zentrale Aktionsform, wobei der Erwachsene den Kindern lediglich unterstützend und stimulierend zur Seite steht. Wichtig ist dabei, dass die Handlungsprozesse innerhalb dieser Projekteinheit durch die Kinder selbst dokumentiert und damit reflektiert werden, z. B. in Form von „sprechenden Wänden" (ebd., S. 193). Ein weiterer wesentlicher Aspekt dieses Ansatzes ist die Betonung ästhetischer Empfindungen. Bedeutungen können auf vielfältige Weise ausgedrückt werden, hilfreich sind dabei nichtsprachliche Kommunikations- und Ausdrucksmittel, wie z. B. die Malerei. Alle Aktivitäten der Kinder werden von den Erziehern mittels detaillierter Beobachtung und Dokumentation begleitet, um so einen Zugang zur kindlichen Entwicklung zu erreichen und über Möglichkeiten der Intensivierung nachzudenken (Zimiles, 2000, S. 204).

Im Bereich der Bildung in der frühen Kindheit, muss es, wie Roux (2003) betont, letztlich um eine Verbindung der traditionellen Grundpositionen zum Bildungsverständnis gehen. Die materiale Bildungstheorie hat zum Ziel, möglichst umfassende Bildungsinhalte zu vermitteln, wohingegen die formale Bildungstheorie die Entwicklung der Kräfte und Fähigkeiten des Lernenden im Blick hat. Bildungsinhalte und sogenannte „basic skills" können jedoch im Grunde nicht getrennt voneinander betrachtet werden.

In der frühen Kindheit bestimmen weiterhin zwei Positionen die aktuelle Diskussion, die kurzgefasst als Selbstbildung versus Ko-Konstruktion, bzw. Kompetenzenförderung beschrieben werden kann.

Laewen (2002) betont, dass Bildung Sache des Subjekts sei, und somit nichts anderes sein könne als Selbstbildung. Aus diesem Grund kritisiert er, „Bildung als Bedarfsdeckung“ (S. 33) zu definieren, denn hier existiere das Kind lediglich als Objekt und es würde der Versuch pädagogischer „Bildhauerei“ (S. 44) betrieben. Liegle verweist auf Rousseau, der schon im 18. Jahrhundert mahnte: „Fangt damit an, eure Schüler und Zöglinge zu studieren, denn ihr kennt sie mit Sicherheit nicht“ (Rousseau, 1762/1965, S. 102 zitiert nach Laewen 2002, S. 41). Ins Zentrum rückt der Eigenanteil des Kindes, den es an seiner eigenen Bildung hat und gleichzeitig Fragen danach, wie diese Bildungsprozesse aus der Sichtweise des Sich-Bildenden aussehen mögen. Laewen spitzt die Frage sogar zu: „ [...] ob denn jemand überhaupt gebildet werden könne durch pädagogische Maßnahmen von außen“ (ebd., S. 42). Kinder bleiben auf Hilfestellungen seitens der Erwachsenen angewiesen: „Bildung als Selbstbildung der Kinder und Erziehung als Aktivität der Erwachsenen stehen so in einem Wechselverhältnis zueinander. [...] Der Bildungsauftrag der Kindertageseinrichtungen würde in seiner allgemeinsten Formulierung also lauten, die Bildungsprozesse der Kinder durch Erziehung zu beantworten und herauszufordern und durch Betreuung zu sichern“ (ebd., S. 92). Kinder eignen sich die Welt selbsttätig konstruierend an. Piaget beschrieb Kinder als Forscher, die Hypothesen entwerfen und diese überprüfen. Dabei seien sie angewiesen auf die Bereitschaft Erwachsener, verfügbar zu sein und in einen Dialog einzutreten, zu kommunizieren und zu interagieren. Komplexe Sinneswahrnehmungen und damit verbundene Erfahrungen bilden wichtige Rahmenbedingungen von Bildungsprozessen. Bildung ist so verstanden beides: Selbstkonstruktion und Weltkonstruktion (vgl. Laewen 2002).

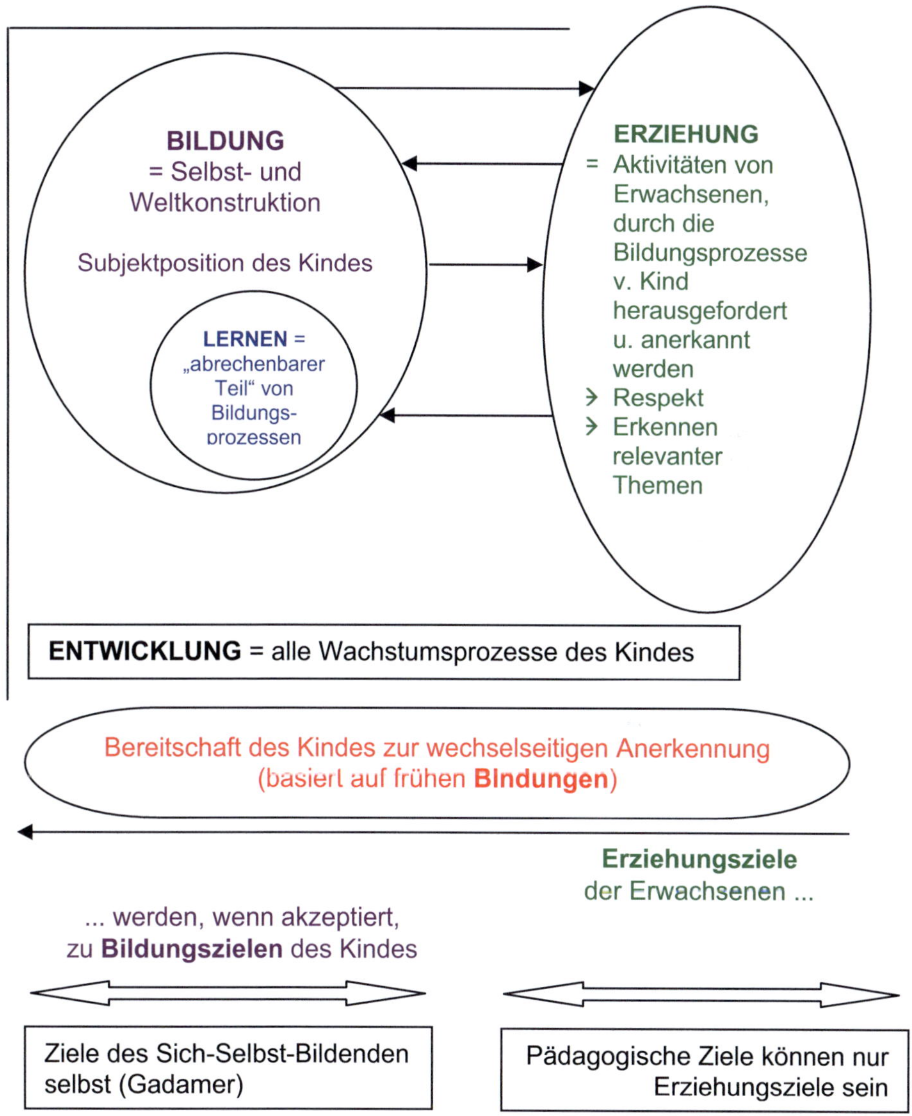

Abb. 1: Versuch einer Darstellung: Bildung und Erziehung in der frühen Kindheit nach Laewen

Schäfer (2002) vertritt einen ganz ähnlichen Ansatz. Er annimmt, dass frühe Bildung aus einem komplexen Zusammenwirken innerer und äußerer Prozesse entstehe. Die Denkweisen, Erfahrungen, Entwicklungen und Handlungen, welche sich dabei entwickeln, ermöglichen dem Kind, sich ein eigenes Weltbild aufzubauen. Die Wirklichkeit bestehe deshalb aus einer Mischung subjektiver und objektiver Anteile, die sich im individuellen Symbolisierungsprozess verknüpfen. Hier zeigt sich deutlich die Komplexität des Prozesses. Schäfer spricht sich dagegen aus, frühkindliche Bildung an den Anforderungen der Gesellschaft oder der Schule zu orientieren und aufgrund dessen, bestimmte Kompetenzen fördern zu wollen. Die Verwendung des Kompetenzbegriffs (u. a. durch Fthenakis, 2002) wird kritisiert, da ein solcher Ansatz von einem defizitären Bild des Kindes ausginge und weil Alltagserfahrungen eben nicht nach solchen Kompetenzbereichen geordnet vorlägen. Schäfer geht es vielmehr um die Schulung der Sinne, um ästhetische Bildung, emotionale Wahrnehmung, also um die „frühesten Prozesse des Selbstwerdens“ (Schäfer, 2002, S. 18). In seinem Buch „Bildungsprozesse im Kindergarten: Selbstbildung, Erfahrung und Lernen in der frühen Kindheit“ (2002) werden verschiedenste Bereich frühkindlicher Bildung exemplarisch dargestellt. Der Phantasie, dem Spiel, den ästhetischen Aspekten von Bildung wird dabei ein besonderer und grundlegender Stellenwert beigemessen. Bildung beginne mit der Geburt des Kindes. In den ersten Lebensjahren umfasse Bildung folgende vier grundlegende Bereiche:

- die Bildung der Sinne,
- Bildung von Phantasie, Imagination sowie szenischem Spiel,
- Bildung einer symbolischen Welt, vor allem der Sprachwelt,
- eingebettet und eng verknüpft mit einer Bildung der zwischenmenschlichen Beziehungen.

Ab dem dritten Lebensjahr bauen auf dieser Grundlage drei weitere Bildungsbereiche auf:

- Die ästhetische Bildung, die an die Bildung der Sinne, der Imagination, der Phantasie und des Spiels anschließt. Hier geht es um ein differenziertes und sensibles Wahrnehmen des Körpers, der Emotionen, der Außenwelt.
- Einen weiteren Schwerpunkt bilden das Spiel mit Sprache, das sich Ausdrücken in der Sprache.
- Damit Kinder zur Natur eine Beziehung aufbauen können, benötigen sie vielfältige Gelegenheiten, diese zu erkunden und zu erforschen, denn erst dann erhält die Natur eine subjektive Bedeutung

(vgl. zusammenfassend Textor, o. J. a, S. 10f.).

Schäfer betont die verstärkte Förderung der Verbindungen zwischen innerer und äußerer Welt in den Bereichen des Spielens, Phantasierens und Gestaltens und fordert darüber hinaus, dass das ästhetische Denken in die Entwicklung kindlicher Erfahrungen mit einbezogen werde. Dabei sei zu berücksichtigen, dass gelingende Erfahrungen (Lernen) ein kohärentes Bild der Wirklichkeit und des Selbst benötigen, also Ganzheitlichkeit und Komplexität in Verknüpfung mit selbsttätigem Handeln (Schäfer, 2002, S. 246).

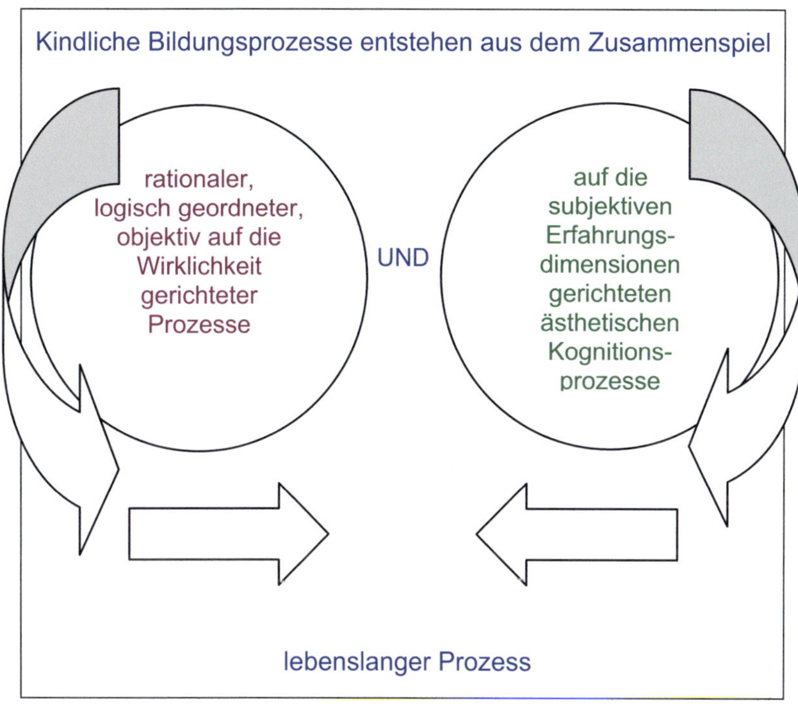

Abb. 2: Versuch einer Darstellung: Bildung nach Schäfer

Ästhetik beschreibt Schäfer als einen Grundzug menschlicher Erfahrungsbildung überall dort, wo sich Erfahrungen auf Wahrnehmungen beziehen. Ästhetik integriere Vielfältigkeit und Komplexität und stelle das komplementäre Gegenstück zum rational-kritischen Denken dar. Der Alltag sei geprägt von funktionaler und kausaler Problembewältigung, so dass es für Schäfer wichtig erscheint, dem ästhetischen Prozess, als „Form des Managements des Komplexen“ (ebd., S. 296) mehr Aufmerksamkeit zu widmen.

Zum Abschluss formuliert Schäfer (2002, S. 197) einige Ziele frühkindlicher Bildung:

- „Ermöglichen und Aushalten von Trennungsprozessen zur Konstitution eines Subjekts.
- Eine Atmosphäre der aufmerksamen Toleranz, des Haltes und des Haltensschaffen, in der sich Symbolisierungsprozesse entfalten können.
- Hilfen im Bereich des Phantasierens, Spielens, Gestaltens gewähren, die die Entwicklung eines intermediären Bereichs unterstützen.
- Entfaltung von sinnlichen Wahrnehmungsprozessen und ästhetischen Denkweisen ermöglichen als Pflege und Entwicklung rationalen Denkens.
- Raum und Entfaltungsmöglichkeiten für eine Kultur des Kindes schaffen."

Donata Elschenbroich sagt über den Kindergarten: „Von den 4000 wachen Stunden, die ein Kind dort verbringt, könnten viele die lebendigsten, unvergesslichsten Stunden des Lebens sein. Sie sind es leider nicht" (Elschenbroich, 2001a). In ihrem Buch „Weltwissen der Siebenjährigen. Wie Kinder die Welt entdecken können" (Elschenbroich, 2001b). hat die Autorin in zahlreichen Gesprächen – mit Eltern, Pädagogen, Hirnforschern, Entwicklungspsychologen, Unternehmern, Verkäufern, Arbeitslosen – eine Art „Wunschliste" für Bildungserlebnisse entworfen: „Was sollte ein Kind in seinen ersten sieben Lebensjahren erlebt haben, können, wissen?", „Womit sollte es zumindest in Berührung gekommen sein?" (ebd., S. 15). Welche Bildungsgelegenheiten sind die Erwachsenen im Kindergarten und in der Familie dem Kind schuldig? An dieser Stelle (Elschenbroich, 2001, S. 24f.) übt Elschenbroich Kritik an dem in Deutschlands Kindergärten seit Mitte der 1970er Jahre weit verbreiteten „situationsorientiertem Ansatz". Situationsbezogenes Lernen (siehe ausführlicher 2.2) wird als gemeinsamer Erfahrungs- und Kommunikationsprozess gesehen, in dem alle Beteiligten Lehrende und Lernende sein können, in dem Erzieher nicht mehr die allein sachverständige Rolle innehaben. Die Lebenssituation soll für Kinder real erfahrbar und erfassbar sein (vgl. Aden-Grossmann, 2002, S. 194). Wird dieser Ansatz jedoch so ausgelegt, dass lediglich die Situationen, die das Kind bewegen, die seiner Lebenssituation entsprechen, in die pädagogische Arbeit einfließen, dann, so Elschenbroich (2001b), werde der Horizont der Kinder nicht weiter, sondern das Gegenteil sei der Fall: das Wirkliche reduziere das Mögliche. Und genau an dieser Stelle liegt die Betonung des Bildungskanons, den Elschenbroich (2001b) aufzustellen versucht hat: „Die Überlegenheit des Möglichen über das Wirkliche muss immer spürbar bleiben" (ebd., S. 24). Der Kindergarten biete Zeit, die genutzt werden solle. „Zeit für Experimente, Zeit für Fehler, fürs Üben, für Wiederholungen – der Kindergarten bietet alles. Elementare Zugänge zu Naturwissenschaften, der Schrift, den Künsten. Im Kindergarten kann ihnen die Welt ein Labor werden, ein Atelier, eine Werkstatt. Oder ein Wald. Oder der Mond. Die Erzieher müssen den Kindern helfen, ihr Tagesprogramm in persönliche Lernerlebnisse zu verwandeln“ (Elschenbroich, 2001a).

Dank der öffentlichen Diskussionen über Bildung im Elementarbereich, sind sich alle einig, dass in dieser frühen Lebenszeit vor allem so genannte Schlüsselqualifikationen vermittelt werden sollten. Problemlösungsbereitschaft, Kooperationsfähigkeit, Lernen zu lernen, Verantwortungsbewusstsein etc. sind solche „basic skills“. Doch bei welchen Gelegenheiten und wie können sie aufgebaut werden? (Elschenbroich, 2001b, S. 27) Es folgt nun ein kurzer Überblick über die Spannbreite der Antworten aus den geführten Gesprächen:

„Weltwissen: ein Panorama nach 150 Gesprächen

Was Siebenjährige können / erfahren haben sollten.

Bildungsgelegenheiten – Anregungen – Erfahrungen – Ahnungen – Fragen [...]

- dem Vater beim Rasieren zugeschaut haben [...]
- Butter machen. Sahne schlagen. (Elementare Küchenchemie, Küchenphysik kennen: Schimmel schädlicher und pikanter. Rühren, schnipseln, kneten, durchs Sieb passieren. Knusprig/angebrannt! Roh/gekocht! Versalzen: ‚eine Prise‘) [...]
- in einer anderen Familie übernachten. Mit anderen Familienkulturen, Codes in Berührung kommen. Einen Familienbrauch kennen, der nur in der eigenen Familie gilt [...]
- eine Sammlung angelegt haben (wollen) [...]
- die Erinnerung an ein gehaltenes Versprechen [...]
- in einen Bach gefallen sein [...]
- in einem Streit vermittelt haben. Einem Streit aus dem Weg gegangen sein [...]
- Flüche, Schimpfwörter kennen (in zwei Sprachen). Eine Ahnung von Stillleben, Sprachkonventionen haben, wo sagt man was [...]
- Mengen in Maßeinheiten erlebt haben. Z. B. drei Liter = drei Milchflaschen voll ... Einen Raum mit dem eigenen Körper ausgemessen haben [...]“ (vgl. ebd., S. 28ff.).

Häufig wird problematisiert, dass ein solcher Kanon unsystematisch, gar willkürlich erscheine, jedoch betont Elschenbroich selbst seine Unvollständigkeit. Hier bietet sich eine gute Diskussionsgrundlage, um sich der Verantwortung der Erwachsenen gegenüber der folgenden Generation bewusst zu werden.

Fthenakis definiert Bildung nicht – wie Laewen und Schäfer – primär als individuumsorientiert bzw. als Selbstbildung, sondern als einen sozialen Prozess innerhalb eines bestimmten Kontexts, an dem das Kind als auch andere Personen aktiv beteiligt seien (Ko-Konstruktion). Nicht die Vermittlung von Wissen, sondern Lernkompetenzen (lernmethodische Kompetenzen: lernen wie man lernt) sowie weitere Basiskompetenzen (Resilienz, Transitionskompetenz, Kommunikationskompetenz, Medienkompetenz etc.) stehen im Mittelpunkt. Kritisiert wird hieran – wie bereits erwähnt – dass sich der Ansatz in einer Aufzählung von Kompetenzen erschöpfe und letztlich offen bliebe, wie diese tatsächlich gefördert werden können. Ein weiterer Kritikpunkt ist, dass zu sehr die Anforderungen der Gesellschaft und der Arbeitswelt berücksichtigt würden. Fthenakis jedoch versteht dies als eine Weiterentwicklung des konstruktivistischen Blickwinkels hin zu einer sozialkonstruktivistischen Perspektive (vgl. zusammenfassend Textor, o. J. a).

„Aus der postmodernistischen Perspektive [...] betrachtet, wird die Auffassung vertreten, dass wir Kinder auf eine Welt hin zu bilden und zu erziehen haben, die in hohem Maß kulturell divers und sozial komplex geworden ist. Pluralität wird als konstitutives Element unserer Existenz betrachtet. Komplexität, Diversität, Unsicherheit, Nichtlinearität und Subjektivität gelten als genuine Charakteristika dieser Welt. Es gebe keine universellen Gesetzmäßigkeiten. Ein objektives Wissen, das darauf warte, entdeckt zu werden, wird zunehmend in Frage gestellt. Unterschiedliche Perspektiven, zeitliche und räumliche Besonderheiten seien kennzeichnend für diese Welt. Komplexität und Unsicherheit werden als reichhaltige Quellen für Lernen bejaht. Lernen wird als sozialer Prozess definiert, an dessen Konstruktion das Kind selbst, die Fachkräfte, die Eltern und andere beteiligt seien. Lernen finde im Kontext statt. Das Lernen außerhalb des Kontextes stelle keine ernsthafte Option mehr dar. Bildungspläne hätten demnach den sozialen, kulturellen und ethnischen Hintergrund des Kindes in hohem Maße zu berücksichtigen. Dem Lernprozess in einer kulturell divers und sozial komplex gewordenen Welt komme eine hohe sozialintegrative Funktion zu. Bildungskonzepte haben aus dieser Perspektive die Aufgabe, dem Kind Orientierungskompetenz sowie Fertigkeiten zum Umgang mit Krisen, Brüchen und Diskontinuität zu vermitteln. Es wird die Auffassung vertreten, dass frühkindliche Bildungsprozesse auf den Kontext auszurichten seien, in dem sie stattfinden, also der heutigen Gesellschaft mit ihren spezifischen Möglichkeiten und Anforderungen“ (Fthenakis, 2004).

Während Selbstbildung die Eigenaktivität des Kindes herausstellt, betont Ko-Konstruktion den Anteil der Erwachsenen, der pädagogischen Fachkräfte. Beide Positionen sehen das Kind als eigenaktives und kompetentes Wesen, das sich konstruktiv Welt aneignet. Singer (2003) unterstreicht in diesem Zusammenhang aus Sicht der Hirnforschung zudem die Bedeutung des Selbermachens, der Eigeninitiative und der aktiven Interaktion. Roßbach (2005) gibt zu bedenken, dass weder die eine noch die andere Position – also reine Selbstbildung wie sie Laewen und Schäfer vertreten – noch die andere Position – ko-konstruktivistische Perspektive nach Fthenakis – neu sind, und dass sehr wohl Verbindungen zwischen den beiden Ansätzen bestehen. Denn: jede Bildung ist Selbstbildung und Bildung findet immer in einem sozialen Kontext statt. Besser sei es deshalb, sich gemeinsam auf die Fragen zu konzentrieren, was denn die allgemeinen Bildungsziele seien, sowie in welchen Bildungsbereichen Kinder in den Tageseinrichtungen Erfahrungen sammeln, Kenntnisse und Kompetenzen erwerben sollen. Damit verweist er auf die Orientierungs- oder, Bildungs- und Erziehungsempfehlungen der Bundesländer, die sich eben mit dieser Entscheidung und somit auch mit dem alten Legitimationsproblem der Pädagogik, nämlich darüber zu entscheiden, mit welchen Bildungszielen und -inhalten die heutige Gesellschaft die nachwachsende Generation konfrontiert, beschäftigen. Diese Pläne müssen also den jeweiligen gesellschaftlichen Entwicklungen angepasst werden.

Die vielen Einzelaspekte von Bildung fasst Textor (1999, S. 530) folgendermaßen zusammen: „Bildung im Kindergarten umfasst viele dieser Aspekte: In Bildungsprozessen erlernen Kleinkinder die Sprache und entwickeln immer mehr Verständnis für deren Begriffe, Symbole, Bedeutungen und Kategorien – eine differenzierte Sprache fördert ein differenziertes Verstehen. In Bildungsprozessen werden ihre körperlichen und geistigen Anlagen geweckt, Fähigkeiten und Fertigkeiten ausgebildet. In Bildungsprozessen werden sie in Gesellschaft, Arbeitswelt und Wirtschaftsleben, Kunst und Kultur, Religion und Ethik, Sitten und Bräuche eingeführt – sie werden von den Erzieherinnen und anderen Menschen gebildet. In Bildungsprozessen setzen sie sich mit neuen Erfahrungen, Beobachtungen und Erkenntnissen auseinander, erkennen Zusammenhänge, nehmen kritisch Stellung und ziehen Folgerungen für ihr Handeln. Durch Eigenaktivität und Selbsttätigkeit, aus eigener Motivation heraus, erkunden und erschließen sie ihre Welt, nehmen Kontakt zu anderen Menschen auf und lernen von ihnen – sie bilden sich selbst. In Bildungsprozessen entwickeln sich ihre einzigartige Persönlichkeit, ihr Charakter, ihre Identität, ihre Individualität.“

Besonders hervorheben möchte ich den Aspekt der Bindung und der Emotionen für die Bildungsprozesse des Kindes, den Hüther (2004) aus Sicht der Hirnforschung mit dem Satz „Kinder brauchen Wurzeln“ beschreibt. Viele bildungstheoretische Ansätze – außer die zuvor beschriebene Bildungstheorie nach Laewen (2002), die die Bedeutung von Bindungen explizit hervorhebt – vernachlässigen diesen Bereich. Selbstständigkeit und Eigenverantwortung werden dem Kind ab frühester Kindheit zugeschrieben und abverlangt. Die gesellschaftliche Anerkennung steigt mit dem Grad der scheinbaren Autonomie des Einzelnen. Die Tatsache, dass der Mensch auf emotionalen Kontakt mit anderen Menschen angewiesen ist, und das umso stärker, je jünger er ist, wird als Unzulänglichkeit oder Schwäche ausgelegt. Sich auf andere einlassen und damit auch Verantwortung für diesen Menschen zu übernehmen, scheint wenig zeitgemäß. Die Hirnforschung (u. a. Spitzer, 2007; Hüther, 2004) erbrachte in den letzten Jahren Belege dafür, wie das Lernen im Gehirn vonstatten geht. Auf die neuronale Entwicklung, die Verschaltung von Nervenzellen und die Bedingungen für die Synapsenbildung soll an dieser Stelle nicht weiter eingegangen werden. Für den hier zu skizzierenden Gedankengang ist relevant: Ohne die Aktivierung der emotionalen Zentren merkt sich das Gehirn nichts. Was allerdings auch bedeutet, dass wenn Gefühle mit im Spiel sind, auch das im Gedächtnis bleibt, was vielleicht besser nicht hätte gespeichert werden sollen. Und damit es überhaupt zu einer Aktivierung dieser emotionalen Zentren kommt, „muss etwas passieren, das einem Menschen ‚unter die Haut geht'" (Hüther, 2004, S. 19). Es entstehen unterschiedliche Verschaltungen im Gehirn eines Menschen, je nachdem, welche Erfahrungen er im Zusammenleben mit anderen Menschen und in der Auseinandersetzung mit den Dingen der Welt macht. Diese emotionalen Bindungen beeinflussen folglich die Strukturierung des Gehirns. Frühe psychosoziale Erfahrungen wirken auf die gesamte weitere Entwicklung von Fühlen, Denken und Handeln. Kinder, die sich in einem labilen emotionalen Gleichgewicht befinden, richten in Kindergarten und auch Schule ihre Aufmerksamkeit in erster Linie darauf, Sicherheit und Orientierung zu erlangen. Zu den Bildungsangeboten selbst finden sie keinen Zugang (vgl. ebd., S. 23ff.). Ahnert (2005, S. 41f.) nennt als eine entwicklungspsychologische Grundvoraussetzung für Bildung in der frühen Kindheit die Aspekte soziale Nähe und Interaktion. Betreuungspersonen müssen verfügbar sein und soziale Nähe garantieren. Kontinuität und Stabilität helfen dem Kind, soziale Erwartungen auszubilden und sein Verhalten den Betreuungsbedingungen anzupassen. Das Betreuungsklima müsse von einem warmen und empathischen Erzieherverhalten geprägt sein, damit das Kind Vertrauen und ein positives kindliches Selbstbild aufbauen kann. Laewen (2002, S. 94) beschreibt eine Schlüsselkompetenz des Erzieherberufs: Kindern mit Respekt begegnen. Ahnert (2005, S. 41) hält fest, dass die Betreuungspraxis der ersten Lebensjahre des Kindes durch Betreuungsformen getragen werde, die sich von dyadischen zu sozial erweiterten gruppenorientierten Betreuungsmustern verändern. Es sei damit von entscheidender Bedeutung, in welcher Art und Weise die Vermittlung von Bildung auf die kindlichen Bedürfnisse und Kompetenzen Bezug nimmt. Ahnert empfiehlt daher, die frühen Bildungsprogramme eng an Betreuungskonzepte zu binden, die die altersbedingten Besonderheiten der Emotions- und Verhaltensentwicklung (und nicht nur der kognitiven Entwicklung) in eine kindgerechte Bildungsarbeit einfließen lassen. Bildung muss die emotionale Seite des Lernens berücksichtigen. Gefühle dürfen –

vor allem im Kindesalter – nicht ausgeklammert werden. Des Weiteren stellt Ahnert (2006) Untersuchungen vor, die verdeutlichen, dass sicher an ihre Erzieherin gebundene Kinder empathischer, kooperativer und unabhängiger auftreten. Sensibles und empathisches Eingehen der pädagogischen Fachkräfte auf die Bedürfnisse der Kinder sowie eine intensive Kommunikation haben zur Folge, dass Kinder positive Emotionen verstärkt zeigen, sozial, sprachlich und kognitiv kompetenter sind. Erzieherische Feinfühligkeit beeinflusst die Entwicklung des Kindes. Bedenklich stimmen die Ergebnisse von Roux (2002): lediglich 1,5 % der von ihr befragten 144 Kindergartenkinder gaben an, manchmal mit der Erzieherin zu spielen. Dabei stellt sich natürlich die Frage, ob bei so geringer Interaktion überhaupt von einer Beziehung zwischen Erwachsenem und Kind ausgegangen werden kann, die tragfähig genug ist, um die Bildungsprozesse des Kindes unterstützend begleiten zu können. Die Bedeutung von Rolle und Verhalten der Erzieher wird im empirischen Teil dieser Arbeit einen wichtigen Aspekt darstellen.

1.3 Zusammenfassung: Erziehung und Bildung im Elementarbereich

Zusammenfassend lässt sich festhalten: Selbst- und Fremdbildung, selbsttätiges Lernen und gezielte Angebote sind miteinander zu vereinbaren und zu verknüpfen. Dem Kindergarten kommt die komplexe Aufgabe zu, dem Kind eine Fülle von Erfahrungsräumen zu erschließe, in denen es selbst und in der Beziehung / im Austausch mit anderen Menschen sowie mit den Dingen der Welt bedeutsame Erfahrungen sammeln kann. Eine Synthese der unterschiedlichen oben beschriebenen Ansichten ist notwendig, damit Kinder ganzheitlich und in komplexen Zusammenhängen lernen können und ihre Suche nach Bedeutung mit allen Sinnen erfolgreich sein wird. Motorische, emotionale, soziale, kognitive, ästhetische und sinnliche Reize haben alle gemeinsam eine große Bedeutung für das Lernen und die gesamte Entwicklung von Kindern. Wesentlich ist dabei auch die Reflexion der pädagogischen Fachkräfte bezüglich ihrer eigenen Rolle innerhalb der Bildungsprozesse des Kindes. Nicht die Erwartungen der Erwachsenenwelt dürfen im Vordergrund stehen, sondern der individuelle Bildungsbedarf des Kindes. Dafür müssen entsprechende Bildungs- und Erziehungsziele formuliert und überdacht werden. Das Kind zu beobachten und individuell auf seine Bedürfnisse zu reagieren, bedarf eines hohen Engagements der Erzieherin / des Erziehers und einer guten Beziehung zum einzelnen Kind. Die Lernbereitschaft und Neugier des Kindes aufgreifen, herausfinden, welche Angebot seine Suche nach Bedeutung sinnvoll unterstützen und ein gesunde Maß an Zurückhaltung und Unterstützung ausbalancieren, sind Herausforderungen, die Kinder an alle Erwachsenen stellen. Damit verbunden ist die Bereitschaft, sich dieses Kindes anzunehmen, so wie es ist und die Verantwortung für seine Bildung und Erziehung übernehmen zu wollen.

Die folgende Darstellung soll die Komplexität und Vielschichtigkeit von Bildung und Erziehung in der frühen Kindheit anschaulich machen. Voraussetzung für ein Nachdenken über mögliche Anregungen von Bildungsprozessen ist, sich dieser unterschiedlichen Ebenen und ihrer komplexen Wechselwirkungen bewusst zu werden. Die einzelnen Zweige sind als jederzeit erweiterungsfähig zu betrachten. Es kann kein absolutes Bild von Bildung in der frühen Kindheit entwickelt werden. Jeder Bildungsprozess verläuft je individuell. Die für diese Arbeit als wesentliche erachteten Anhaltspunkte – Kindheit als eine Lebensphase mit eigener Bedeutung zu betrachten, Bildung als Hilfe zur Persönlichkeitsentwicklung zu verstehen, den Stellenwert von Selbsttätigkeit und den selbstbestimmten Umgang mit den Dingen hervorzuheben, sowie die Vielzahl von Bildungsprozessen und die Verantwortung des Erwachsenen innerhalb der Bildungsprozesse des Kindes zu verdeutlichen – verzweigen sich wiederum in verschiedenste Komponenten, die miteinander in Verbindung treten und sich nicht vollständig fassen lassen. Doch um Anknüpfungspunkte und letztlich Kategorien für die anschließende Analyse entwickeln zu können, ist es notwendig, in dieser Form eine Abgrenzung bezüglich dem, was hier unter Bildung in der frühen Kindheit verstanden werden soll, vorzunehmen.

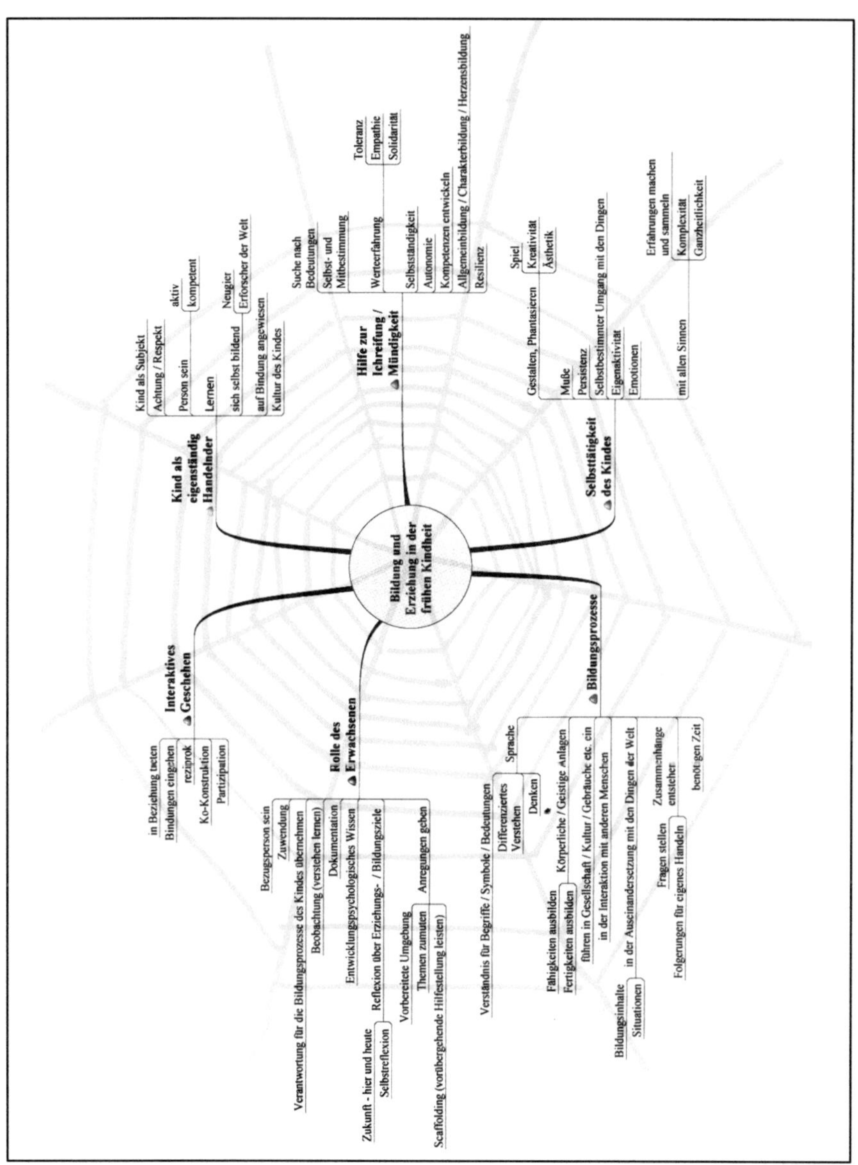

Abb. 3: Netzwerk: Bildung und Erziehung in der frühen Kindheit

2 Curriculare Entwicklung des Kindergartens nach 1945

Kindertageseinrichtungen in Deutschland befinden sich immer in einem Spannungsverhältnis zwischen kompensatorischer Erziehung, Sozialerziehung und Bildung.

Historisch gesehen (Beginn des 19. Jahrhunderts) richtete sich die Kindertagesbetreuung zunächst als Kleinkindbewahranstalt an die Kinder, die von ihren erwerbstätigen Eltern nicht ausreichend betreut werden konnten und vor der Verwahrlosung geschützt werden sollten. Diese Familien gehörten den unteren gesellschaftlichen Schichten an und waren mit der Fürsorge- und Erziehungsaufgabe finanziell überfordert. Samuel Wilderspan (1792-1866), Leiter der Zentral-Kinderschule in London, beeinflusste auch die deutsche Entwicklung maßgeblich. Er nannte drei Funktionen der Kleinkindbewahranstalten:

1. Sie dienten der Verbrechensverhütung, indem sie Verwahrlosung vorbeugten.
2. Sie ermöglichten älteren Kindern den Schulbesuch, da diese sich sonst um ihre
3. jüngeren Geschwister kümmern mussten.
4. Sie bildeten den Beginn einer christlichen Erziehung, denn auf dem Lehrplan
5. Standen in erster Linie biblische Geschichten.

In Deutschland verdanken zahlreiche Einrichtungen ihre Entstehung engagierten Frauenbewegungen. Mit der Zeit wurden diese abgelöst von Diakonissen. Gegen Ende des 19. Jahrhunderts existierten ungefähr 2000 von Diakonissen geführte Kleinkindbewahranstalten (vgl. Aden-Grossmann, 2002, S. 24ff.).

1840 gründete Friedrich Fröbel den ersten Kindergarten, der für Kinder im Alter von drei bis sechs Jahren konzipiert war, und sich in vielerlei Hinsicht von den bis dahin gängigen Einrichtungen für Kinder unterschied. Fröbels Pädagogik wurde unter 1.2.3 ausführlicher dargestellt. An dieser Stelle soll betont werden, dass Fröbel den Kindergarten als die unterste Stufe eines einheitliche Bildungssystems betrachtete und 1848 aus diesem Grund die Nationalversammlung aufforderte, in allen Gemeinden die Einrichtung öffentlicher Kindergärten zu empfehlen, damit Bildung für alle gewährleistet werden könne. Das preußische Kindergartenverbot verhinderte 1851 dies jedoch und es wird vermutet, dass die beiden großen Kirchen einen Machtverlust fürchteten, da mittlerweile auch bei der Lehrerschaft ein erhöhtes Interesse an Fröbels Pädagogik, seinen Vorträgen und seinem Unterricht herrschte. Kindergärten wurden polizeilich verboten und erst zehn Jahre später, nach seinem Tod, wieder genehmigt. Mit der Gründung des Kindergartens, wurde gleichzeitig ein neuer Frauenberuf geschaffen. Durch die

Vergesellschaftung der Kleinkinderziehung entstanden im Verlauf des 19. Jahrhunderts Kindergärtnerinnenseminare, in denen Pflege, Psychologie und Methoden der kindgemäßen Förderung vermittelt wurden. Doch scheiterten alle Versuche, Erzieher und Lehrer in Ausbildung und beruflicher Stellung aneinander anzugleichen (ebd., S. 31-52).

Die Debatte darüber, wo der Kindergarten anzusiedeln sei, ging auch Anfang des 20. Jahrhunderts weiter. Die Reichsschulkonferenz von 1921 hält fest: „So ist der Kindergarten unbedingt zunächst fakultativ zu fordern. Möchte er bald allgemein werden. Prinzipiell sei betont, dass er nicht Kinderbewahranstalt ist, sondern bewusste Schule, die die Kinder durch systematisch an bestimmte Zentralisationspunkte angeschlossene Beobachtung und durch ein kindliches Spiel nach und nach zur bewussten Gemeinschaftsarbeit heranbildet. Der Kindergarten gebe nicht nur Anregung für die Anschauung, sondern auch für Herz, Phantasie und Intellekt und über der manuellen Betätigung auch die durch das Wort" (ebd., S. 56). Hier kommt zum Ausdruck, dass der Kindergarten durchaus Bildungsstätte für alle sein solle. Doch wurde eine grundsätzliche Einigung darüber erzielt, dass der Kindergarten eine Einrichtung der Jugendwohlfahrt sein müsse und eben nicht der Schule angegliedert werde. Bei der Frage um die künftigen Träger von Kindergärten, hatten die Kirchen die Mehrheit. Nach dem ersten Weltkrieg war die Notlage der Kinder enorm und erstmals wurde das „Recht auf Erziehung" im Reichsjugendwohlfahrtsgesetz festgeschrieben. Doch das Primat der Wohlfahrtsverbände war gegenüber der Möglichkeit des Jugendamtes deutlich gesichert. In Kindergärten stand die „Wohlfahrt des Kindes" an erster Stelle, dabei handelte es sich in erster Linie um die Fürsorge gegenüber der Gesundheit. Erzieherische und pädagogische Gedanken rückten wieder in den Hintergrund, der Kindergarten war wieder reine Bewahranstalt (ebd., S. 59-61).

Montessoris Materialien und Methoden fanden Zugang zu Kindergärten, doch lässt sich hier nicht von einem allgemeinen Umdenken in dies reformpädagogische Richtung sprechen. Mit dem Wahlsieg der NSDAP wurden die kleinen pädagogischen Neuerungen und Demokratisierungsversuche in Kindergärten zunichte gemacht. Von nun an galt nationalsozialistische Propaganda, die mittels Beschäftigungsplänen Heimatlieder, Kriegsspiele) in den Kindergartenalltag integriert wurde. Im Mittelpunkt der nationalsozialistischen Ideologie stand die Rassenlehre, mit dem Erziehungsziel, „einen gesunden Körper heranzuzüchten", wobei Leistungsfähigkeit und Tüchtigkeit im Vordergrund standen (ebd., 93-114).

Nach 1945 knüpfte die Bundesrepublik an die Tradition der Weimarer Republik an und Wohlfahrtsverbände nahmen sich der Kindergärten an. Pädagogische Konzeptionen wurden von psychologischen Reifetheorien beeinflusst, so dass man davon ausging, Erziehung habe abzuwarten, bis das Kind schulreif sei, dann könne die Bildung beginnen. Anders in der sowjetisch besetzten Zone, denn hier arbeiten SPD und KPD Entwürfe für ein neues Schulgesetz aus, das besagt, dass der Kindergarten in das Schulwesen integriert werden soll (ebd., S. 120). Im nächsten Abschnitt wird skizziert, wie der Kindergarten Teil des öffentlichen Bildungssystems in der DDR wurde.

2.1 Das Bildungswesen der DDR

„Hauptaufgabe des Kindergartens ist die Erziehung von Kindern nach demokratischen Prinzipien, frei von allen faschistischen, rassischen, militaristischen und anderen reaktionären Ideen und Tendenzen" (Höltershinken, 1997, zitiert nach Aden-Grossmann, 2002, S. 248). Dem Nationalsozialismus den Rücken zu kehren war Ziel der Richtlinien, die in der sowjetisch besetzten Zone 1946 erlassen wurden. Die Einheitsschule wurde eingeführt, Privatschulen verboten und eine Trennung von Kirche und Staat durchgesetzt. Der Kindergarten wurde nach der Gründung der DDR dem Ministerium für Volksbildung zugeordnet. Seine Aufgabe war es, den Kindern zur Schulreife zu verhelfen und sie gleichzeitig für eine sozialistische Gesellschaft zu erziehen. Als wertvolle Charaktereigenschaften galten Mut, Ausdauer, Willensstärke, Zielstrebigkeit und Entschlossenheit („sozialistische Persönlichkeit"): Kinder sollten geformt werden, für ein „neues Deutschland". Besonderes Augenmerk galt aus diesem Grund der frühkindlichen Erziehung und Bildung im Kinderkollektiv unter Einfluss des Staates (ebd., S. 248-252 und Anweiler, 1971, S. 49). Dem Kindergarten kam eine gesellschaftspolitische, pädagogische und gleichzeitig eine sozialpolitische Funktion zu, denn im Kindergarten sollten die Kinder allseitig gebildet, sozialistisch erzogen und dadurch auf das Leben und Arbeiten in der sozialistischen Gesellschaft vorbereitet werden. Eine ganztägige kostenlose Betreuung der Kinder sollte den Müttern zugleich die uneingeschränkte Berufstätigkeit ermöglichen. 1983 stand in § 10 der Kindergartenordnung festgeschrieben: „Die sozialistische Erziehung der Kinder erfolgt auf Grundlage des vom Ministerium für Volksbildung herausgegebenen Bildungs- und Erziehungsplans sowie der dazu erlassenen inhaltlichen Orientierungen" (Ministerium für Volksbildung, zitiert nach Aden-Grossmann, 2002, S. 250). Anders als in der Bundesrepublik hatten Kindergärten in der DDR einen klar definierten Bildungsauftrag, wobei auch reformpädagogische und demokratische Einheitsschulideen aus der Weimarer Zeit in die Konzeptionen mit einflossen. Der verbindliche Bildungsplan wurde mit dem Schuljahr 1968/69 eingeführt und enthielt genaue Anweisungen zu Inhalten und Organisation vorschulischer Erziehung, die möglichst kontinuierlich an den Unterricht in der Schule anschließen sollte. Kinder, die keinen Kindergarten besuchten, wurden in ihrem letzten Jahr vor der Schulzeit in

Lern- und Spielnachmittagen auf die Schule vorbereitet (Anweiler, 1971, S. 57). „Der Bildungsplan der DDR zeichnete sich u. a. durch die Vielfalt methodischer Anregungen und konkreter Handlungsanweisungen aus. Er betonte die aktive Rolle der Erzieherinnen und beschrieb Bildungsprozesse vor allem als Vermittlungsprozesse. Die Wahl der Begriffe (die Kinder sollen mit den Inhalten bekannt gemacht werden) machte deutlich, dass dem Bildungsplan eher ein Konzept von Unterricht als von aktiver und eigensinniger Selbstbildung zu Grunde lag.“ (Ministerium für Gesundheit und Soziales des Landes Sachsen-Anhalt 2004, S. 15) An diesen Plan und damit auch an die festgeschriebenen pädagogischen Inhalte und normativen Vorstellungen, was ein Kind in einzelnen Altersabschnitten lernen oder können soll, hatten sich alle Kindergärten zu halten, so dass es für die einzelne Einrichtung schwierig wurde, ihr eigenes Profil zu entwickeln. Dem Bildungs- und Erziehungsprogramm kam eine große Bedeutung zu, denn zum einen gab er einen strikten Tagesablaufplan vor und darüber hinaus wurden Sachgebiete benannt (z. B. Muttersprache, elementare Mathematik, Bekanntmachen mit dem gesellschaftlichen Leben und der Natur und bildnerisches Gestalten), innerhalb derer mit den Kindern tägliche Beschäftigungen durchgeführt werden sollten. Spielen, Lernen, Arbeiten galten als die kindlichen Tätigkeiten, die zu fördern seien. Für jedes Quartal wurden die zu behandelnden Themen festgelegt und didaktisch-methodische Hilfen gegeben. Die Erzieherin plante ihre Arbeit schriftlich für jeden Tag. Sie plante Ziele und Inhalte sowie Methoden und Organisation der Bildungs- und Erziehungsarbeit. Die Aufgaben (beispielsweise in Mathematik) bauten systematisch aufeinander auf und gewannen an Komplexität.

Aden-Grossmann gibt mit den beiden folgenden Tabellen einen kurzen Überblick über einige Bildungsinhalte, die für den Kindergarten als wichtig erachtet wurden:

Erziehungsziele	Moralisch-sittliche Erz.: Erziehung zur sozialistischen Moral Geistige Erz.: Denken u. Sprache sind zielstrebig herauszubilden Ästhetische Erz.: Freude wecken am Malen, Bauen, Musizieren Körperliche Erz.: Bedürfnis nach sportlicher Betätigung fördern
Gestaltung des Lebens im Kindergarten	Begegnungen mit Werktätigen, Soldaten, Sportlern, Pionieren, Naturbeobachtungen, Vermittlung von Kenntnissen über sozialistische Länder durch Spielzeug, Bilderbücher, Lieder Gewöhnung an das Leben in der Kindergemeinschaft Herausbildung kollektiver Beziehungen
Spiel	Rollenspiel Spiele mit Bau-, Lege- und Naturmaterial Finger-, Stab- und Handpuppenspiel Finger-, Rate und Scherzspiele Kreis-, Tanz- und Ballspiele Didaktische Spiele
Arbeit	Selbstbedienung (Körperpflege, Mahlzeiten, An- und Auskleiden) Arbeiten für die Kindergruppe: (Aufräumen, Blumenpflege, Tischdienst etc.)

Quelle: Aden-Grossmann 2002, S. 260

Tägliche Beschäftigungen	Sachgebiete
jüngere Gruppe: 1 Beschäftigung: 15 Min. *mittlere Gruppe:* 1 Beschäftigung 20 Min. 2 Beschäftigungen 15 Min. Sport 30–40 Min. *ältere Gruppe:* 1 Beschäftigung 25 Min. 2 Beschäftigungen 20 Min. Sport: 35–45 Min.	Muttersprache Kinderliteratur Bekanntmachen mit dem gesellschaftl. Leben Bekanntmachen mit der Natur Sport Bildnerisch-praktische u. konstruktive Tätigkeiten Musik Zusätzlich für die mittlere u. ältere Gruppe: Entwicklung elementarer mathematischer Vorstellungen

Quelle: Aden-Grossmann, 2002, S. 261

Deutlich wird dabei, dass es sich um stark strukturierte Vorgaben handelte, die wenig Freiraum für situationsbezogene Lernanlässe ließen. Inwieweit es möglich war, die pädagogische Arbeit weniger politisch / sozialistisch zu gestalten, hing von der Persönlichkeit der Leiterin ab (ebd., S. 272). Die Zustimmung der Eltern zu den Zielen und Inhalten wurde grundsätzlich vorausgesetzt. Die Zusammenarbeit mit der Familie war ein Kernstück der Pädagogik, insofern, als dass die Eltern bei thematischen Elternabenden, Elterngesprächen und Hausbesuchen angeregt werden sollten, an der Umsetzung der Ziele mitzuwirken. Die führende Rolle im gesamten Erziehungs- und Bildungsprozess lag bei der Erzieherin. Sie hatte dafür zu sorgen, dass die Kinder die angestrebten Ziele auch erreichten und die Eltern entsprechend geschult wurden. Dementsprechend hatte die Erzieherin die Aufgabe die Tätigkeiten der Kinder zu initiieren, zu organisieren, zu planen, zu lenken und zu bewerten, sie war es also, die anhand des Bildungsplans das vermittelte, was die Kinder lernen sollten (vgl. zusammenfassend http://www. paedal.de). Der Lehrplan der ersten Grundschulklasse baute inhaltlich systematisch auf den Vorschulprogrammen auf. Es existierte ein System der Entwicklungskontrolle, das ein umfassendes Angebot an Fördermaßnahmen für die Kinder bereit hielt, die den normativen Anforderungen nicht entsprachen (Schuster 2006, S. 147). Mit der Wiedervereinigung der beiden deutschen Staaten verloren die Bildungs- und Erziehungsprogramme ihre Gültigkeit und als gemeinsame rechtliche Basis trat das Kinder- und Jugendhilfegesetz in Kraft (siehe 2.3).

2.2 Die Bildungsreform der BRD in den 1960er und 1970er Jahren

In den 1950er Jahren besuchte die Mehrzahl der Kinder weder einen Kindergarten noch sonstige vorschulische Einrichtungen. In den 1960er Jahren standen lediglich für ca. ein Drittel der Kinder im Alter von drei bis sechs Jahren Plätze in Kindergärten zur Verfügung. Kindergärten waren der Sozialfürsorge zugeordnet und man ging hier noch nicht von einem eigenen Bildungsauftrag der Einrichtungen aus, Kinder gehörten zu ihrer Mutter. Aden-Grossmann (2002, S. 129) nennt drei wesentliche Gründe, die dafür verantwortlich waren, dass der Kindergarten sich nicht aus eigenem Antrieb heraus reformieren konnte:

➔ Der Kindergarten verfügte nicht über einen eigenen festgeschriebenen Bildungsauftrag, galt, wie oben beschrieben, als zweitrangig gegenüber der Familienerziehung und sollte nur im Notfall einspringen, wenn die Mutter ihrer Aufgabe nicht nachkommen konnte.
➔ Die Berufstätigkeit der Frau und Mutter passte nicht in das Bild eines konservativen und bürgerlichen Familienbildes.
➔ Nur knapp über die Hälfte des Personals in Kindergärten verfügte tatsächlich über eine Fachhochschulausbildung, von einer wissenschaftlichen Forschung auf dem Gebiet der frühen Kindheit ganz zu schweigen.

Kindergärten waren in erster Linie familienunterstützende und -ergänzende Einrichtungen im Bereich der Sozialerziehung.

Nach dem „Sputnik-Schock“ von 1957 wurde ein Zusammenhang zwischen wachsenden Wirtschaft und Bildung hergestellt und im Zuge dessen darüber nachgedacht, ob die Familie tatsächlich als Lernort für die Kinder ausreichend sei. Auch wird die bis dahin abwartende Haltung gegenüber Lern- und Entwicklungsprozessen in Frage gestellt. Hierfür wagte man einen Blick in die USA und die dort laufenden Frühförderprogramme. Plötzlich wurde das Lernen kleiner Kinder Thema bildungspolitischer Diskussionen und es erschien notwendig, dass im Kindergarten mehr geschehen könne als bisher. Lerntheoretische Überlegungen formten einen neuen Bildungsbegriff, bei dem man davon ausging, dass Kinder bei guter Förderung ihrer Begabungen in ihrem späteren Leben alles werden können.

1970 wurde im „Strukturplan für das deutsche Bildungswesen“ des Deutschen Bildungsrates die vorschulische Erziehung dem Bildungswesen zugeordnet und als „Elementarbereich“ bezeichnet. Die Bildungsfunktion war damit offiziell festgeschrieben. Dem Kindergarten kam nun eine Doppelfunktion zu: weiterhin die Entlastung der Familien und zudem die pädagogische Förderung der Kinder, wobei dies im Sinne einer Angleichung von Kindern mit geringeren Bildungschancen zu verstehen war (vgl. ebd., S. 129ff. und Roux, 2003, S. 33).

Der Elementarbereich sollte ausgebaut werden:

- Innerhalb der kommenden zehn Jahre sollte die Anzahl der Kindergartenplätze verdoppelt werden, die Gruppengrößen gesenkt und die Materialausstattung verbessert werden.
- Neue Curricula sollten die kognitive Förderung der Kinder stärker berücksichtigen. Den Begriff Curriculum führte Robinsohn 1967 in die pädagogische Diskussion ein und stellte damit den begründeten Zusammenhang von Lernziel-, Lerninhalts- und Lernorganisationsentscheidung her. Dabei geht es um die Bestimmung übergeordneter, konkreter Lernziele, deren Umsetzung in bestimmte Inhalte, als auch die Evaluation des Gelernten.
- Der Übergang Kindergarten – Grundschule sollte anschlussfähiger gestaltet werden (Aden-Grossmann, S. 163-187).

Bei dem „Streit um die Vorschulerziehung“ (Flitner, 1968) drehte es sich um die Frage, ob Kinder im Vorschulalter nicht stärker kognitiv gefördert und gefordert werden können, als dies traditionell der Fall war. Eben diese Frage wird heute seit der PISA-Studie wieder aktuell diskutiert (siehe 2.3), wobei sich die momentane Debatte nicht mehr eng auf das letzte Jahr vor dem Schuleintritt beschränkt, sondern auch die früheren Jahre mit einbezieht – so wie es beispielsweise die Bildungspläne der Länder Thüringen und Bayern tun. Sie gelten für das Alter von null bis zehn Jahren (siehe 5.). Im Zuge der Umstrukturierung in den 1960er Jahren wurden unterschiedliche pädagogische Programme entwickelt:

Retter (1983, S. 132) bezeichnet den *funktionsorientierten Ansatz* als einen Sammelbegriff für alle Anstrengungen durch Trainingsprogramme und Übungsmaterialien eine Verbesserung des kindlichen Leistungs- und Entwicklungsstandes zu erreichen. Dies führte zu einer Phase der Förderungswelle im Elementarbereich. Kognitive Förderung wurde gleichgesetzt mit dem Bearbeiten von Aufgaben, mit welchen systematisch bestimmte Grundfähigkeiten geschult werden sollten. Hierzu entstand ein großer Markt an Materialien, Trainings- und Förderprogrammen, (z. B. Feinmotorikübungen, Denkschulungen, oder Sprachtrainings „Vorschulmappen“). Ausgangspunkt pädagogischer Planung waren die bereits erworbenen Kompetenzen, bzw. die vorhandenen Defizite des Kindes. Allgemeine und konkrete Zielsetzungen die durch Lernerfolgskontrollen nachgeprüft werden können gaben der Erzieherin eine Handlungsorientierung. Selbstbestimmung und Selbstentfaltung kamen dabei zu kurz (vgl. Ellermann, 2004, S. 38ff.). Eine einschlägige empirisch-pädagogische Forschung hat sich erst vor diesem Hintergrund entwickelt (Fried, Roßbach, Tietze & Wolf, 1992, S. 200f.) und zwar mit der zentralen Forschungsfrage, ob sich insbesondere Schulfähigkeit trainieren lässt. Diese Studien konzentrierten sich auf Förderprogramme für spezifische kognitive Funktionen (z. B. Sprachtraining). Kritisiert wird an diesen Evaluationsuntersuchungen, dass sie zu einen über nur geringe Stichproben verfügten und zum anderen die Effekte selten über mehrere Jahre verfolgt wurden (kurzfristige Veränderung – sleeper effect). Festzuhalten bleibt im Hinblick auf alle Bemühungen einer kognitiven Förderung von Vorschulkindern: „Frühe Förderung scheint die Voraussetzung für eine normale Karriere in der Schule zu verbessern – ein Ergebnis, das sich auch in US-amerikanischen Studien zeigte (vgl. Tietze & Rossbach, 1988)“ (Fried et al. 1992, S. 207).

Der *wissenschaftsorientierte Ansatz* orientierte sich an der Forderung Bruners (1970), das Lernen von Anfang an an den Grundbegriffen der Wissenschaft auszurichten. Diese Form Curricula weist ein hohes Maß an Geschlossenheit auf und erlaubt Kindern und Erziehern/Lehrern kaum Eigeninitiative (Flitner, 1974, S. 50).

Aus der Kritik an der Funktionspädagogik, nämlich den Blick zu sehr auf die kognitiven Fähigkeiten des Kindes gelegt zu haben, entwickelten sich *sozialisationstheoretische Ansätze,* die um die Perspektive der Lebenssituation des Kindes und der Familie erweitert wurden, Lebenssituationen stellten gleichzeitig Lernsituationen dar. Vor allem der von Zimmer geprägte *Situationsansatz* gewinnt an Bedeutung und bleibt bis heute aktuell (Roux, 2003, S. 35). Ein ganzheitlicher Bildungsbegriff steht hier im Vordergrund, mit dem Ziel, das Kind zur autonomen und kompetenten Lebensbewältigung gegenwärtiger und zukünftiger Lebenssituationen zu befähigen. Nicht in künstlichen, sondern in realen Situationen sollten Kindern ihre Kompetenzen entwickeln lernen. Der Situationsansatz ist als ein offenes Curriculum konzipiert, doch wurden diverse didaktische Einheiten entwickelt, die je nach Situation umgewandelt werden konnten. „Verlaufen in der Stadt“, „Meine Familie und ich“, „Fernsehen“ oder „Spielsituationen“ waren mögliche Themen, die mit Hilfe aufwendiger Materialien umgesetzt werden konnten (vgl. Aden-Grossmann, 2002, S. 196). Flitner (1974, S. 52) sieht die Stärke dieses Ansatzes im Ernstnehmen des kindlichen Standpunkts. Kritisiert wird – vor allem heute – die Überbetonung sozialer Lernziele bei gleichzeitiger Vernachlässigung sachbezogenen und kognitiven Lernens. In der Praxis erfordert eine Verknüpfung ein hohes Engagement der Erzieherinnen, was sich immer wieder als problematisch erwiesen hat. „Die Aussage, dass sich der Situationsansatz bewährt habe, muss insofern relativiert werden, als dass alternative Ansätze letztlich nicht erprobt wurden“ (Fried et.al., 1992, S. 215). In der Praxis hat sich das situative und spontane Handeln durchgesetzt, was aber mit dem Grundgedanken eines didaktischen Modells in Form einer Situationsanalyse und folgender Planung nichts gemeinsam hat. Ein didaktisches Modell hingegen bietet Strukturierungshilfe bei der Planung, Durchführung und Reflexion eines Projekts. Dafür müssen Lehr- und Lernprozesse angemessen erfasst werden, was in der Praxis selten in der Form geschieht.

Das bildungspolitische Interesse hat Ende der 1970er Jahre schlagartig nachgelassen, sodass die Praxis des Kindergartens im Situationsansatz verharrte, bzw. die Betreuung der Kinder Vorrang hatte. Fried et al. stellten 1992 fest, dass der bewahrende Charakter mit dem Ziel der Sicherung eines Schonraums für die kindliche Entwicklung typisch sei. Eine Befragung von Erzieherinnen zur Verwirklichung curricularer Ziele (Röchner, 1987; Wolf, 1987) ergab, dass in erster Linie jahreszeitlich orientierte Erziehungsziele, Lernziele zur motorischen und zur bildnerisch-künstlerischen Entwicklung und zur Einübung sozial erwünschter Verhaltensweisen häufig und ausgiebig verwirklicht wurden.

2.3 Reformbemühungen seit 2000

Die Kindergartenlandschaft ist seit den 1980er Jahren gekennzeichnet von einer Vielfalt pädagogischer Programme: offene Arbeit, Waldkindergarten, Projektarbeit etc. Roux (2003, S. 37) weist darauf hin, dass jedoch eine Diskrepanz bestehe zwischen pädagogischen Programmen einerseits und dem alltäglichen Geschehen in Kindertageseinrichtungen. Hier seien die subjektiven Theorien der Fachkräfte ausschlaggebend für die pädagogische Arbeit, die allerdings selten reflektiert würden (Fried, 1993, S. 562). Erzieherinnen orientieren sich häufig an mehreren didaktischen Konzeptionen und übernehmen daraus das für sie Interessante. Viele Einrichtungen verwenden beispielsweise Montessorimaterialien und integrieren Ansätze der Reggiopädagogik in ihren Alltag.

Aufgabe des Kindergartens ist laut Kinder- und Jugendhilfegesetz § 22 (Sozialgesetzbuch VIII, Kinder- und Jugendhilfegesetz): „In Kindergärten [...] in denen sich Kinder für einen Teil des Tages oder ganztags aufhalten, soll die Entwicklung des Kindes zu einer eigenverantwortlichen und gemeinschaftsfähigen Persönlichkeit gefördert werden. Die Aufgabe umfasst die Betreuung, Bildung und Erziehung des Kindes. Das Leistungsangebot soll sich pädagogisch und organisatorisch an den Bedürfnissen der Kinder und ihrer Familien orientieren“ (Bundesministerium für Familie, Senioren, Frauen und Jugend, 1995, S. 64).

Die Betonung liegt auf der Trias Betreuung, Bildung und Erziehung. Welche Rolle kommt der Bildung im Kindergarten jedoch tatsächlich zu? Rauschenbach (2002, S. 18f.) fasst die gesellschaftliche Einstellung zu Bildung in den frühen Jahren zusammen, indem er sagt, dass „echte Bildung“ offenbar erst dann beginnt, wenn Kinder einen Schulranzen auf dem Rücken tragen. Erst die curriculare Ordnung von Bildungsinhalten, wie es der schulische Lehrplan vorsieht, und überprüfbare Wissensbestände scheinen kennzeichnend für wichtige Lernprozesse.

Tietze untersuchte in der empirischen Studie „Wie gut sind unserer Kindergärten" 1993/94 die pädagogischen Qualität von Kindertageseinrichtungen und stellte fest, dass die Bildungsqualität eines Angebotes im Kindergarten konkrete Auswirkungen auf die Entwicklung von Kindern hat, weit über ihre Kindergartenzeit hinaus (Braun, 2003, Tietze, 2001). Ohne weiter auf die Frage nach den Möglichkeiten von Qualitätsstandards und Qualitätskontrollen in Kindertageseinrichtungen eingehen zu wollen, lässt sich an obiger Aussage deutlich erkennen, welch großen Einfluss Bildungsangebote auf die weitere Entwicklung von jungen Kindern haben und dass somit der Institution Kindergarten eine große Verantwortung für den Bildungsweg der Kinder zukommt.

Mit Erscheinen der PISA–Studie geriet auch der Kindergarten erneut in heftige Kritik. Die Aufregung, die der „Sputnik-Schock" in den 1960er Jahren auslöste, entstand in den Jahren nach 2000 mit Hilfe des „PISA-Schocks". Beide Male wurde die Leistungsfähigkeit des Standortes Deutschland hinsichtlich seiner Konkurrenzfähigkeit auf dem Weltmarkt in Frage gestellt und damit verbundene Existenzängste schwappten über. Die Leistung und Kreativität jedes einzelnen Bürgers wird eingefordert. Wobei weniger die Persönlichkeits- und Charakterbildung im Vordergrund stehen: sondern es geht um die Brauchbarkeit und Leistungsfähigkeit des einzelnen beim Kampf um die Weltmarktstellung der Nation. Dass diese Arbeit jener Forderung nicht folgen wird, zeigt sich unter 5. in der Auswahl der für relevant gehaltenen Bildungsinhalte.

PISA steht für „Programme for International Student Assessment" und stellt ein Programm zur regelmäßigen Erfassung grundlegender Kompetenzen der nachwachsenden Generation dar. Die Studie wird von der Organisation für wirtschaftliche Zusammenarbeit und Entwicklung (OECD) durchgeführt. Ziel es ist, den OECD-Mitgliedsstaaten vergleichende Daten über ihrer Bildungssysteme zur Verfügung zu stellen. Diese sollen dann für politisch-administrative Entscheidungen verwendet werden können. Zielpopulation sind 15-jährige Schülerinnen und Schüler. Die Indikatoren beziehen sich auf die Bereiche Lesekompetenz, mathematische Grundbildung, naturwissenschaftliche Grundbildung und fächerübergreifende Kompetenzen (z. B. selbstreguliertes Lernen) (vgl. zusammenfassend www.mpib-berlin.mpg.de/pisa/PISA). Das Leistungsniveau der untersuchten Kohorte der 15-Jährigen erwies sich in den Basisfähigkeiten Lesekompetenz, mathematische und naturwissenschaftliche Grundlagen und im Bereich der fächerübergreifenden Kompetenzen und Schlüsselqualifikationen im internationalen Vergleich nur für untere Rangplätze ausreichend. Zwar lassen sich aufgrund der erhobenen Daten keine stichhaltigen Aussagen über den Einfluss frühkindlicher Bildung auf das spätere schulische Lernen machen (Gisbert, 2004, S. 140), doch liegt die Vermutung nahe, dass ein Zusammenhang bestehen könnte. Dr. Schleicher, Leiter der Analyse-Abteilung im Direktorat der OECD und damit verantwortlich für die Entwicklung des PISA-Programms, formuliert es deutlicher und vergleicht die frühkindliche Bildung in Deutschland mit einem Futtersilo: „Immer mehr Reformen werden oben reingestopft. Unten kommen nach langer Zeit Maßnahmen raus, für die sich keiner mehr zuständig fühlt.“ Eine genaue Analyse der PISA-Ergebnisse in Deutschland zeige, welch positiven Einfluss die frühkindliche Bildung auf die späteren Schulleistungen habe: 15-Jährige, die mindestens ein Jahr eine Kindertagesstätte oder Vorschule besucht haben, schnitten wesentlich besser ab als Schüler ohne Kindergarten-Erfahrung (vgl. zusammenfassend http://www.mckinseybildet.de/html/05_kongress/kongress_vortraege_02.php).

Die These, dass nämlich in der frühen Kindheit die Weichen für die spätere Bildungskarriere gestellt würden, hat sich als Schlachtruf für die bildungspolitische Diskussion durchgesetzt. Mit einer der Konsequenzen – der Erstellung von Bildungsplänen für den Elementarbereich – befasst sich der zweite Teil dieser Arbeit.

Fast zeitgleich zum Erscheinen der PISA-Studie, wird in der Präambel der Empfehlungen des Forum Bildung (2001) die dreifache Zieldimension von Bildung wie folgt beschrieben:

1. Bildung bietet persönliche Orientierung in einer komplexer werdenden Welt.
2. Bildung ermöglicht die Teilhabe und die Gestaltung des persönlichen und des wirtschaftlichen Lebens.
3. Bildung ist der Schlüssel zum Arbeitsmarkt und Grundlage für wirtschaftliche Entwicklung.

Die ersten beiden Punkte orientieren sich am klassischen Bildungsbergriff. Besonders der dritte Punkt betont, dass aufgrund der Veränderungen innerhalb der Gesellschaft und dem Strukturwandel der Wirtschaft, das durch Bildung erworbene Wissen eine Schlüsselrolle erhält. Und zwar insofern, als dass Kenntnisse und Kompetenzen in Form von Kapital eingesetzt werden können. Der Erwerb von Bildung soll zugänglich sein für alle Menschen unabhängig von Herkunft, Geschlecht, Nationalität und sozialer sowie wirtschaftlicher Situation. Das lebenslange Lernen und die Freude am Lernen und an der Leistung werden hervorgehoben.

Das Forum Bildung fasst seine Empfehlungen in zwölf Bereichen zusammen, wobei ich in dieser Arbeit den Fokus auf die frühe Förderung lege, d. h. auf den Bereich der Elementarpädagogik. Die Hauptadressaten dieser Empfehlung sind die Kommunen, freie Träger, Bund und Länder.

„Weichen für Bildungschancen und damit für Lebenschancen werden bereits früh gestellt. Insbesondere die Motivation und die Fähigkeit zu kontinuierlichem und selbstgesteuertem Lernen sind früh zu wecken. Neben dem wichtigen Lernen in der Familie sind die Möglichkeiten der Kindertageseinrichtungen zur Unterstützung früher Bildungsprozesse deutlich besser zu nutzen. Die Bedingungen für individuelle Förderung in der Grundschule müssen erheblich verbessert werden, damit alle Kinder ihre Fähigkeiten, ihre Interessen und ihre personale und soziale Identität entwickeln können. [...]

Interesse und Lernbereitschaft von Kindern müssen in Kindertageseinrichtungen und in der Grundschule noch besser gefördert werden. [...] Die Bedeutung eines solchen Umdenkens zeigt sich beispielhaft bei der Vermittlung fachübergreifender Kompetenzen:

- Das große Interesse von Kindern an naturwissenschaftlichen und technischen Fragen muss in Kindertagseinrichtungen und in der Grundschule besser genutzt und gefördert werden. Mädchen und Jungen sind dabei gleichermaßen zu unterstützen.
- Kinder lernen Fremdsprachen besonders leicht. Sie sollten bereits im Kindergarten Fremdsprachen kennen lernen und möglichst früh in der Grundschule einen altersgemäßen Fremdsprachenunterricht erhalten.
- Musisch-ästhetische Erziehung fördert den Erwerb von personalen und sozialen Kompetenzen und hat positive Auswirkungen auf das Lernen. Voraussetzung ist allerdings auch hier eine Fachdidaktik, die die Kreativität des Individuums entdecken und entwickeln hilft. [...]

Das Forum Bildung empfiehlt daher: den Bildungsauftrag der Kindertageseinrichtung zu definieren und zu verwirklichen, u. a. durch Definition von Bildungszielen und ihre curriculare Umsetzung [...]“ (vgl. Arbeitsstab Forum Bildung 2001, S. 5-7).

Alle Kinder sollten einen Kindergarten besuchen dürfen und sie müssen von diesem Besuch profitieren, indem sie in vielerlei Hinsicht gefördert und gefordert werden. Hier wird eine deutliche Forderung nach der Bestimmung von Erziehungszielen ausgesprochen, die in Form eines Curriculums festgehalten werden sollen. Dieser Forderung kamen die Bundesländer unterdessen allesamt nach und haben anhand eines gemeinsamen Rahmenplans (siehe 2.4) Bildungspläne, Orientierungspläne und Bildungs- und Erziehungsempfehlungen (siehe 5.) erstellt.

Interessant ist, dass es schon Fröbels Anliegen war, den Beruf der Erzieherin an den der Lehrerin anzugleichen, um damit das Niveau der pädagogischen Fachkräfte im Kindergarten anzuheben (siehe 2.). Damals scheiterte Fröbel an der konservativen gesellschaftlichen Einstellung. Die Bildungsreform der 1960er /

1970er Jahre ging ebenfalls spurlos an der Ausbildung der Erzieherin vorbei. Heute ist die Diskussion um eine Anhebung der Ausbildung auf Fachhochschulniveau in vollem Gange. An immer mehr Hochschulen und in unterschiedlichen Bundesländern gibt es neue Studiengänge für „Bildung und Erziehung im Kindesalter“ (z. B. Alice-Salomon-Fachhochschule in Berlin).

2.4 Rahmenplan der Länder für die Bildungsarbeit im Elementarbereich

Im Mai 2004 beschloss die Jugendministerkonferenz den gemeinsamen Rahmen der Länder für die frühe Bildung in Kindertageseinrichtungen. Dieser stellt eine Verständigung der Länder über die Grundsätze der Bildungsarbeit dar und schreibt eine Reihe von Anforderungen an Bildungspläne fest (Schuster, 2006, S. 151):

- „ Präzisieren den zugrunde liegenden Bildungsbegriff
- Beschreiben den eigenständigen Bildungsauftrag in seiner unmittelbaren Beziehung zu Erziehung und Betreuung
- Bieten für Fachkräfte, Eltern und Lehrkräfte eine Orientierung
- Enthalten Aufgaben und zu erbringende Leistungen der Kindertageseinrichtung Verleihen dem Bildungsprozess Transparenz
- Beachten entwicklungspsychologische Erkenntnisse
- Benennen Förderbereiche für das zu realisierende Förderangebot
- Sichern die Anschlussfähigkeit der Bildungsinhalte und pädagogischen Methoden an die Schule
- Bilden die Grundlage für träger- und einrichtungsspezifische Konzepte unter Berücksichtigung lokaler Gegebenheiten.“

Bildung und Erziehung werden als ein einheitliches, zeitlich sich erstreckendes Geschehen im sozialen Kontext betrachtet. Die Bereitschaft Verantwortung in der Gesellschaft zu übernehmen und der Aspekt des lebenslangen Lernens soll motiviert werden, indem die Stärken des Kindes gefördert und Basiskompetenzen vermittelt werden. Darum werden auch keine normierten Standards festgehalten, die zu bestimmten Zeitpunkten erfüllt sein sollen, so wie es beispielsweise in den Bildungsprogrammen der ehemaligen DDR der Fall war (siehe 2.1). Das pädagogische Programm in den Kindertageseinrichtungen ist durch das Prinzip der ganzheitlichen Förderung geprägt, so genannte Querschnittsaufgaben – das Lernen zu lernen (lernmethodische Kompetenz), Mitbestimmung bei Entscheidungen, interkulturelle Bildung, geschlechtsbewusste pädagogische Arbeit, spezifische Förderung von Kindern mit Entwicklungsrisiken bzw. (drohender) Behinderung und die Förderung besonders begabter Kinder – sind in allen Bildungsbereichen zu beachten (JKM, 2004, S. 41). Eine Aufstellung von Bildungsbereichen soll als

Aufforderung verstanden werden, die Bildungsmöglichkeiten des Kindes in diesem Bereich zu beachten und zu fördern (Schuster, 2006, S. 152):

- „Sprache, Schrift, Kommunikation
- Personale und soziale Entwicklung, Werteerziehung / religiöse Bildung
- Mathematik, Naturwissenschaft, (Informations-) Technik
- Musikalische Bildung / Umgang mit Medien
- Körper, Bewegung, Gesundheit
- Natur und kulturelle Umwelten."

Nach dem Prinzip der Entwicklungsangemessenheit sind Bildungsangebote so zu gestalten, dass sie der sozialen, kognitiven, emotionalen und körperlichen Entwicklung des Kindes entsprechen und die Themen, Interessen der Kinder aufgreifen. Ein wichtiges Instrument zur Erfassung von Stärken und Schwächen, sowie der Art und Weise, wie die Anregungen in den einzelnen Bildungsbereichen aufgenommen werden, sind systematische Beobachtungen der Kinder. Anhand dieser Daten sollen ebenfalls die kindliche Entwicklung dokumentiert werden (ebd., S. 152). Als weitere Dimensionen, die bei der Gestaltung des Kindergartens als Lernort berücksichtigt werden müssen, sind:

- die pädagogischen Grundgedanken,
- die Rolle der Fachkräfte und die der Eltern,
- die Rolle der Peers und die Gruppe als Lernfeld,
- die Funktion der Räume und die Gestaltung der Außenanlage,
- die Gemeinwesenorientierung, Kooperation und Vernetzung.

„Bildungspläne können als Empfehlung eingeführt werden oder sie konkretisieren verbindlich vorgegebene Bildungsziele" (JKM, 2004, S. 45). Der gemeinsame Rahmen wurde zwischenzeitlich von allen Bundesländern in unterschiedlicher und ähnlicher Weise durch Pläne, Empfehlungen, Leitlinien etc. konkretisiert (siehe 5.), diese haben selbstverpflichtenden Charakter (Schuster, 2006, S. 152).

3 Fragestellungen

1. *In welchem Ausmaß wird in den Bildungs- und Erziehungsempfehlungen die Bildung des Kindes im Objektbezug thematisiert?*

- Werden konkrete Angaben zu Bildungsinhalten gemacht?
- Welche Bildungsinhalte/-angebote scheinen unverzichtbar?
- Werden Bildungsziele formuliert? Wenn ja, bleiben sie weiterhin vorrangig auf der sozialen Ebene angesiedelt oder treten kognitive Inhalte in den Vordergrund?
- Werden methodisch-didaktische Anregungen gegeben? Wie eng sind die strukturellen Vorgaben, bzw. wie viel Raum bleibt den Fachkräften zur individuellen Umsetzung?

2. *Welche kindbezogenen Bildungsinhalte werden in den Bildungs- und Erziehungsempfehlungen explizit benannt?*

- Wird Bildung als Aktivität des Kindes verstanden, die seiner Persönlichkeitsentwicklung dient?
- Wird die Neugier der Kinder unterstützt und ihre Interessen aufgegriffen?
- Werden den Kindern Themen zugemutet?
- Werden alle Sinne (Komplexität / Ganzheitlichkeit / Eigentätigkeit) in den Bildungsprozess miteinbezogen?

3. *Werden die Verantwortung des Erziehers und seine Aufgabe im Hinblick auf die Bildungsprozesse des Kindes deutlich herausgestellt?*

- Wird die Bindungsbeziehung (Emotionen) zu Erwachsenen als wesentlich für Bildung und Erziehung gesehen?
- Wird aufgezeigt, inwiefern der Erzieher den Bildungsprozess des Kindes anregen und unterstützen kann?
- Wird die Entwicklung jedes einzelnen Kindes hinreichend beobachtet und dokumentiert?

4 Forschungsmethode

Die für diese Arbeit gewählte Methode ist eine vereinfachte Form der qualitativen Inhaltsanalyse, mit dem Ziel eines Vergleichs der Bildungs- und Erziehungsempfehlungen der 16 Bundesländer hinsichtlich bestimmter Kategorien. Diese Inhaltsanalyse bezieht sich auf die soziale Wirklichkeit als Forschungsgegenstand. „Die qualitative Inhaltsanalyse stellt also einen Ansatz empirischer, methodisch kontrollierter Auswertung auch größerer Textcorpora dar [...], ohne dabei in vorschnelle Quantifizierungen zu verfallen“ (Mayring, 2000, Absatz [5]). Weitere Definitionsversuche beziehen sich meist auf die je speziellen Analysen und ihre Autoren. Die Inhaltsanalyse geht systematisch und theoriegeleitet vor. Sie will die Absicht des Senders bzw. die Wirkung auf den Empfänger ableiten.

Auf diese Arbeit bezogen bedeutet dies, dass die Konzepte zu Erziehung und Bildung in der frühen Kindheit zielführend für die Fragestellungen und für die Kategorienbildung sind.

Die Struktur des Materials der qualitativen Inhaltsanalyse dieser Arbeit ergibt sich aus der Anzahl der Bundesländer der Bundesrepublik Deutschland. Deshalb werden 16 Bildungs- und Erziehungspläne, bzw. Orientierungspläne oder Entwürfe analysiert.

Ein wesentlicher Arbeitsschritt ist die Bildung von Kategorien, anhand derer die interpretative Analyse der Texte erst beginnen kann. „Das Kategoriensystem stellt das zentrale Instrument der Analyse dar“ (Mayring, 1997, S. 43). An inhaltsanalytische Kategoriensysteme werden bestimmte Anforderungen gestellt (vgl. Merten, 1983, S. 98): „Das Kategorienschema soll theoretisch abgeleitet sein, d. h. es soll mit den Zielen der Untersuchung korrespondieren. [...] Die Kategorien sollen eindeutig definiert sein.“, damit Validität und Reliabilität so weit als möglich gewährleistet sind. Bei der vorliegenden Analyse handelt es sich um eine deduktive Kategorienanwendung, bei der es darum geht, schon vorher festgelegte Aspekte für die Auswertung der Bildungs- und Erziehungsempfehlungen heranzuziehen. Dies bedeutet also, dass deduktiv im theoretischen Teil gewonnene und nun konkretisierte Fragestellungen zu Textstellen zugeordnet werden sollen (vgl. zusammenfassend Mayring 2000, Absatz [13]).

4.1 Struktur der Analyse

Die Struktur der Analyse lässt sich in drei große Teilbereiche unterteilen, die wiederum eine Reihe von Kategorien beinhalten. Zunächst werden die übergeordneten Bildungsbereiche vorgestellt und später die Kategorien differenziert erläutert:

1.) Bildung im Objektbezug.
2.) Bildung manifestiert sich hier in Fachgebieten, die sich thematisch an
3.) Wissenschaftsdisziplinen orientieren (z. B. Naturwissenschaft, Mathematik,
4.) Kunst etc. → siehe 5.1)
5.) Individuelle, kindbezogene Bildungsinhalte.
6.) Hier geht es um das Verhalten und Erleben des Kindes, seine Persönlichkeit und
7.) seine Einstellungen (z. B. Emotion, Wahrnehmung etc. → siehe 5.2)
8.) Bildungsziele des Erziehers.
9.) Damit ist das Verhalten und die Einstellungen der professionellen Erzieherin
10.) und der Eltern gegenüber dem Kind und seinen Bildungsprozessen gemeint.
11.) (z. B. Anregung, Vorbildfunktion etc.→ siehe 5.3)

Mit der Aufgliederung in eine inhaltliche, eine kindbezogene und eine erwachsenenorientierte Ebene soll der Vielschichtigkeit von Bildungsprozessen Rechnung getragen werden. Bildung besteht aus einem Wechselspiel aller Ebenen Um einzelne Aspekte hervorzuheben, soll hier eine analytische Trennung vorgenommen werden.

4.2 Kategorienbildung

Im Folgenden werden nun die einzelnen Aspekte aufgelistet und – so weit möglich – operationalisiert. Die geringe Standardisierung bezüglich der Operationalisierung der Kategorien muss im Anschluss an die Analyse bei der Auswertung der Ergebnisse berücksichtigt werden.

Zu 1.) Bildung im Objektbezug:

1. Mathematik	Zahlenbezogenes Vorwissen: zählen, schätzen, ordnen, klassifizieren von Gegenständen und die Erfassung von Mengen. Alltägliche Gelegenheiten: kochen / backen, Strichliste anlegen, Rollenspiel „Einkauf").
2. Naturwissenschaften	Experimentieren, Zusammenhänge, bzw. Gesetzmäßigkeiten erkennen / kennen lernen, Forschen, Vermutungen anstellen und überprüfen (Biologie, Physik, Chemie).
3. Technik	Konstruieren, Vorstellungen bilden, Gesetzmäßigkeiten finden.
4. Geographie	Räumliche Strukturen kennen lernen.

5. Natur erleben / Ökologie	Mit allen Sinnen Erfahrungen mit den Elementen Luft, Wasser, Erde, Feuer machen. In den Wald, ins Feld, an den Bach etc. gehen, wo ein natürliches Gelände Herausforderungen an die Motorik mit sich bringt. Pflanzen und Tiere kennenlernen, ihren Lebensraum achten und schützen. Umweltschutz.
6. Architektur / Heimat	Sich für Bauwerke des Heimatortes mit ihrer Geschichte interessieren; die Umgebung erkunden.
7. Kunst / Ästhetik	Mit allen Sinnen etwas Schaffen, Gestalten. Durch schöpferisches Tun wird die Innenwelt mitteilbar. Der Phantasie Form verleihen.
8. Musik / Tanz	Für Klangerlebnisse sensibilisieren; Melodie, Rhythmus und Bewegung miteinander verbinden; miteinander singen; musizieren und tanzen als nonverbale Ausdrucksmöglichkeit und Kommunikation.
9. Literatur	Literarische Geschichten (Märchen, Kinderklassiker) hören, sich austauschen, darüber nachdenken und umsetzen (Kunst, Theater etc.).
10. Lesen / Schreiben / Literacy	Vorläuferfähigkeit phonologische Bewusstheit fördern; Lese / Schreibanlässe bieten.
11. Theater	Sich in andere Rollen hineinversetzen, Perspektivübernahme; Empathie; sich selbst anders erleben. Auf der Bühne stehen und etwas vortragen.
12. Philosophie / Ethik / Religion	Über das Leben nachdenken und miteinander sprechen, Gedanken austauschen; Lebensentwürfe entwickeln; Regeln und Moral; Zusammenleben verschiedener Kulturen; Kommunizieren.
13. Demokratie / Partizipation	Demokratie erleben, Selbst- und Mitbestimmung; Kinderrechte kennen lernen.
Unterschiede zwischen Menschen	Mit Behinderungen und anderen Handicaps (integrative Erziehung) umgehen; Migrationshintergrund als Bereicherung.
14. Kultur / Interkulturelles	Ausflüge machen (Museen, öffentliche Gebäude/ Plätze); Feste feiern (auch oder gerade die der Kinder mit Migrationshintergrund); selbst eine Ausstellung eröffnen.

15. Soziales Lernen	Mitglied einer Gemeinschaft sein; Sozialverhalten einüben (Selbstregulation, soziale Kompetenz); Helfen, Rücksicht nehmen, Solidarität üben.
16. Körper	Körperwahrnehmung, Körpergefühl, Körperbewusstsein.
17. Gesundheit / Ernährung	Auf sich achten, die Signale des Körpers wahrnehmen (Hunger, Durst, Schwitzen, Frieren); gemeinsam einkaufen, kochen und essen.
18. Sexualität	Offenheit; Körperwahrnehmung, sprachlicher Ausdruck von Gefühlen, Selbstbehauptung, Selbstvertrauen; Geschlechterrollen.
19. Geschlechtssensible Pädagogik	Spezifische Interessen und Bedürfnisse von Jungen und Mädchen berücksichtigen; Rollenzugehörigkeit, Identitätsbildung.
20. Anschlussfähige Bildungsprozesse / Übergang in die Grundschule	Aufeinander aufbauende Lernprozesse; engere Vernetzung der Institutionen; Übergangsbewältigung als gemeinsame Aufgabe von Kindergarten und Schule.

Zu 2.) Individuelle kindbezogene Bildungsinhalte:

21. Wahrnehmung / Rolle der Intuition	Sinnesschulung, vielfältige und reichhaltige Erfahrungen machen; Ganzheitlichkeit; mit allen Sinnen.
22. Welt konstruieren	Bedeutung suchen in der Auseinandersetzung mit Dingen und Menschen; Selbsttätigkeit.
23. Spielen	Zweckfreie Tätigkeit; Umsetzung innerer Vorstellungen; Ausleben der Phantasie; Form der Lebensbewältigung.
24. Motorik / Bewegung	Gelegenheiten für körperlichen Einsatz; Aktivität, Wahrnehmung, Bewegungsbedürfnis, Psychomotorik, Koordination, Feinmotorik.
25. Emotionen / Selbstregulation	Gefühle als wesentlich für das Lernen; eigene Gefühle erkennen, ausdrücken / kommunizieren (nonverbal, verbal); die Gefühle anderer erkennen (z. B. Mimik) und berücksichtigen / angemessen reagieren.
26. Bindung	In Beziehung zu anderen Menschen treten; Nähe zulassen; Vertrauen als Basis für Exploration.

27. Resilienz	Mit schwierigen Lebenssituationen umgehen; sich Hilfe holen; Bewältigungs- / Problemlösestrategien erlernen.
28. Motivation / Neugier	Neugier als Motor des Lernens; Interessiertheit; Offenheit gegenüber Neuem; Exploration.
29. Persistenz	Durchhaltevermögen, Ausdauer, an einer Sache dranbleiben.
30. Phantasie / Kreativität	Nonverbale Kommunikation; Möglichkeit des Sich-Ausdrückens in Formen künstlerischen Gestaltens; in Gedanken versunken sein; Geschichten erfinden.
31. Zeit / Muße	Zeit haben, zu verweilen, sich zu interessieren; das Recht auf den heutigen Tag; Konzentration und Entspannung.
32. Selbsttätigkeit	Selbstbestimmter Umgang mit den Dingen; Verursacher sein; Eigenaktivität.
33. Selbstständigkeit / Selbstverantwortlichkeit / Autonomie	Sich selbst als eigenständige Person erkennen; für das eigene Handeln verantwortlich sein; für sich selbst bestimmen.
34. Sprache/Kommunikation	Symbolisierungsprozesse, den Dingen Bedeutungen zuschreiben; komplexe Denkvorgänge werden möglich; Interaktion zwischen Menschen; nonverbal: Gestik, Mimik, Körperbewegungen einsetzen und verstehen.
35. Hinterfragen	Fragen stellen, sich nicht sofort zufrieden geben.
36. Reflexion	Was habe ich gelernt? Wie habe ich es gelernt?

Zu 3.) Bildungsziele des Erziehers:

37. Interaktion / Ko-Konstruktion	Gegenseitige Beeinflussung von Kind / Erzieher und Erzieher / Kind (reziproke Interaktion); wechselseitige Lernprozesse.
38. Vorbildsein	Vorbildfunktion übernehmen wollen.
39. Beziehung anbieten / Zuwendung	Bezugsperson und sichere Basis für das Kind sein.
40. Verantwortung übernehmen	Sich für die Entwicklung, die Erziehung und das Lernen des Kindes verantwortlich fühlen.
41. Atmosphäre des Lernens schaffen / Kommunikationsanlässe schaffen	Die Umgebung so vorbereiten, dass Lernen möglich wird; empathische Atmosphäre.

42. Mitspielen	Ernsthafter Spielpartner für das Kind sein.
43. Scaffolding	Kindern vorübergehend Hilfestellung geben.
44. Entwicklungspsychologisches Wissen	Um die entwicklungspsychologischen Besonderheiten der frühen Lebensphasen wissen.
45. Anregung / Themen zumuten	Kinder mit neuen Inhalten konfrontieren; stimulierende Atmosphäre; Interaktion.
46. Interessen der Kinder ernst nehmen	Die Perspektive und die Interessen des Kindes aufgreifen und weiter verfolgen.
47. Didaktik / Methoden	Lernangebote planen; didaktische und methodische Überlegungen.
48. Verhaltensbeobachtung	Das einzelne Kind kennen lernen, seine Tätigkeiten auch systematisch beobachten.
49. Dokumentation	Beobachtungen, Entwicklungsschritte, Lernerfolge, Handlungen etc. schriftlich, mit Bildern oder anderen Dokumenten des Kindes festhalten.
50. Diagnostik / Förderbedarf für das individuelle Kind auf Grundlage der Beobachtung / Dokumentation	Die Stärken des einzelnen Kindes herausfordern; Förderbedarf mittels diagnostischer Möglichkeiten erkennen und danach handeln.
51. Reflexion der Erziehungs- und Bildungsziele	Die eigene Rolle im Bildungsprozess des Kindes überdenken.
52. Selbstreflexion	Eigene Ziele und Vorstellungen reflektieren; lassen sich diese mit der Situation des Kindes heute vereinbaren?

5 Inhaltsanalyse der Bildungsempfehlungen

Die einzelnen Kategorien der drei Teilbereiche werden nun in den jeweiligen Bildungsplänen der Bundesländer inhaltlich untersucht und tabellarisch festgehalten. Handlungsleitend sind dabei die unter 4.2 erstellten Kategorien, die wiederum auf der zusammenfassenden Darstellung bezüglich des Erziehungs- und Bildungsverständnisses für die frühe Kindheit basieren (siehe 1.3).

Selbstverständlich gilt – trotz aller Bemühungen um eine detaillierte Textrecherche – keinerlei Anspruch auf Vollständigkeit.

Im Folgenden wird für die Berufsbezeichnung der Erzieherin / des Erziehers von der pädagogischen Fachkraft gesprochen, bzw. aufgrund des geringen Anteils männlicher Arbeitnehmer im Bereich der Kindertagesbetreuung, die weibliche Form gewählt.

Die in den Tabellen verwendeten Abkürzungen der Bundesländer:

BW	Baden-Württemberg	**HE**	Hessen	**SL**	Saarland
BY	Bayern	**MV**	Mecklenburg-Vorpommern	**SN**	Sachsen
BE	Berlin	**NI**	Niedersachsen	**ST**	Sachsen-Anhalt
BB	Brandenburg	**NW**	Nordrhein-Westfalen	**TH**	Thüringen
HB	Bremen	**RP**	Rheinland-Pfalz		
HH	Hamburg	**SH**	Schleswig-Holstein		

Quelle:
http://www.bund.de/nn_351516/DE/BuB/Behoerden/Land/Allgemein/
Landeshauptstaedte/Landeshauptstaedte-knoten.html__nnn=true [05.05.07].

Die in den Tabellen angegebenen Seitenzahlen beziehen sich auf die Bildungspläne der jeweiligen Bundesländer. Die dazugehörigen Literaturangaben finden sich sowohl in der Literaturliste als auch im Anhang tabellarisch nach den Abkürzungen sortiert.

5.1 Bildung im Objektbezug

BL	Mathematik
BW	Mathematik („mathematisch-naturwissenschaftliche Erfahrungen“) ist eingebettet in das Bildungs- und Lernfeld „Denken“. In alltäglichen Situationen sollen Kinder mathematische Phänomene und Zusammenhänge erleben können. Konkrete Beispiele werden kurz aufgelistet: Fingerspiele, Zählen von Freunden, Formen und Zahlen beim Einkauf, Sortieren von Material usw. und Ziele formuliert (z. B. Muster, Regeln, Symbole, Ziffern erkennen und Mengenvorstellungen entwickeln) Anschließend werden Fragen im Sinne von Denkanstöße formuliert, hier stehen die Möglichkeiten der Umsetzung (Welche Materialien sind notwendig? Wie kann das Kind angeleitet werden?) und der Verbalisierung mathematischer Sachverhalte im Vordergrund (S. 99-106).
BY	In den Leitgedanken wird die große Bedeutung mathematischen Denkens für die heutige Wissensgesellschaft hervor gehoben sowie auf die Möglichkeiten des Strukturierens mittels mathematischer Kategorien hingewiesen. Mathematik wird in der Auseinandersetzung mit konkreten Materialien und Situationen erlernt, d. h. dass Kinder in der Kommunikation mit Erwachsenen mathematisches Denken entwickeln. Einige kognitive Entwicklungsprozesse 4-6-jähriger Kinder werden dargestellt, z. B. die Einsicht in das Gleichbleiben von Mengen. Zielsetzung des Bildungsbereichs ist es, dass das Kind mathematische Gesetzmäßigkeiten erfasst und mathematische Alltagsprobleme handelnd bewältigen lernt. Die Bildungs- und Erziehungsziele gliedern sich in den pränumerischen Bereich (z. B. Raum-Lage-Positionen, geometrische Erfahrungen, Raum/Zeit), den numerischen Bereich (z. B. Zählen, Größenvorstellungen, Relationen) und den Bereich des sprachlichen und symbolischen Ausdrucks mathematischer Inhalte (z. B. Begriffe/Zahlwörter verwenden, Funktionen von Zahlen kennen, mathematisches Werkzeug und dessen Gebrauch kennen lernen). Im pädagogischen Alltag sind zum einen die bekannten Abzählverse, Reime, Fingerspiele usw. wichtig, zum anderen müssen gezielte Lernangebote mit mathematischen Inhalten angeboten werden. Mathematik lässt Querverbindungen zu unterschiedlichen Bereichen zu, z. B. zu Naturwissenschaft/ Technik (direkter Zusammenhang, Umgang mit Zahlen) oder Musik (Rhythmik). Die pädagogischen Leitlinien thematisieren unterschiedliche Inhalte, so z. B. die problemlösenden Aspekte der Mathematik, den Zusammenhang von Mathematik und sprachlichem Ausdruck, das Anknüpfen an mathematische Vorerfahrungen der Kinder, das Erschließen der Umwelt mittels mathematischer Kategorien, das Zählenkönnen als grundlegende mathematische Kompetenz usw. Als geeignete Lernumgebung wird die Präsenz von geometrischen Formen, Zahlen und mathematischen Werkzeugen genannt. Die Atmosphäre muss Neugier zulassen und Interesse wecken. Unterschiedliche, sich ergänzende Ansätze werden mit Praxisbeispielen aufgeführt, z. B.: erkundende / experimentierende / operationale Ansätze im Alltag (Kinder machen spielerische mathematische Erfahrungen, jedoch zu wenig komplex; Praxisbeispiele: aufräumen, kochen/backen, Rollenspiel „Einkaufen“, Formen sortieren usw.), problemlösender Ansatz (Lösen mathematischer Probleme im Alltag, pädagogische Fachkraft gibt Hilfestellung; Praxisbeispiele: Rollenspiel „Schuhgeschäft“), ganzheitliche Ansätze (mathematische Ereignisse und die Lebenswelt der Kinder wird in vielfältiger Weise miteinander in Verbindung gebracht; Praxisbeispiel: „Entdeckungen im Zahlenland“) (S. 251-271).

BE	Der Bildungsbereich „Mathematische Grunderfahrungen" ermöglicht Kindern Erfahrungen und Erkenntnisse (z. B. Klassifizieren von Gegenständen, Umgang mit Zahlen und Operationen, Vergleichen/Messen, Zeit, Geometrie, graphische Darstellungen), die ihnen u. a. Orientierung/Verlässlichkeit bieten. Die Analysefragen, welche es erleichtern sollen, die Situation des Kindes zu erfassen, beziehen sich auf seine Interessen / Kenntnisse / Verhalten (z. B. Interesse an Zahlen, Kenntnis der Symbole, Verhalten in der Gruppe). Bezüglich konkret mathematischer Erfahrungen, kann die Entwicklungsgeschichte der Mathematik von Interesse sein, Kinder erfahren in ihrem Alltag z. B. wie viel die Eintrittskarte in den Zoo kostet und wie viele Kilometer ein Kind bis in den Urlaubsort gefahren ist. Die Zielformulierungen differenzieren zwischen Ich-Kompetenz (z. B. Ordnungsstrukturen erkennen), Soziale Kompetenzen (z. B. Fragen anderer wahrnehmen), Sachkompetenzen (z. B. Eigenschaften von Zahlen kennen) und Lernmethodische Kompetenzen (z. B. Vorstellungen ordnen). Für die pädagogischen Fachkräfte bedeutet dies, z. B. im Morgenkreis das Datum einzubeziehen, mit Zahlen umzugehen, in Projektarbeit Sammlungen anzulegen und den Computer als Arbeitsmittel zu integrieren (S. 89-92).
BB	Der Bildungsbereich „Mathematik und Naturwissenschaft" stellt die Entwicklung mathematischer Kompetenz aus entwicklungspsychologischer Sicht dar. Mathematik ist eingebettet in alltägliche Erfahrungen, mit denen sich das Kind konkret auseinandersetzt. Auf der Ebene der Umsetzung wird auf die Raum- und Materialausstattung eingegangen, die den Kindern einen aktiven Lernprozess ermöglichen soll. Daran schließen sich Beispiele guter Praxis an, die das mathematische Denken (dreidimensionaler Raum, Idee der Zahl, Größen/Messen, Formen usw.) fördern können (S. 5-21).
HB	Kinder machen erste Erfahrungen mit Formen, Mengen und Zahlen (S. 28). Zur Unterstützung der Selbstbildung des Kindes, ist es notwendig, vielfältiges Material zur Verfügung zu stellen. Z. B. Messgeräte, mit denen Größenordungen erfasst werden können, so dass das Zahlenverständnis von der Körpererfahrung auf die gegenständliche Umwelt übertragen werden kann (S. 30).
HH	Der Bildungsbereich „Mathematische Grunderfahrungen" bietet Kindern die Möglichkeit, Regelmäßigkeiten zu entdecken und dadurch Orientierung zu gewinnen. Unterschiedliche Grunderfahrungen werden ermöglicht, z. B. Klassifizieren von Gegenständen nach Merkmalen, Erfahrungen mit Zahlen und mathematischen Grundoperationen, Erfahrungen im Messen und Vergleichen, Umgang mit der Zeit, geometrische Erfahrungen, graphische Darstellungen. Aufgabe der ErzieherIn ist es, den Aktivitäten im Alltag einen mathematischen Stellenwert zu verleihen. Die anschließenden Erkundungsfragen sensibilisieren für mathematische Gegebenheiten im Alltag und geben konkrete Anregungen, z. B.: Zeigt das Kind Interesse an Zahlen? Wozu gibt es Zahlen? usw. Die Zielformulierungen beziehen sich auf die Ich-Kompetenzen des Kindes (z. B. sein Alter kennen), die sozialen Kompetenzen (z. B. Zahlen beim Verteilen verwenden), die Sachkompetenzen (z. B. geometrische Formen kennen) und die lernmethodischen Kompetenzen (z. B. Ursache-Wirkungs-Zusammenhänge erkennen). Verschieden Alltagssituationen werden hinsichtlich ihres mathematischen Gehalts als Beispiele für Aufgaben der Erzieherinnen vorgeschlagen (z. B: mathematische Situationen kommentieren, Kochen planen und Einkaufsliste erstellen). Daran schließen sich Spielanregungen und Vorschläge zu Spielmaterialien (z. B. Würfelspiele, Waagen, Landkarten) und Projektarbeit (z. B. Umgang mit Geld) sowie Raumgestaltung (z. B. Geburtstagskalender, mathematisches Material) an (S. 59-64).

HE	Als Leitgedanke gilt, Mathematik als Grundlage für Erkenntnisse in allen Bereichen des Alltags zu begreifen. Mathematische Phänomene sollen für die Kinder konkret und mit allen Sinnen erfahrbar sein, wobei auch auf die Zusammenhänge mathematischer Lernvorgänge mit anderen Bereichen (z. B. Musik, Bewegung, Sprache) hingewiesen. Die Bildungs- und Erziehungsziele für diesen Bereich sind unterteilt in den pränumerischen Bereich (z. B. Raum-Lage-Positionen erfahren, geometrische Formen mit allen Sinnen erfassen, grundlegendes Mengenverständnis, Klassifizieren, Relationen erkennen, Raum und Zeit erfassen usw.), den numerischen Bereich (z. B. Zahlsymbole zuordnen, zählen, Größenvorstellungen entwickeln, Relationen erkennen, Rechenoperationen usw.) sowie den sprachlichen und symbolischen Ausdruck mathematischer Inhalte (z. B. Umgang mit Begriffen, Zahlwörter verwenden, geometrische Formen erkennen, Uhrzeiten benennen usw.). Kinder sollen mathematische Gesetzmäßigkeiten erfassen und über Handlungsschemata verfügen, mit deren Hilfe mathematische Probleme im Alltag bewältigt werden können (S. 80-82).
MV	Der Bereich „Elementares mathematisches Denken" macht den Stellenwert mathematischer Vorerfahrungen für das Lernen in der Grundschule deutlich. Sinnkonstruktion ist das Element mathematischen Lernens. Aufgabe des Bereichs Mathematik ist es, das Interesse der Kinder für mathematische Inhalte zu wecken und damit auch ihre Kreativität und Vorstellungskraft zu fördern. Die Zielsetzungen differenzieren zwischen unterschiedlichen Fähigkeiten: „Personale Fähigkeiten" (z. B. Zahlen/ Formen kennen lernen, vergleichen von Lösungswegen, Knobelaufgaben), „Soziale Fähigkeiten" (z. B. Kooperation, Perspektivübernahme), „Kognitive Fähigkeiten" (z. B. wahrnehmen, beschreiben, vergleichen, räumliches Vorstellungsvermögen, Zeitvorstellungen), „Körperliche und motorische Fähigkeiten" (z. B. Feinmotorik), „Fähigkeiten für die Alltagspraxis" (z. B. Begriffe kennen, Zahlen-/Größenvorstellungen), „Umgang mit Repräsentationen" (z. B. mathematische Veranschaulichungen, Wegepläne verstehen), „Umgang mit Symbolen", „Sprachliche Fähigkeiten" (z. B. Fachausdrücke) sowie „Arbeitstechniken" (z. B. Strategien verwenden). Die Inhalte der Erfahrungsfelder dieses Bereichs basieren auf den Grundideen der Mathematik als Wissenschaft. Folgende Themenbereiche werden genannt und anhand von Lernzielbeschreibungen sowie beispielhaften Gestaltungsvorschlägen mit abschließenden Fragen zur Reflexion ausgeführt: „Wahrnehmen von Objekten, Lagebeziehungen und Prozessen – die Idee der räumlichen Strukturierung" (z. B. links-rechts: Ratespiele), „Arbeit mit Mengen – die Idee der Beziehung zwischen Teil und Ganzem" (z. B. Zuordnungen: Tischdecken), „Umgang mit Zahlen – die Idee der Zahl" (z. B. Zahlen als Maßzahlen: mit Schritten messen), „Umgang mit ebenen und räumlichen Objekten – die Idee der Form (z. B. Figuren: Fabelwesen aus Formen), „Umgang mit Größen – die Idee des Messens" (z. B. Zeit: Zähneputzen), „Idee der Gesetzmäßigkeiten und Muster" (z. B. Ornamente gestalten), „Symmetrie – die Idee der Symmetrie" (z. B. Spiegelungen finden/herstellen) (S. 69-84).
NI	Der Bereich „Mathematisches Grundverständnis" fragt nach den Möglichkeiten (beispielhafte Fragen zur Reflexion), die Kindern im Kindergartenalltag geboten werden können, um konkrete und sinnliche Erfahrungen mit z. B. Raum/Zeit, Ordnen, Messen, Vergleichen zu sammeln. Die Verbalisierung mathematischer Handlungen/ Beobachtungen stellt einen wichtigen Aspekt dar. Zahlenbegriffe werden spielerisch eingeübt. Geometrische Grunderfahrungen machen Kinder z. B. in der Kunst, beim Konstruieren, in der Umgebung (S. 24f.).
NW	Im Zusammenhang mit dem Bildungsbereich „Bewegung" wird auf die innere Verarbeitung naturwissenschaftlich-logischen Denkens hingewiesen: Die Erzieherinnen greifen Situationen aus Bewegungsspielen der Kinder auf, anhand derer Grundlagen der Mathematik verdeutlicht werden können (Addieren und Subtrahieren) (S. 13). Der

	Bildungsbereich „Spielen und Gestalten, Medien" thematisiert unter dem Stichpunkt „naturwissenschaftlich-logisches Denken" den Weg von natürlichen zu abstrakten Formen (mathematisches Denken ist abstraktes Denken, Verbalisierung) (S. 17). Gleichheits- und Ordnungsbeziehungen, Größenverhältnisse, sowie der Umgang mit Mengen und Zahlen werden im Bildungsbereich „Sprache" (Unterpunkt „naturwissenschaftlich-logisches Denken") angesprochen (S. 19).
RP	„Mathematik, Naturwissenschaft und Technik" bilden einen Bildungs- und Erziehungsbereich. Das Erfassen von Mengen und das Zählen, der Umgang mit geometrischen Formen erfolgt im alltäglichen Umgang mit den Dingen und kann im Spiel vertieft werden. Die sich daraus ergebenden Erfahrungen mit mathematischen Inhalten vermitteln Beständigkeit, Verlässlichkeit und Kontinuität. Kinder entwickeln einen Begriff von Zahlen und werden in grundlegende mathematische Denkweisen eingeführt. Kindern werden Gelegenheiten geschaffen, in denen sie z. B. zählen, messen, vergleichen können oder geometrische Figuren entdecken usw. Ziel ist, das Bewusstsein für mathematische Zusammenhänge zu fördern (S. 57-60).
SH	Ein alltäglicher und der Entwicklung des Kindes angepasster Umgang mit mathematischen Grunderfahrungen wird angestrebt. Themenfelder können sein: „Miteinander mathematisch handeln" (z. B. Tischdecken, Backen), „Mathematische Grundkenntnisse erweben" (z. B. mathematische Symbole, geometrische Formen) sowie „Mathematische Handlungsstrategien anwenden" (z. B. ordnen von Besteck, rechnen mit Geld) (S. 20).
SL	Mathematische Grunderfahrungen ermöglichen dem Kind das Einordnen seiner Erfahrungen in Gesamtzusammenhänge (S. 16).
SN	Die Einführung in den Bereich „Mathematische Bildung" verweist auf die Notwendigkeit, an die Alltagserfahrungen der Kinder anzuknüpfen. Dabei stehen die Entwicklung des Zahlbegriffs, Fertigkeiten wie z. B. das Problemlösen sowie mathematische Grunderfahrungen im Mittelpunkt. Die Tätigkeiten Sammeln/Ordnen spielen eine grundlegende Rolle, auf denen weitere Prozesse (z. B. Vergleichen, Gesetzmäßigkeiten herausfinden) aufbauen. Der Bereich „Mathematische Bildung" umfasst folgende Inhalte: „Entdecken von Regelmäßigkeiten und Entwicklung eines Zahlenverständnisses" (z. B. Muster, Mosaike, Dinge zählen, die Uhr), „Messen, Wiegen, Vergleichen" (Gegenstände müssen sinnlich erfahrbar/greifbar sein) und „Vorstellungen über Geometrie" (fördert das räumliche Vorstellungsvermögen) (S. 1-7).
ST	Der Bildungsbereich „Mathematische Grunderfahrungen" beschreibt den alltäglichen Zugang der Kinder zur Mathematik (etwas muss gezählt, sortiert werden usw.) und legt die Notwendigkeit dar, diese Alltagserfahrungen mit Hilfe Erwachsener mathematisch zu untersuchen und zu strukturieren. Die Sinnzusammenhänge, in denen Kinder lernen, sind entscheidend. Folgende Erfahrungen sollten Kinder machen, z. B.: Zahlen / Zeiten / Relationen kennen lernen, Gegenstände und ihre Merkmale / Formen / Größen unterscheiden, Symbole verwenden. Als Leitfragen zur Beobachtung der Lernprozesse des Kindes ist u. a. von Interesse, ob die Kinder Interesse am Umgang mit Zahlen zeigen, ob es Situationen meistert, in denen das Zählen von Bedeutung ist (z. B. Tischdecken). Die pädagogischen Fachkräfte müssen z. B. mathematische Begriffe/Zahlwörter im Alltag verwenden und auch die Kinder anhalten diese zu benutzen (S. 70-73).
TH	Der Bereich „Mathematische Bildung" soll am Alltag der Kinder anknüpfen (z. B. Mengenerfahrungen bei den Mahlzeiten), Strukturierungshilfen (z. B. Ursache-Wirkungs-Zusammenhänge, Versteckspiel) geben und die Aspekt Wahrnehmung (z. B. Erkundungen) und Bewegung (z. B. abwechslungsreiche Räume, Körpererfahrungen) ausreichend berücksichtigen. Kinder sammeln Erfahrungen mit Mengen / For-

	men / Größen usw. und erkunden Regelmäßigkeiten. Dabei wird die Entwicklung des Denkens in Richtung Abstraktionsvermögen gefördert. Die Bildungsziele sind tabellarisch dargestellt und unterteilt in basale, elementare und primare (hier nicht berücksichtigt) Bildung sowie gegliedert in personale, soziale und sachliche Dimension. Für jeden Altersbereich finden sich zahlreiche konkrete Anregungen, Bildungsangebote zu gestalten. Für die elementare mathematische Bildung bedeutet dies z. B. Mathematik zur Problemlösung nutzen, Regelspiele mit Ziffern spielen, mathematische Sprache im Alltag kennen lernen (Hausnummern, Telefon usw.) geometrische Formen des Alltags/in der Kunst, Zählen bis 10, Zahlen in Märchen usw. (S. 77-83).
BL	Naturwissenschaften
BW	Experimentieren und naturwissenschaftliches Erleben stehen im Zusammenhang mit dem Bildungs- und Entwicklungsfeld „Denken". Der Umgang mit Stoffen sowie das angeleitete Experimentieren erfolgt mit dem Ziel Vermutungen aufzustellen, diese zu überprüfen, Beobachtungen zu dokumentieren/systematisieren und Antworten auf eigene Fragen zu suchen. An das Bildungs- und Entwicklungsfeld „Denken" schließen sich Denkanstöße, die sich an den professionellen Erzieher richten an. Sie enthalten wichtige Anregungen zum naturwissenschaftlichen Lernen, z. B. wie können Kinder zur genauen Beobachtung von Naturphänomenen angeregt werden, welche Materialien benötigen die Kinder zum Forschen (Lupe, Spiegel usw.), wie kann erreicht werden, dass Kinder ihre Erfahrungen mit der Natur in eigenen Gestaltungsmöglichkeiten (malen, erzählen usw.) ausdrücken (S. 99-106).
BY	In den Leitgedanken wird der Einfluss von Naturwissenschaften auf die wirtschaftliche/gesellschaftliche Entwicklung der Gesellschaft betont. Kinder sind von sich aus neugierig gegenüber naturwissenschaftlichen Phänomenen. Bildungs- und Erziehungsziele sind u. a., dem Kind den Zugang zu einer Vielfalt naturwissenschaftlicher Themen zu ermöglichen, damit es Gesetzmäßigkeiten erfahren kann und zu einem Grundverständnis naturwissenschaftlicher Erscheinungen gelangt. Genannt werden u. a.: Eigenschaften / Energieformen / Phänomene kennen lernen, mit Naturmaterialien umgehen, Umweltbeobachtungen machen, Hypothesen erstellen. Der Forscherdrang der Kinder soll in der Einrichtung aufgegriffen und fortgeführt werden. Als Querverbindungen zu anderen Bereichen wird z. B. die Musik aufgeführt (z. B. Musikinstrumente bauen, Musik hören). Es gilt, die Fragen der Kinder aufzugreifen und ihr Interesse zu wecken/wach zu halten. Hier werden unterschiedliche Themenbereiche vorgeschlagen, die im Hinblick darauf, welche Aspekte dabei für die Kinder interessant sind, dargestellt sind (z. B. Farben: Funktionen in der Natur, Entstehung aus Licht usw.). Eine geeignete Lernumgebung zeichnet sich aus durch z. B. Experimentierecke, Materialien, Sachbücher. Erwachsene müssen kindlichen Fragen gegenüber offen sein und bei der Suche nach Lösungen einfühlsame Impulse geben. Kinder lernen in Alltags- und Spielsituationen (Praxisbeispiel: Kuchen backen), sie lernen durch das Experimentieren, sie lernen ganzheitlich in Projekten (verschiedene Praxisbeispiele) (S. 272-291).
BE	Kinder interessieren sich vor allem für Antworten auf Warum-Fragen, also für das Aufdecken von Kausalitäten. Der Bildungsbereich „Naturwissenschaftliche und technische Grunderfahrungen" möchte ebenfalls die Bereich Chemie und Physik berücksichtigt wissen. Bildungsziele können sein, z. B. mit Freude Tiere/Pflanzen pflegen und Ursache-Wirkungszusammenhänge erfassen. Pädagogische Fachkräfte gestalteten den Alltag, indem sie Freiräume zur Exploration schaffen, Naturmaterialien/Sachbücher zur Verfügung stellen, im Rahmen von Projekten Versuche durchführen und bei der Raumgestaltung und der Materialausstattung auf den Forschergeist anregende Aspekte achten (S. 99-107).

BB	Das Interesse für naturwissenschaftliche Zusammenhänge wird in den Grundlagen des Bildungsbereichs „Mathematik und Naturwissenschaft“ entwicklungspsychologisch erklärt. Für die pädagogische Umsetzung wird die Raum- und Materialausstattung als wesentlich für die Herausforderung von Lernprozessen bei Kindern betrachtet. Beispielhaft folgt eine Aufzählung möglicher naturwissenschaftlicher Experiment nach Gisela Lück, sowie eine Materialliste (S. 18-21).
HB	Der Bildungsbereich „Natur, Umwelt und Technik” beschreibt den Forscherdrang von Kinder, der sie handelnd Eigenschaften und Gesetzmäßigkeiten der Umwelt kennen lernen lässt. Kinder interessieren sich für biologische Zusammenhänge, erkunden die Elemente, nähren sich physikalischen Gesetzmäßigkeiten, erforschen chemische Prozesse. Dabei stellen sie Warum-Fragen, die von den pädagogischen Fachkräften aufgegriffen werden und gemeinsam nach Lösungen gesucht wird. Die Fachkräfte schaffen Situationen (z. B. Experimente, Laborausstattung usw.), die zum Forschen einladen und unterstützen damit die Selbstbildung der Kinder (S. 28ff.).
HH	Das Kind erschließt sich die Natur mit allen Sinnen. Es beobachtet, beschreibt, vergleicht und bewertet seine Umwelt, macht erste naturwissenschaftliche Erfahrungen. Erkundungsfragen beziehen sich auf das Kind in seiner Welt (z. B. Lässt sich das Kind zu Forschungsaktivitäten anregen?), auf das Kind in der Kindergemeinschaft (z. B. Welche Kinder interessieren sich für bestimmte Sachthemen?), auf das Erkunden der Welt (z. B. Welche Tiere gibt es in der Umgebung?) und auf die Kita-Kultur (z. B. Welche Erfahrungsmöglichkeiten bietet die Kita für naturwissenschaftliche Grunderfahrungen im Außengelände?). Ziele werden auf unterschiedlichen Ebenen formuliert: Ich-Kompetenzen (z. B. Fragen stellen, Freude und Ausdauer haben), soziale Kompetenzen (z. B. gemeinsam Vorschläge/Lösungen entwickeln, kooperieren), Sachkompetenzen (z. B. Grundelemente unterscheiden, Wechsel von Jahreszeiten kennen, Wissen über Pflanzen-/Tierarten) und lernmethodische Kompetenzen (z. B. Ursache-Wirkungszusammenhänge herstellen, wissen, dass Fragen / Forschen / Nachdenken beim lernen hilft). Daran schließen sich Beispiele für Aufgaben der Erzieherinnen an (z. B. in Kleingruppenarbeit entdeckendes Forschen ermöglichen, alltägliche naturwissenschaftliche Grunderfahrungen zum Beobachtungs- und Gesprächsgegenstand machen). Es sollen viele Naturmaterialien bereitgestellt werden, sowie die Räume und Materialien zum Forschen anregen (z. B. Experimentierecke, Dokumentationsflächen). Verschiedene Möglichkeiten für die Arbeit in Projekten werden dargestellt (z. B. Wetter, vom Fluss zum Meer) (S. 65-70).
HE	Schon Drei- bis Fünfjährige verfügen über die entwicklungspsychologischen Voraussetzungen dafür, sich differenziert mit naturwissenschaftlichen Themen auseinanderzusetzen. Der frühe Zugang zu Naturwissenschaften bildet die Basis für den späteren Umgang mit diesen Themen. Bildungs- und Erziehungsziele sind u. a. der Erwerb eines Zugangs zu naturwissenschaftlichen Themen, die Freude am Experimentieren, das Erlernen von Gesetzmäßigkeiten. Unterschiedliche Bereiche werden genannt, z. B. Eigenschaften von Stoffen kennen, physikalische Gesetzmäßigkeiten kennen, Vorgänge beobachten, Vergleichen, Beschreiben, Bewerten, Hypothesen aufstellen und überprüfen usw. (S. 82f.).
MV	Das Erfahrungsfeld „Natürliche Lebenswelt“ ist eingebettet in den Bildungsbereich „Gemeinschaft – Natur – Sachen“. Kindern soll im Alltag und im Spiel ermöglicht werden, die Natur mit allen Sinnen wahrzunehmen, Fragen zu formulieren und aus ihren Beobachtungen Schlussfolgerungen zu ziehen. Unterschiedliche Vorschläge reichen vom Thema Wasser bis hin zur Schwerkraft. Das Erforschen und Erkunden steht im Zentrum 8 z. B. Eigenschaften von Luft/Wasser, Entwicklung von Pflanzen) (S. 50-53).

NI	Die Natur bietet ein Forschungsfeld, das Kinder frei erobern können. Der Bereich „Natur und Lebenswelt“ betont diese Freiheit und damit auch die Möglichkeit für die Kinder, selbst Hypothesen aufzustellen und zu überprüfen. Kinder machen Naturerfahrungen (z. B. Garten anlegen, Wetterstation) und experimentieren (z. B. Material für eine Experimentierwerkstatt). Ausflüge in Feld und Wald sowie der Einbezug Ehrenamtlicher erweitern die Eindrücke. Analysefragen thematisieren diesen notwendigen Freiraum der Kinder (z. B. Haben Kinder ausreichen Gelegenheit mit Wasser/ Sand umzugehen?) (S. 28f., 53).
NW	Die Bildungsbereiche „Bewegung“ und „Natur und kulturelle Umwelt(en)“ unterstreichen die Aufgabe der Erzieherinnen, Anlässe der Kinder aufzugreifen, um physikalischen und naturwissenschaftlichen Phänomenen nachzugehen (S. 13, 20).
RP	Schlussfolgerndes Denken beginnt mit der Geburt. Naturwissenschaftliche Phänomene sind so zu gestalten, dass sie für die Kinder sinnlich erfahrbar sind. Kinder brauchen Gelegenheiten zum Experimentieren und Erklären (in den Bereichen Biologie, Chemie, Physik usw.), zum Beobachten und Schlussfolgern usw. Ziel ist, Fragen zu stellen, gemeinsam Lösungen zu finden und das Bewusstsein für naturwissenschaftliche Zusammenhänge zu fördern (S. 57-60).
SH	Naturwissenschaftliche und technische Inhalte sollen nicht getrennt voneinander behandelt werden. Mögliche Themenfelder sind: „Miteinander naturwissenschaftliche und technische Erfahrungen sammeln“ (z. B. Kinder sollen unterstützt werden, eigene Lösungsansätze für beobachtete Phänomene zu entwickeln.), „Naturwissenschaftliche und technische Grundkenntnisse erwerben“ (z. B. Pflanzen/Tiere unterscheiden, verschiedene Materialien/Werkzeuge kennen) und „Naturwissenschaftliche und technische Handlungsstrategien anwenden“ (z. B. Geräte nutzen, Umwelt gestalten, gezieltes Fragen nach Phänomenen) (S. 21).
SL	Naturwissenschaftliche Grunderfahrungen (Experimente) gehen einher mit Neugier und dem Bedürfnis, Fragen zu stellen. Dies hilft dem Kind, die Welt zu ordnen (S. 16).
SN	Der Bildungsbereich „Naturwissenschaftliche Bildung verweist in seiner Einführung insbesondere auf drei Aspekte: die Bedeutung der Hypothesenformulierung, die Anknüpfung an den Alltag der Kinder und das Aufspüren der Themen der Kinder. Der Leitbegriff dieses Bereichs lautet „Entdecken“. Dafür müssen die notwendigen Materialien zur Verfügung stehen (z. B. Mikroskop) (S. 1-4). Der Bereich befasst sich mit folgenden Themenkomplexen: „Natur“ (z. B. Exkursionen, Wasserprojekt, Wetterkalender), „Ökologie“ (z. B. Umweltschutz) und „Technik“ (z. B. Herstellungsprozesse) (S. 4-8).
ST	Der Bildungsbereich „Welterkundung und naturwissenschaftliche Grunderfahrungen“ unterscheidet folgende Ebenen: den Bereich der belebten/unbelebten Natur (Technik), naturwissenschaftliche (technische) Prinzipien, die Methoden/Instrumente und das Wissen/die Einstellungen der Beteiligten. Kritisches Denken (mehr erfahren wollen) ist Voraussetzung für das Erforschen der Welt. Methodisch gesehen wird das Experiment als die eindrucksvollste Möglichkeit beschrieben, die dem Forscherdrang der Kinder entgegenkommt. Kinder sollen u. a. folgende Erfahrungen gemacht haben: unterschiedliche Sinneseindrücke mit verschiedenen Materialien erfahren, etwas gezielt beobachtet haben, Verantwortung für etwas übernommen haben (z. B. Pflanze), Beobachtungen/Vorhersagen anstellen usw. Für die Beobachtung der Bildungsprozesse der Kinder, zielen die Leitfragen u. a. auf die Formulierung von Fragen und die Suche nach Erklärungen/Lösungen (z. B. Wenn-dann) oder auf den Umgang mit den notwendigen Werkzeugen sowie auf das Durchhaltevermögen des Kindes. Pädagogische Fachkräfte müssen Kinder bei ihrem Weg des Forschens unterstützen, indem sie z. B. mit ihren Fragen die Hypothesenbildung der Kinder unterstützen (S. 74-78).

TH	Der Bereich „Naturwissenschaftliche und technische Bildung“ hat zum Ziel, Zusammenhänge (Warum-Fragen) der Natur zu erklären (biologische / chemische / physikalische Vorgänge, Phänomen Zeit) und Kinder dabei konkrete Erfahrungen machen zu lassen. Die Natur wird mit allen Sinnen wahrgenommen (tasten, hören, befühlen usw.); die Beobachtung und differenzierte Beschreibung von Phänomenen gewinnt an Bedeutung. Sammeln, Ordnen, kommunikativer Austausch und Kooperation, Nutzung von Sachbüchern, Durchführen von Experimente sind die Tätigkeiten der Kinder, mit deren Hilfe sie z. B. die Jahreszeiten erleben, Tiere/Pflanzen pflegen, Kochen (z. B. physikalische/chemische Vorgänge), die Elemente erfahren usw. Hierzu finden sich zahlreiche Anregungen für die Praxis (tabellarisch aufgelistet; basale/elementare Bildung; personale / soziale / sachliche Dimension) (S. 64-73).
BL	Technik
BW	Mathematisch-naturwissenschaftliche und technische Zusammenhänge werden als integriert in das ganzheitliche Denken des Kindes betrachtet. Denkanstoß für die pädagogische Fachkraft ist in diesem Zusammenhang darüber nachzudenken, welche Möglichkeiten das Kind hat, Dinge auseinander zu nehmen, zu reparieren. (S. 99-106)
BY	Die Leitgedanken des Bildungsbereichs „Naturwissenschaft und Technik" befassen sich mit den Folgen einer hoch technisierten Wissensgesellschaft. Positive Lernerfahrungen auf diesem Gebiet kommen später dem Wirtschaftsstandort Deutschland zugute. Ziel ist, dass die Kinder unterschiedliche Techniken und deren Funktionsweisen kennen lernen, so dass sie verantwortungsvoll mit technischen Geräten umgehen lernen. Verschiedene Bereiche werden aufgezählt, z. B. Hebel / Balken / Waage / Magnet, mit Materialien bauen und konstruieren, Umgang mit Werkzeugen). Als Themenbereiche kämen z. B. Magnetismus (Verständnis, Materialien, Nutzen, Kompass) oder Elektrizität (statische Ladung, Stromerzeugung, Leiter, Stromkreis) in Betracht. Anregungen und Beispiele zur Umsetzung siehe „Naturwissenschaften“ (S. 272-278).
BE	Der Bildungsbereich „Naturwissenschaftliche und technische Grunderfahrungen“ will das Interesse der Kinder an technischen Phänomenen unterstützen, indem sie Gelegenheiten erhalten, mit technischen Geräten umzugehen, Experimente zu machen, in der Umwelt/im Rahmen von Projekten Technik zu erleben (S. 99-107).
BB	Keine Angaben
HB	Kinder entwickeln ein Verständnis für technische Zusammenhänge. Ihre Lebenswelt ist voller technischer Geräte, nach deren Funktion und Zweck sie fragen. Hierzu stellen sie Vermutungen an (S. 28ff.).
HH	Kinder erleben, dass technische Geräte die Arbeit erleichtern. Die Erkundungsfragen beziehen sich auf das Kind in seiner Welt (z. B. Hat das Kind Interesse an technischen Vorgängen?), das Kind in der Kindergemeinschaft (z. B. Welche Fragen stellen Kinder zu technischen Vorgängen?), Die Erkundung der Welt (z. B. Welche technischen Einrichtungen interessieren die Kinder?), die Kita-Kultur (z. B. Welche technischen Geräte gibt es?). Ziele werden für unterschiedliche Ebenen formuliert: Ich-Kompetenzen (z. B. den Dingen auf den Grund gehen wollen), soziale Kompetenzen (z. B. kooperieren), Sachkompetenzen (z. B. Kenntnis von Werkzeugen, Maschinen) und lernmethodische Kompetenzen (z. B. Zusammenhänge erkennen, erworbenes Wissen anwenden). Die Kinder werden beim Verstehen technischer Zusammenhänge unterstützt (z. B. Verkehrstechnik erkunden), zum Experimentieren mit z. B. Hebel, Rädern, Magneten angeregt und entsprechende Materialien / Räume zur Verfügung gestellt. Die Arbeit in Projekten (z. B. Versuchsanordnungen zu technischen Prinzipien, Technikberufe) bietet sich an (S. 65-70).

HE	Es wird eine fortschreitende Technisierung der kindlichen Lebenswelt angenommen. Damit Kinder sich in einer technisch geprägten Welt zurechtfinden und ihr Interesse an technischen Geräten befriedigt wird, werden u. a. folgende Bildungs- und Erziehungsziele in verschiedenen Bereichen genannt: Kinder machen Erfahrungen mit technischen Anwendungen, üben den Umgang mit Werkzeugen, bauen und konstruieren mit unterschiedlichen Materialien, verstehen die Wirkung von Kräften, lernen unterschiedliche Möglichkeiten der Energiegewinnung kennen und erkennen die Auswirkungen der Technik auf die Umwelt usw. (S. 83f.).
MV	Das Erfahrungsfeld „Technische Lebenswelt“ (Bereich „Gemeinschaft – Natur – Sachen) geht auf die Aspekte der unterschiedlichen Beschaffenheit von Materialien ein, auf die sachgerechte Verwendung von Werkzeugen und auf die Herstellung von Gegenständen ein. Mit den Kindern thematisiert werden können Themen wie z. B. der sachgerechte Umgang mit Geräten oder Elektrizität. Kinder erhalten sie Möglichkeit auszuprobieren, z. B. welches Papierboot am besten schwimmt oder wie eine Fahrradklingel funktioniert (S. 53f.).
NI	Der Lernbereich „Lebenspraktische Kompetenzen“ beinhaltet u. a. den Umgang mit technischen Geräten (S. 53).
NW	Keine Angaben
RP	Kindern wird die Möglichkeit zum Bauen und Konstruieren gegeben. Sie lernen Werkzeuge kennen und entwickeln ein Bewusstsein für technische Zusammenhänge (S. 57-60).
SH	Siehe Naturwissenschaften
SL	Der Umgang mit technischen Geräten regt an, Fragen zu stellen und hilft dem Kind, sich zu orientieren (S. 16).
SN	„Technik” ist eingebettet in den Bereich „Naturwissenschaftliche Bildung“. Kinder sollen z. B. Herstellungstechniken kennen lernen und sich Techniken (Umgang mit Werkzeugen) aneignen oder sie lernen akustische Wirkzusammenhänge kennen (z. B. Luftstrom in der Flöte/Herstellen von Instrumenten) (S. 7f.).
ST	Siehe Naturwissenschaften
TH	Der Bereich „Naturwissenschaftliche und technische Bildung“ thematisiert Technik im Rahmen der Errungenschaften menschlicher Zivilisation und gleichzeitig vor dem Hintergrund ökonomischer / ökologischer / sozialer Fragen. Der Bereich ist handlungsorientiert aufgebaut, Kinder sollten z. B. ihre Hand als Werkzeug verwenden und später die sachgerechte Handhabung von Werkzeugen erlernen. Einfache technische Geräte (z. B. mechanische Abläufe) ermöglichen Einblicke in Funktion und Handhabung (z. B. Falschenzug, Zahnräder). Erwachsene dienen dabei als Vorbild und regen die Neugier der Kinder an. Zahlreiche Anregungen für die Umsetzung in die Praxis sind tabellarische aufgelistet (basale/elementare Bildung; personale / soziale / sachliche Dimension) (S. 64-73).
BL	Geographie
BW, BY, BE, BB, HB, HH, HE, MV, NI, NW, RP, SH, SL, ST, TH Keine Angaben	
SN	Geographie wird als eines der klassischen naturwissenschaftlichen Themenfelder aufgezählt (S. 3).
BL	Natur erleben / Ökologie
BW	Keine Angaben

BY	Der Bildungsbereich „Umwelt" thematisiert in seinen Leitgedanken die Notwendigkeit der Umweltbildung und des damit einhergehenden verantwortungsvolleren Umgangs mit der Umwelt hinsichtlich der globalen ökologischen Veränderungen. Die Bildungs- und Erziehungsziele beziehen sich auf die Bereiche „Naturbegegnungen" (z. B. Umwelt mit allen Sinnen wahrnehmen, Lebensraum von Tieren kennen, Verantwortung gegenüber der Natur entwickeln) und „Praktischer Umweltschutz und Umweltbewusstsein" (z. B. Wasserkreislauf, Müllvermeidung, Umweltprobleme). Bei der pädagogischen Umsetzung der Zielsetzungen sind u. a. zu beachten: Prinzip der Entwicklungsangemessenheit, Exemplarisches Lernen, Mitwirkung der Kinder, Umweltprojekte. Eine geeignete umweltfreundliche Bauweise und Garten-/Raumgestaltung sorgt für eine Lernatmosphäre, in die die Kinder aktiv eingebunden sind. Umweltpädagogische Aktivitäten sind z. B. ein umweltfreundliches Handeln in Alltagssituationen, regelmäßige Aufenthalte in der Natur (Waldtage) sowie das Kennenlernen und Erforschen der Elemente der Umwelt. Daran schließen sich weitere Praxisbeispiele an (S. 291-308).
BE	Erfahrungen, die ein ökologisches Grundverständnis ermöglichen, werden im Umgang mit der Natur / Tieren / Pflanzen gesammelt (S. 107).
BB	Keine Angaben
HB	Aufgabe der Fachkräfte ist es, Kindern die Möglichkeiten für vielfältige Naturerfahrungen zu schaffen (Waldausflug, Tiere halten usw.), denn der Umgang mit der Natur schärft ihre sinnliche Wahrnehmung. Kinder erkunden die Eigenschaften der Elemente (z. B. Feuer, Wasser) (S. 28f.).
HH	Kinder sollen Verantwortung für die natürliche Umwelt übernehmen. Kindern wird die Möglichkeit gegeben, die Natur / jahreszeitliche Veränderungen zu erkunden. Sie beteiligen sich an der Trennung von Abfall in der Kita, Entsorgungswege werden dargestellt und die ökologischen Wirkungen thematisiert. Beispiele für die Projektarbeit sind u. a. ökologischer Landbau, Natur-Ereignisse. Das Außengelände kann unter Beteiligung der Kinder ökologisch gestaltet werden (S. 68-71).
HE	Der Bereich „Umwelt" befasst sich mit dem Erlernen eines verantwortungsvollen Umgangs mit der Umwelt und den natürlichen Ressourcen, wobei die Wechselwirkung zwischen Ökologie, Ökonomie und Sozialem im Vordergrund steht und dem Begriff der Nachhaltigkeit eine wichtige Rolle zukommt. Umweltbildung umfasst die Bereiche Naturbegegnung (z. B. Umwelt mit allen Sinnen wahrnehmen, natürliche Lebensräume von Tieren und die Artenvielfalt der Pflanzen kennen lernen, mit Naturmaterialien umgehen), Umweltbewusstsein (z. B. Handlungsmöglichkeiten erkennen, Verantwortung übernehmen) sowie ökologisches Grundverständnis und praktischer Umweltschutz (z. B. Einflüsse auf die Natur, Ausbeutung der Rohstoffreserven, die Bedeutung von Wasser, Müllvermeidung usw.) (S. 91ff.).
MV	Die Verantwortung des Menschen für die Entwicklungen in der Natur wird bei dem Themenvorschlag „Umweltschutz und in Form einer Frage zur Reflexion im Anschluss an das Erfahrungsfeld „Natürliche Lebenswelt" gestellt (S. 52).
NI	Kinder sollen die Zusammenhänge ökologischer Systeme kennen lernen und die Natur und ihre Abläufe schätzen lernen. Hierfür brauchen sie konkrete Projekte, die ihnen diese Zusammenhänge aufzeigen (z. B. Bachpatenschaft) und vor allen Dingen Erwachsene, die ihnen ein Vorbild im verantwortungsvollen Umgang mit der Natur sind (S. 28f.).

NW	Der Bildungsbereich „Spielen und Gestalten, Medien“ beschreibt im Zusammenhang mit der inneren Verarbeitung durch naturwissenschaftlich-logischem Denken, unterschiedliche Erfahrungen, die Kinder mit natürlichen Elementen (Hölzer, Erde, Wasser usw.) sammeln können. Natur muss in Zusammenhängen und im Umgang mit den Elementen erfahren werden könne. Das Außengelände ist sinnlich anregend gestaltet. Der Zugang zur Natur erfolgt über das Sammeln, Betrachten oder Pflegen einer Pflanze (S. 16-21).
RP	Ein bewusster Umgang mit der Natur wird gefördert, indem Kinder u. a. die Gelegenheit erhalten, echte Naturerfahrungen zu machen und einen vernünftigen Umgang mit Ressourcen einüben. Ziel ist, die Kinder erfahren zu lassen, dass in Bezug auf die Natur ein verantwortliches Handeln wichtig ist für die menschliche Existenz (S. 61).
SH, SL Keine Angaben	
SN	Der Themenbereich „Ökologie“ strebt die Beobachtung ökologischer Systeme an, um zu Einsichten in die Notwendigkeit des Umweltschutzes zu gelangen (z. B. Müllvermeidung) (S. 5f.).
ST	Kinder sollen im Bereich der naturwissenschaftlichen Bildung erfahren, dass der Mensch die Welt gestaltet (S. 76).
TH	Nachhaltigkeit und Ökologie sind Aspekte, die im Zusammenhang mit naturwissenschaftlicher und technischer Bildung thematisiert werden müssen. Z. B. Verwendung von Ressourcen (z. B. Abholzen der Regenwälder), Klimaveränderungen, Lebensräume von Tieren/Pflanzen schützen usw. Kinder sollen wissen, welche Naturschönheiten/Naturdenkmäler es in ihrer näheren Umgebung gibt (S. 64-73).
BL	Architektur / Heimat
BW	Keine Angaben
BY	Projekt: „Architek-Touren mit Kindern – Kinder erleben Architekturen in Amberg“ (S. 421). Der Bildungsbereich „Ästhetik, Kunst und Kultur“ regt an, die Architektur in der Umgebung zu entdecken (S. 276).
BE	Der Bildungsbereich „Bildnerisches Gestalten“ führt Architektur als Beispiel für einen Einblick in frühere Zeiten und andere Kulturen an (S. 78).
BB	Um die darstellerischen und gestalterischen Bildungsfähigkeiten in der Praxis pädagogisch zu begleiten, ist es sinnvoll, Kinder u. a. mit Architektur bekanntzumachen (z. B. Besuch von Kirchen) (S. 15).
HB	Keine Angaben
HH	Der Bildungsbereich „Bildnerisches Gestalten” regt an, die eigene Stadt und ihre Architektur zu erkunden, z. B. Kirchen, Architekturgeschichte von Gebäuden. Diese Erfahrungen können erweitert werden durch einen Vergleich mit anderen Städten/ Ländern (S. 50). Der Bildungsbereich „Soziale und kulturelle Umwelt“ beschreibt als Ziel (Sachkompetenz), wichtige Hamburger Orte zu kennen (Hafen, Michel usw.). Die Kita benötigt z. B. Materialien und Raum für architektonische Modellbauten (S. 36ff.).
HE, MV Keine Angaben	

NI	Der Lernbereich „Natur und Lebenswelt“ fordert für Kinder Gelegenheiten ein, in denen sie ihre nähere Umgebung erkunden können (z. B. Bauwerke, Einrichtungen) (S. 29). Dafür benötigen Kinder z. B. Karten/Pläne, Material über die eigene Stadt (S. 53).
NW	Denkmäler, wichtige Plätze usw., der lokalen Umgebung zu besuchen, ermöglicht Kindern, Zusammenhänge sinnlich und emotional zu erfahren. Beispiel forschendes Lernens: Erkundung öffentlicher Plätze im Stadtteil (S. 21f.).
RP, SH, SL Keine Angaben	
SN	Die Bildungsbereiche, die sich mit der sozialen Bildung, der ästhetischen Bildung und mit der Entwicklung von Werten befassen, nennen „Architektur“ als Beispiel für einen Zugang zu Kultur / Kunst / Weltanschauung (S. 6- 9).
ST	Der Bereich „Ästhetik und Kreativität“ fordert, dass Kinder Zugang haben zu Büchern über u. a. Architektur (S. 69).
TH	Kinder sollen ihre Wohnumgebung kennen (z. B. bekannte Gebäude) (S. 75).
BL	Kunst / Ästhetik
BW	Kunst wird im Hinblick auf die Verarbeitung von Sinneserfahrungen eher allgemein in unterschiedlichen Kontexten angesprochen. Die gestalterische Tätigkeit fördere eine differenziertere Wahrnehmung, z. B. Bildungs- und Entwicklungsfeld „Körper“ (S. 75), Bildungs- und Entwicklungsfeld „Sinne“ (S. 81). In den Denkanstößen sind einige wichtige Fragen zu Kunstbetrachtung, Museumsbesuchen, Kunst als Ausdruck von Kultur und die Forderung nach einer Vielfalt von Materialien enthalten. Als ein Ziel des Bildungs- und Entwicklungsfeldes „Sinne“ wird das Entwickeln von Möglichkeiten genannt, Eindrücke ästhetisch-künstlerisch ausdrücken zu können (S. 86ff.).
BY	Der Bildungsbereich „Ästhetik, Kunst und Kultur“ beschreibt die enge Verknüpfung der drei Bereiche und geht auf das anschauliche Denken von Kindern ein. Bildungs- und Erziehungsziele für das bildnerische und darstellende Gestalten sind z. B. eigene Gestaltungs- und Ausdrucksmöglichkeiten zu entdecken, zu erkennen, dass Gefühle/Ideen sich unterschiedlich darstellen lassen, die Wirkung von Farben erkennen, mit Maltechniken experimentieren usw. Ästhetische Bildung wird beschrieben als die Bildung sinnlicher Wahrnehmung/Kreativität, wobei die Erfahrungen mit allen Sinnen im Zentrum steht. Ästhetische Bildung prägt den pädagogischen Alltag, daher sind vielfältige Querverbindungen zu anderen Bereichen möglich. Wichtig ist, die kreativen Prozesse der Kinder zu beobachten, denn Kinder drücken sich über ihre Bilder aus. Kinder benötigen eine Lernumgebung, die z. B. durch ihre Architektur ansprechend ist und ausreichende Materialien zur Gestaltung bereithält (Materialien wie Papier, Pappe, Textilien, Ton; Farben wie Finger-, Wasser-, Aquarellfarben; Werkzeuge wie Pinsel, Stift, Kreide, Sägen, Feilen; Verbindungs- und Bearbeitungsmaterialien wie Nägel, Schrauben, Leim). Ein emotional entspanntes Klima ermöglicht Kindern schöpferisches Tun. Aktivitäten könnten sein „Flächiges, plastisches und skulpturales Arbeiten“ (Kopf, Herz und Hand arbeiten gemeinsam, wobei die Kinder Anreize und Freiraum gleichermaßen brauchen, so dass immer die Balance gefunden werden muss zwischen Unterstützung und Gewährenlassen; Kinder werden an Materialien und Techniken herangeführt) sowie „Ästhetik, Kunst und Kultur in ihrer Vielfalt und ganzheitlich erleben (z. B. Farben benennen, mit Werkzeugen umgehen, Kunst betrachten). Verschiedene Projekte werden beschrieben (S. 309-334).

BE	Die ästhetische Wahrnehmung bietet einen eigenen Weg der Verarbeitung von Wahrnehmungen (S. 12). Der Bildungsbereich „Bildnerisches Gestalten und Musik" betont die Bedeutung der sinnlichen Wahrnehmung für den Erkenntnisprozess des Kindes. Favorisiert wird die Arbeit in Projekten, damit Prozesse sich entfalten und entwickeln können. Wesentlich ist die wertschätzende Haltung der Erzieherin gegenüber dem Schaffen und den künstlerischen Produkten der Kinder. Wichtig ist auch herauszufinden, wo die Vorlieben/Stärken des Kindes liegen (z. B. Lieblingsfarben, bevorzugte Materialien/Werkzeuge). Ziele sind dabei z. B., dass die Kinder Kunst als Möglichkeit erfahren, sich auszudrücken, dass sie den Umgang mit unterschiedlichen Materialien erlernen, sich über die Schönheit eines Kunstwerkes unterhalten oder auch wissen, dass man mit dem Computer Bilder verändern kann. Dafür benötigen Kinder eine Fülle an Materialien (Papier, Farben, Ton, Staffeleien, Lichttische, Federn, Steine, Kamera usw.), Ateliers, Anregungen (z. B. Veränderung des Lichtes beobachten) und Projekte (z. B. Werke bekannter Künstler, Erde / Feuer / Wasser / Luft, Skulpturen) (S. 71-79).
BB	Im Bildungsbereich „Darstellen und Gestalten" wird die Kunst als Grundbedürfnis des Menschen beschrieben, der sich dabei intensiv mit seiner Umwelt auseinander setzt und diese Eindrücke sinnlich verarbeitet. Die therapeutische Wirkung wird hervorgehoben. An Materialien eignen sich jene, die von sich aus den Gestaltungsrahmen nicht festlegen. Damit der freie Ausdruck des Kindes nicht blockiert wird, haben sich die Erzieher an die „fünf goldenen Regeln" nach Eberhard Brügel zu halten, z. B. dem Kind und seinem Werk Wertschätzung entgegenbringen und keine Malaufträge zu erteilen. Als Umsetzungsvorschlag für die Praxis wird die Moderne und Abstrakte Malerei gewählt, da Kinder hier rasch einen Bezug zu den Bildern entwickeln können. Das Atelier soll mit einem reichhaltigen Materialangebot ausgestattet sein (S. 14-17).
HB	Kinder erfahren im Umgang mit Materialien deren unterschiedliche Beschaffenheit und erhalten Zugang zur Naturbearbeitung durch Technik. In den Produkten findet sich die spontane Ausdruckskraft (Wahrnehmungen, Erfahrungen, Wünsche) wieder. Die Fachkräfte unterstützen die Selbstwahrnehmung und Ausdauer der Kinder, indem sie eine deutliche Wertschätzung der kindlichen Bemühungen ausdrücken und unterstützende Fragen stellen (S. 25ff.).
HH	Der Bildungsbereich „Bildnerisches Gestalten" betont, dass Kinder sich aktiv mit der Welt auseinandersetzen und ihren Eindrücken Ausdruck verleihen. Angebote in diesem Bereich sollten projektorientiert erfolgen. Jüngere Kinder erwerben erste Grundlagen mit Materialien und Techniken, ältere Kinder differenzieren zunehmend. Die Erkundungsfragen beziehen sich auf das Kind in seiner Welt (z. B. Was beeindruckt das Kind? Welche Farbe / Materialien / Verfahren mag es? Malt oder zeichnet es gerne?), dasjenige in der Kindergemeinschaft (z. B. bauen / malen / töpfern die Kinder am liebsten? Gibt es Künstler in der Familie?), auf das Erkunden der Welt (Kunst in der Umgebung), auf die Kita-Kultur (Gibt es ein Atelier? Werden die Werke der Kinder präsentiert?). Die Zielformulierungen sprechen die Ich-Kompetenzen an (die Aufmerksamkeit/Sinne schärfen, Zugang zu einzelnen Kunstwerken finden, sich der eigenen Ausdrucksmöglichkeiten bewusst werden), soziale Kompetenzen (Werke anderer wertschätzen, kommunizieren), Sachkompetenz (Materialien / Farben / Techniken kennen, Werkzeuge handhaben, zwischen heute und früher unterscheiden), lernmethodische Kompetenzen (eigene Sammlung anlegen). In der Kita werden den Kindern Gelegenheiten zum bildnerischen Gestalten geschaffen, u. a. ein Atelier einrichten, Künstler einbeziehen, vielfältige Materialangebote, Staffeleien, Kameras. Das Kindermuseum kann besucht werden und unterschiedliche Projekte bieten sich an (Erfahrungen mit Farben, Mosaike, Porträt) (S. 48-53).

HE	Das Empfindungsvermögen des Kindes wird durch eigenes Darstellen und Gestalten sowie das Sammeln ästhetische Erfahrungen gestärkt und die Denkfähigkeit als auch die sprachliche Ausdrucksfähigkeit/Schriftsprache beeinflusst. Bildungs- und Erziehungsziele sind, dass das Kind lernt, seine Umwelt mit allen Sinnen bewusst wahrzunehmen, seine Gefühle und Gedanken darzustellen und damit auch zu strukturieren. Weitere Ziel sind u. a., das künstlerische Gestalten als einen Gemeinschaftsprozess zu erfahren, die Ausdruckswege anderer Wert zu schätzen, ein Grundverständnis für Farben und deren Wirkung zu entwickeln, verschieden Materialien/Techniken kennen, historische/zeitgenössische Kunst bzw. Kunst anderer Kulturen kennen lernen usw. (S. 76f.).
MV	Der Bildungsbereich „Musik, Ästhetik und bildnerisches Gestalten" nennt zum Teilbereich „Bildnerisches Gestalten die Erfahrungsfelder „Zeichnen" (z. B. Bewegungen, Spuren hinterlassen, Materialienvielfalt, Betrachtung, Reflexion), „Malen" (z. B. Experimentieren mit Farben), „Plastisches und räumliches Gestalten, spielerische Aktion" (z. B. Phantasieobjekte gestalten), „Bildbetrachtung" (z. B. Künstler / Kunstwerke / Epochen kennen lernen) (S. 63-68). Eine Fülle von Zielsetzungen die differenzieren zwischen den Bereichen „Personale Fähigkeiten" (z. B. Wahrnehmung / ästhetisches Empfinden sensibilisieren), „Soziale Fähigkeiten"(z. B. Kunst als produktive Erfahrung, therapeutische Wirkung), „Kognitive Fähigkeiten" (z. B. Differenzierungsfähigkeit) sowie „Körperliche und motorische Fähigkeiten" (z. B. Feinmotorik) (S. 56f.).
NI	Ästhetische Erfahrungen machen Kinder mit all ihren Sinnen und dies ermöglicht ihnen unterschiedliche Zugänge zur Welt zu finden. Zudem werden motorische Fähigkeiten/Koordination trainiert. Der Lernbereich „Ästhetische Bildung" geht auf die Aspekte Musik/Tanz und bildnerisches Gestalten ein. Kinder lernen den Umgang mit verschiedenen Materialien (z. B. Naturmaterialien, Farben, Federn, Perlen, Bücher über Künstler) und Techniken, die ihnen helfen, ihren Eindrücken Ausdruck zu verleihen (S. 26f., 53).
NW	Beim bildnerischen Gestalten steht der Umgang mit natürlichen, formbaren Materialien im Vordergrund, die eine Auseinandersetzung der Körpersinne mit dem Material ermöglichen (S. 14). Das Gestalten mit kostenlosen Materialien bzw. Naturmaterialien soll den Kindern erfahrbar machen, dass man aus allem etwas herstellen kann. Das ästhetische Urteil der Erwachsenen ordnet sich dem Produkt des Kindes unter (S. 16).
RP	Die Bedeutung des Bildungs- und Erziehungsbereichs „Künstlerische Ausdrucksformen" liegt in der Sensibilisierung ästhetischen Empfindens. Er ist unterteilt in drei Teilbereiche: gestalterisch-kreativer Bereich, musikalischer Bereich und Theater, Mimik, Tanz. Der gestalterisch-kreativer Bereich hat zum Ziel, eigene Gefühle und Erfahrungen bildnerisch auszudrücken und zudem einen Zugang zur bildenden Kunst zu finden (S. 46-49).
SH	Die musisch-ästhetische Bildung schließt vielfältige Ausdrucks- und Gestaltungsformen/Zugänge zu Kunst mit ein. Die Ausdrucksformen der Kinder können durch die Öffnung der Kindertageseinrichtung (z. B. Ausstellungsbesuche, Musikerlebnisse) bereichert werden. Das Themenfeld „Malen und Gestalten" nennt z. B. den Gebrauch unterschiedlicher Materialen, die Beobachtung und das Gespräch als Möglichkeiten, die Ausdrucksweisen der Kinder zu fördern (S. 23f.).
SL	Der Bildungsbereich „Bildnerisches Gestalten" nennt die Bedeutung ästhetischen Wahrnehmens/bildnerischen Ausdrucks für Erkenntnisprozesse des Kindes (S. 15).

SN	Als Leitbegriff des Bildungsbereichs „Ästhetische Bildung“ wird die Wahrnehmung mit allen Sinnen beschrieben, da sich die sinnliche Wahrnehmung auf die Entwicklung von Denken und Handlungskompetenzen unmittelbar auswirkt. In diesem Zusammenhang wird auch die Frage nach dem Raum für die Phantasien der Kinder gestellt. Außerdem geht es darum, den Wahrnehmungshorizont der Kinder zu erweitern (Zumutung von Themen) (S. 1-4). Der Bildungsbereich umfasst die Aspekte: „Musik“, „Tanz und Theater“ und „Bildnerisches Gestalten“ (frei zugängliche Materialauswahl, Eigenwahrnehmung des Körpers, Ausstellung mit Kunstwerken der Kinder, Exkursionen) (S. 8ff.).
ST	Der Bildungsbereich „Ästhetik und Kreativität“ betont die hohe Bedeutung, die dem eigenen Tun des Kindes zukommt und die enge Verflechtung dieses Bildungsbereichs mit allen anderen Bildungsbereichen/Lebensbereichen. Deshalb ist es wesentlich, Kinder in diesem Bereich zu stärken, damit sie sich als kompetent erleben und Ausdrucks- und Verarbeitungsmöglichkeiten erlernen. Drei Bereiche werden innerhalb der Ästhetik unterschieden: „darstellende Ästhetik“, „musikalische Ästhetik“ und „bildnerische Ästhetik“. Wichtige Erfahrungen, die Kindern ermöglicht werden sollten, sind z. B. Anregungen für alle Sinne zu erhalten, Anerkennung zu erfahren, Künstlern begegnen, Spuren hinterlassen. Für die pädagogischen Fachkräfte bedeutet dies, einerseits die Kreativität der Kinder anzuerkennen und andererseits die eigenen ästhetischen Erfahrungen zu überdenken. Eine Reihe von Leitfragen differenziert die Beobachtung des Kindes. Außerdem sind die pädagogischen Fachkräfte aufgefordert, die Umgebung des Kindes anregungsreich zu gestalten und eine Vielfalt an Materialien bereit zu stellen. Weitere Aspekte sind z. B. Museen besuchen, eigen Ausstellungen arrangieren, die Aktivitäten mit den Kindern verbalisieren (S. 63-69).
TH	Der Bereich „Künstlerisch-Gestaltende Bildung“ beschreibt es als ein Grundbedürfnis des Menschen, sich und seine Wahrnehmungen kreativ auszudrücken. Kindern soll dies ermöglicht werden und dadurch auch weitere Bildungsbereiche Unterstützung erfahren (z. B. Auswirkungen auf Mathematik, Sprache). Das freie Ausprobieren (Impulse gehen vom Kind aus) von vielfältigen Materialien / Techniken / Medien steht dabei im Vordergrund. Die Verbalisierung der Eindrücke gewinnt an Bedeutung (z. B. Phantasieren, Ausdrücken von Gefühlen). Die Kinder lernen Künstler und Kunstwerke kennen, Entdecken unterschiedliche Inhalte von Kunst und sprechen z. B. über harmonische Farbgebung. Zahlreiche Anregungen für die Umsetzung in die Praxis sind tabellarische aufgelistet (basale/elementare Bildung; personale / soziale / sachliche Dimension) (S. 95-101).
BL	Musik / Tanz
BW	Musik und Tanz gelten als nonverbale Ausdrucksmöglichkeit, als Körpererfahrung (S. 72, 75). Der ganzheitliche Blick richtet sich auf die Verknüpfung von inneren Bildern und der Verbindung unterschiedlicher Ausdrucksmittel: Musik und Sprache, Bewegung und Spiel (S. 83ff.).
BY	Der Bildungsbereich „Musik” geht auf unterschiedliche Aspekte der Persönlichkeit ein, die vom musikalischen Erleben beeinflusst werden: Wohlbefinden, Kreativität, soziale/kognitive Kompetenz, kulturelle Identität/interkulturelle Kompetenz, Sprachkompetenz, Zuhören, Körperbewusstsein/motorische Kompetenz. Die Bildungs- und Erziehungsziele beziehen sich auf den Bereich „Gemeinsames Singen und Musizieren und sich mit Musik ausdrücken“ (z. B. Singstimme entdecken, Lieder kennen, Freude entwickeln, Musik als Ausdrucksmöglichkeit erfahren) und den Bereich „Musik erleben und bewusst wahrnehmen“ (z. B. Quelle der Entspannung, Tänze unterschiedlicher Epochen kennen, Musikwerke kennen, Notenschrift). Musikalische Bil-

	dung hat im Kindertageseinrichtungen einen hohen Stellenwert, sodass vielfältige Querverbindungen zu anderen Bereichen möglich sind (z. B. Religiösität: Orgelmusik). Ein spielerischer und ganzheitlicher Ansatz steht im Mittelpunkt, wobei vor allem die emotionale Beteiligung der Kinder wichtig ist. Zu einer geeigneten Lernumgebung gehört viele Instrumente und eine musikalische sensible Atmosphäre. Aktivitäten sind das Singen (gemeinsames Singen, Singen und Sprechen, Singen und Gestalten), das Musizieren (Instrumente ausprobieren, das Instrumentalspiel, Instrumente selbst bauen) sowie das Musikhören (Stücke hören und in Bewegung umsetzen, Malen nach Musik, mit Instrumenten begleiten, Musikablauf graphisch darstellen). Verschiedene Praxisbeispiele werden dargestellt (z. B. Lieder/Tänze verschiedener Kulturen) (S. 335-353).
BE	Musik beeinflusst die kindliche Intelligenz und sein Sozialverhalten positiv. Zu beobachten ist, wie Kinder mit musikalischen Erfahrungen/Geräuschen aus der Umwelt umgehen. Bildungsziele sind z. B.: die eigene Stimme erproben und sie als Ausdrucksmöglichkeit erfahren, Instrumente probieren / erkennen / herstellen, mit anderen gemeinsam musizieren, Lautstärke/Tempo variieren, Tänze kennen und etwas über Musikkommerz wissen usw. Im Kindergartenalltag soll daher viel gesungen, musiziert und getanzt werden (Liedtexte, Emotionen bewusst machen, Instrumente zugänglich machen, Tänze unterschiedlicher Kulturen usw.), es werden anregende Räume/vielfältige Materialien (Bühne, Instrumente, Liedtexte und Noten, Kassettenrekorder, Computer usw.) benötigt und Projekte (Gruppensong, Tonaufnahmen, Orchesterbesuch, Orgelmusik in der Kirche, Wassermusik usw.) bieten den Rahmen zur vertiefenden Arbeit (S. 81-87).
BB	„Musik" wird als eigener Bildungsbereich aufgeführt. Zum Grundverständnis gehört das Wissen über die Wirkung von Musik auf soziale, emotionale und kognitive Entwicklung. Jeder Kindergarten verfügt über einen Raum, in dem Kinder mit frei zugänglichen Instrumenten musizieren können und einen Raum der Stille. Als Beispiel guter Praxis wird die Rhythmik als pädagogisches Verfahren vorgestellt. Daran schließen sich Hinweise zur Material- und Raumausstattung an (S. 10-13).
HB	Der Bildungsbereich „Rhythmik und Musik" sieht die Chancen zur Selbstbildung im Bereich der Musik in der umfassenden Förderung der Persönlichkeitsentwicklung und emotionalen Stabilisierung. Rhythmik stellt die Verbindung zwischen Musik, Sprache und Bewegung dar. Um die Selbstbildung der Kinder zu unterstützen, zielt die rhythmisch-musikalische Erziehung u. a. auf die Schulung der Wahrnehmung, Verfeinerung des Gehörs (z. B. durch Musikinstrumente), des Singens (Vorsingen, zusammen singen, mit Bewegung/Tanz), die Entwicklung der Sprache (S. 14f.).
HH	Der Bildungsbereich „Musik" fördert die kindliche Intelligenz und die innere Ausgeglichenheit, dabei bestehen Zusammenhänge zwischen bewussten Musikerfahrungen und sprachlichen Kompetenzen (Spracherwerb wird durch Singen und Lautmalerei unterstützt, Einklang von Atmung und Lautproduktion, Notensymbole sind ein Zugang zur Schriftsprache) und mathematischen Kompetenzen (Melodie und Rhythmus nach mathematischen Gesetzmäßigkeiten). Hilfreich sind instrumentale Begleitung und Tanz. Die Erkundungsfragen befassen sich mit dem Kind und seiner Welt (z. B. Singt/Summt das Kind gerne? Welche Geräusche erzeugt es? Wie setzt es seine Stimme/Bewegungen für Emotionen ein?), dem Kind in der Kindergemeinschaft (z. B. Welche musikalischen Erfahrungen bringen die Kinder mit? Werden zu Hause Instrumente gespielt?), dem erlebten Weltgeschehen (z. B. Welche Geräuschkulisse umgibt die Kinder in ihrer Umgebung? Wer kann mit den Kindern musizieren?) und mit der Kita-Kultur (z. B. Ist Singen in den Alltag integriert? Stehen Instrumente zur Verfügung? Wird Mehrsprachigkeit berücksichtigt?). Ziele innerhalb

	dieses Bildungsbereichs sind u. a. Singen können, mit der eigenen Stimme Emotionen ausdrücken und sich dessen bewusst werden (Ich-Kompetenzen); sich mitteilen, aufeinander hören, gemeinsam musizieren (soziale Kompetenzen); Liedtexte kennen auch in Platt, Melodie/Rhythmus einhalten, Instrumente kennen / nutzen / herstellen, Tonleiter kennen, Tänze/Theaterstücke kennen (Sachkompetenz); erkennen, dass gemeinsames Musizieren Absprachen erfordert, Techniken zum Verstärken von Stimmen/Tönen kennen, Musik als Markt erkennen (lernmethodische Kompetenz). Im Kindergartenalltag sollte z. B. das Singen Begleitung im täglichen Leben sein, Instrumente genutzt werden, Lieder und Tänze geübt werden usw. Daran schließen sich Anregungen für Spiele, Projekte und Materialien an, z. B. freier Zugang zu musikalischen Angeboten, Bühne aufbauen, einen Gruppensong komponieren, ein Orchester besuchen, Tänze/Lieder verschiedener Kulturen usw. (S. 54-58).
HE	Der Bereich „Musik und Tanz" betont die Stärkung der gesamten Persönlichkeit, ganz besonders in den Bereichen des aktiven Zuhörens, der Kontakt- und Teamfähigkeit, der Emotionalität, des Lernverhaltens und der Intelligenzleistungen, der kulturellen Einbettung, der Stärkung von Phantasie und Kreativität, der motorischen Entwicklung und des Körperbewusstseins sowie der Sprachentwicklung. Die Bildungs- und Erziehungsziele umfassen drei Bereiche: den Bereich der Wahrnehmung und des Erlebens (z. B. Musik zur Entspannung/als Trost, Freude am gemeinsamen Singen/Musizieren, Musikarten unterscheiden, Elemente der Musik/ des Tanzes kennen, Melodiebausteine/Liedformen erfassen), den Bereich des Ausdrucks (z. B. die eigene Sprech- und Singstimme entdecken, Musikinstrumente erkunden, improvisieren, Tänze kennen, eigene Gefühle ausdrücken) sowie den Bereich musikalischen Wissens (z. B. Grundverständnis von Tönen/Noten, Fachausdrücke kennen, Bau von Instrumenten) (S. 78ff.).
MV	Der Teilbereich „rhythmisch-musikalische Erziehung" (Bildungsbereich „Musik, Ästhetik und bildnerisches Gestalten") ist untergliedert in die Erfahrungsfelder „Singen, Sprechen, Stimmbildung" (z. B. Lieder/Singstimme kennen, Melodien erfinden), „Bewegen und Tanzen" (z. B. Bewegungen zur Musik, Tänze/Improvisation, Körper als Instrument, Rhythmik, Koordination), „Spielen mit Instrumenten und Materialien" (z. B. Musizieren, Echo-Spiele, Improvisation zu Geschichten), „Musikhören" (z. B. zuhören, differenzieren, Instrumente unterscheiden, Hörspiele) (S. 57-63). Die Erfahrungsfelder „Darstellen, Gestalten, Tanzen" und „Rhythmisches Bewegen und Tanz" (Bildungsbereich „Bewegung") gehen auf die Verbindung von Rhythmus und Bewegung ein, z. B. klatschen, stampfen (S. 41ff.).
NI	Musik/Tanz sind Lernbereiche der „Ästhetischen Bildung". Der ganze Köper kommt als Ausdrucksmittel zum Einsatz (Ganzheitlichkeit). Singen, Rhythmus, Klang, Bewegung spielen zusammen. Kinder lernen Instrumente kennen. Sie erfahren die soziale Seite des miteinander Musizierens. Analysefragen. (S. 28f., 53).
NW	Keine Angaben
RP	Die Bedeutung der Musik für die gesamte Entwicklung des Kindes wird herausgestellt. Ziel dabei ist, Gefühle musikalisch auszudrücken und einen Zugang zur Musik zu finden. Deshalb sollen Kinder die Möglichkeit erhalten, Töne / Rhythmen / Stimme / Instrumente / Musikrichtungen kennen zu lernen (S. 48).
SH	Der Bildungsbereich „Musisch-ästhetische Bildung und Medien" beschreibt den kognitiven und emotionalen Einfluss des Themenfelds „Musizieren" (Lieder, Instrumente, Rhythmen, klassische/moderne Musik) (S. 24).

SL	Musik dringt in den nonverbalen/seelischen Bereich vor (S. 15).
SN	„Musik“ sowie „Tanz und Theater“ sind inhaltlich dem Bildungsbereich „Ästhetische Bildung“ zugeordnet. Musik wird als Schlüssel zur Kreativität verstanden, sie spricht die sinnliche Wahrnehmung an und ist eng verknüpft mit Bewegungen. Kinder sollten die Möglichkeit bekommen, ihre Stimme auszuprobieren, unterschiedliche kulturelle Musikrichtungen zu hören, die Natur als musikalisch zu erleben, den Rhythmus zu spüren usw. (S. 4ff.).
ST	Siehe Kunst/Ästhetik. Musik spricht die Gefühle an und fördert die Entwicklung des Kindes in allen Bereichen (S. 63).
TH	„Musikalische Bildung“ bezieht sich insbesondere auf Kommunikation / Ausdruck / Wahrnehmung / Gesang / Instrumente / Medien. Kinder sind von Beginn an sensibilisiert für Musik und das was sie ausdrückt. Zur eigenen Umsetzung benötigen sie Impulse durch die Bezugsperson (z. B. gemeinsames Singen, Klänge erzeugen, musizieren), die sich offen gegenüber den Äußerungen des Kindes gibt. Wichtig sind reichhaltige Angebote, die die Kinder anregen zu musikalischen Aktivitäten (z. B. Tanzlieder und Bewegungsspiele, Improvisation, Klangmöglichkeiten des Körpers, Gestaltungsmittel der Musik, Aufführungen, Kontraste / Nuancen erleben, Reflexion) Zahlreiche Anregungen für die Umsetzung in die Praxis sind tabellarische aufgelistet (basale/elementare Bildung; personale / soziale / sachliche Dimension) (S. 87-92).
BL	Literatur
BW	Keine Angaben
BY	Ein Schwerpunkt der Literacy-Erziehung ist der Umgang mit Büchern (Bilderbuch-Betrachtung, Vorlesen und Erzählen, Besuche in der Bibliothek, Bilderbuchausstellungen usw.) (S. 216f.). „Literaturkompetenz“ als literacy-bezogene Kompetenz (S. 210).
BE	Der Bildungsbereich „Kommunikation: Sprachen, Schriftkultur und Medien“ stellt die Frage, ob Kinder Schriftsprache auch in Form von Literatur erfahren (S. 68).
BB	Der Bildungsbereich „Sprache, Kommunikation und Schriftkultur” nennt als Beispiel guter Praxis die Bilderbuchbetrachtung. Diese stellt eine Einführung in Kulturtechniken (Buch und Schriftkultur, Literatur) dar. Das Bilderbuch gehört zur Kindergartenkultur (S. 8).
HB	Keine Angaben
HH	Kindern wird durch das Heranführen an Bücher eine neue Welt eröffnet. Ihre Freude an Sprache muss aufgegriffen werden, um ihnen die Möglichkeit zu geben, kunstvoll mit Sprache umzugehen und damit zugänglich zu werden für die Welt der Poesie, des Theaters und der Literatur (S. 40). Erleben Kinder Sprache als Literatur/Kunstform? Werden Märchen verschiedener Kulturen erzählt? (S. 43).
HE	„Literaturkompetenz“ wird im Zusammenhang mit der Entwicklung von Literacy genannt. Dabei ist es wesentlich, das Interesse des Kindes an Büchern und Geschichten frühzeitig zu wecken, damit seine Freude am Lesen und sein Interesse an Schrift geweckt und erhalten bleibt (S. 72f.).
MV	Der Bildungsbereich „Sprechen und Sprache“ hat zum Ziel, Kindern Literatur als Bereicherung näher zu bringen, denn der Umgang mit vielfältigen Texten regt die Phantasie an und erweitert den Horizont. Das Erfahrungsfeld „Begegnung mit Texten und anderen Medien“ unterscheidet Textarten (z. B. Gedichte, Bilderbücher, Geschichten, Sachliteratur, Märchen) nach ihrem Inhalt und den damit verbundenen Gestaltungsmöglichkeiten in der pädagogischen Arbeit. Im Mittelpunkt steht der Umgang mit

	Sprache (z. B. sprachliche Erscheinungsformen, Differenzierung von Sprache) und die bildende Funktion von Literatur (z. B. Deutungen, Phantasie, Erfahrungen, Kreativität, Wissen, Ausdrucksmöglichkeiten, Wertevorstellungen, Ästhetik) (S. 29ff.).
NI, NW, RP, SH, SL Keine Angaben	
SN	Siehe Literacy
ST, TH Keine Angaben	
BL	Lesen / Schreiben / Literacy
BW	Das Bildungs- und Entwicklungsfeld „Sprache" beschreibt als ein Ziel, Kinder im alltäglichen Umgang mit Schriftzeichen zu bestärken. Die an dieses Kapitel anschließenden Denkanstöße gehen auf Gelegenheiten ein, die die phonologische Bewusstheit stärken und Schreibanlässe bieten können: Silben klatschen, Sprachspiele, Merkzettel erstellen, Bücherangebot usw. (S. 93-97).
BY	Der Bildungsbereich „Sprache und Literacy" befasst sich u. a. mit der Entwicklung von Literacy. Zielsetzung ist die Entwicklung literacy-bezogener Kompetenzen, z. B. Verständnis/Gebrauch nicht-situativ gebundener Sprache, Begriffsbildung, Textverständnis, Bewusstsein für Sprache als Sprache, Sprachstile. Im pädagogischen Alltag wird die systematische Beobachtung von Sprache und Literacy hervorgehoben (Beobachtungsverfahren Sismik). Die Lernumgebung/Atmosphäre sollte sprachfördernd sein (z. B. Kinderbibliothek, Leseeckken, Schreibecken) (S. 208-213). Die Literacy-Erziehung bezieht unterschiedliche Aspekte in das pädagogische Geschehen ein: „Bilder- und Sachbücher, Märchen und Erzählungen" (Betrachten von Bilderbüchern, Vorlesen und erzählen, Besuch der Bibliothek usw.), „Laut- und Sprachspiele, Reime und Gedichte", „Rollenspiele, szenisches Spiel, Theater" (Handpuppenspiel, Theaterbesuche usw.), „Spielerische und ‚entdeckende' Erfahrungen mit Schreiben und Schrift" (Beispiele: Rollenspiele, Schreibecke, Hinweisschilder usw.), „Literacy-fördernde Lernumgebung" (selbstverständlicher Umgang mit Buch und Schrift) und „Einbeziehung der Eltern in die Literacy-Erziehung" (Eltern lesen vor, Ausleihe von Büchern usw.) (S. 216-219). Sprache und Literacy stellen einen zentralen Bildungsbereich dar, hierzu Praxisbeispiele/Projekte (S. 223-230).
BE	Der Bildungsbereich „Kommunikation: Sprachen, Schriftkultur und Medien" macht Vorschläge für das Entdecken von Schrift. Kinder sollen in ihrem Interesse an der Schriftsprache bestärkt werden, indem Erwachsene sich ihrer Vorbildrolle bewusst sind, häufig mit den Kindern lesen und Kinder die Möglichkeit erhalten, mit Schrift umzugehen (z. B. Stadtpläne lesen, Schriften anderer Kulturen entdecken, Zugang zu Wörterbüchern ermöglichen, Briefe schreiben, Projekte zu Medien/Zeitung, Projekt Drehbuch schreiben) (S. 61-69).
BB	Im Kindergarten werden die Fundamente für Lesen und Schreiben gelegt. Kindern muss hier die Möglichkeit gegeben werden, sich nach ihren Fähigkeit, der geschriebenen Sprache zu nähren (S. 6). Ihr Verhalten dabei beobachtet und dokumentiert und eine Dokumentensammlung angelegt. Eine Kinderbücherei, eine Schreibecke mit Papier und unterschiedlichen Schreibgeräten gehören zur Raumausstattung. Schriftsymbole ergänzen bildliche Symbole (S. 9).
HB	Erste Grundlagen für Lesen und Schreiben werden gelegt, indem die Neugier der Kinder an Schrift und Zeichen von den Fachkräften unterstützt wird (Buchstaben in die Einrichtung holen) (S. 21).
HH	Der Kindergarten stellt den Kindern Orte für Worte zur Verfügung: Leseraum, Schreibplatz, Anlauttabellen, eine Bibliothek mit Büchern usw. Schriftliche Symbole

	finden sich in allen Räumen (Geburtstagskalender, Beschriftungen usw.). Dies geschieht mit dem Ziel, die Sachkompetenz des Kindes zu stärken, z. B. Lautverbindungen zu hören, Zeichen zu erkennen/zu verwenden, Schreibutensilien zu benutzen, den eigenen Namen zu schreiben usw. Kinder sollen erfahren, dass Kommunikation u. a. über Schrift möglich ist (lernmethodische Kompetenz). Dafür muss z. B. erkundet werden, ob das Kind in der Kita unterschiedlichen Schriften und Zeichen begegnet, ob seine Neugier bezüglich Schriftsprache gefördert wird (S. 42-47).
HE	Der Bereich „Sprache und Literacy“ betont die Bedeutung reichhaltiger Literacy-Erfahrungen in der Kindheit für den Erwerb schriftsprachlicher Kompetenzen. Von besonderer Bedeutung für das Lesenlernen und den Schriftspracherwerb ist die Entwicklung der „phonologischen Bewusstheit“ (S. 72). Bildungs- und Erziehungsziele bezüglich literacybezogener Kompetenzen und Sprachbewusstsein sind z. B. eine sprachliche Abstraktionsfähigkeit zu entwickeln, Interesse an Schreiben und Schriftkultur zu zeigen, ein differenziertes phonologisches Bewusstsein zu entwickeln usw. (S. 73). Der Bereich „bildnerische und darstellende Kunst“ verweist darauf, dass mittels einer kreativen Begegnung mit Buchstaben und Wörtern ein neuer Zugang zur Schriftsprache eröffnet wird, der die Freude am Lesen und Schreiben fördert (S. 76).
MV	Das Erfahrungsfeld „Sprachbezogene Wahrnehmungsbereiche als Vorübung zum Lesen und Schreiben“ (Bildungsbereich „Sprechen und Sprache“) geht zunächst auf die Voraussetzungen für den Erwerb der Schriftsprache ein (visuelle / auditive Differenzierungsfähigkeit, Feinmotorik / Handmuskulatur). Weitere Inhalte sind u. a. die Artikulation von Lauten / Silben / Wörtern / Sätzen, Wortschatz, Grammatik (S. 31f.).
NI	Literacy wird als Konzept vorgestellt, das Kinder dabei unterstützt, die Zuordnung eines Lautes zu einem Symbol zu erlernen sowie Sprache zu abstrahieren. Analysefragen (z. B. Kennt das Kind die Funktion von sprachlichen Zeichen?) (S. 21).
NW	Keine Angaben
RP	Kindern soll ermöglicht werden, zu erfahren, dass Sprache ihre kommunikative Funktion auch mittels schriftlicher Symbole erfüllen kann. Deshalb wird das Interesse des Kindes an Schriftsprache unterstützt (Schriftbilder integrieren, Laut-Buchstabe-Zusammenhang) (S. 43).
SH	Integrative Sprachförderkonzepte/Literacyerziehung geschieht durch Vorlesen und Erfahrungen mit der Schriftkultur. Der Themenbereich „Strukturen von Sprache erkennen“ wirkt sich auf die Einübung phonologischer Bewusstheit aus (S. 19).
SL	Sprache und Schrift sind die Kommunikationsmedien einer Wissensgesellschaft (S. 15).
SN	Die Bedeutung des Vorlesens und der sensorischen Integration für das Lesen- und Schreibenlernen wird hervorgehoben (S. 7, 3). Der Bildungsbereich „Kommunikative Bildung“ befasst sich u. a. mit den Inhalten „Schrift und Medien“. Kinder sollen hier bei ihrer Entdeckung der Schriftkultur unterstützt werden. Im Zentrum steht dabei das Vorlesen und der Umgang mit Büchern und die Freude an Literatur (z. B. Bibliothek besuchen, Bücherecke, Schreibmaterialien) (S. 8ff.).
ST	Der Bildungsbereich „Kommunikation, Sprache(n) und Schriftkultur“ verweist auf die Notwendigkeit eines frühen Zugangs zur Schriftsprache, also zu Schriftzeichen und Symbolen. Dies wirkt sich auf die Gestaltung der Räume aus und auf das Verhalten der pädagogischen Fachkräfte, sie sind ein Vorbild im Umgang mit Sprache und Schrift (lesen, vorlesen, Infos aus Büchern entnehmen). Kinder sollen u. a. den Sinn von Symbolen erfahren und den eigenen Namen schreiben und lesen können (S. 49-53).

TH	Der Bildungsbereich „Sprachliche und schriftsprachliche Bildung“ hebt die Bedeutung neuer Medien hervor, die bei dem Erwerb der Schriftsprache einbezogen werden sollten. Als Vorläufer der Schriftkultur nimmt das Vorlesen einen festen Platz im Alltag ein (basale sprachliche Bildung, z. B. vorlesen und darüber sprechen). Kinder erkennen die Symbolfunktion von Sprache (z. B. Nachdenken über Sprache, Reime erfinden) und entwickeln ein Interesse für Schrift. Hierfür benötigen sie Erwachsene, die ihnen ein Vorbild sind, die z. B. Diktiertes niederschreiben oder mit den Kindern gemeinsam Zeichen zur Kommunikation erfinden. Kinder benötigen zudem, freien Zugang Schreibmaterialien. Vielfältige Anregungen zum Schriftspracherwerb sind tabellarisch aufgelistet (z. B. ältere Kinder als Schreib-/ Lesepaten, historische Schriftkulturen, Rollenspiele, Wortspiele, Kommunikation per Brief usw.) (S. 30f., 41-47).
BL	Theater
BW	Es wird die Frage gestellt (Themenkomplex „Körper"), wie Kinder angeregt werden können, in andere Rollen zu schlüpfen, zu Schauspielern (S. 78f.). Rollen- und Theaterspiel werden als Möglichkeit gesehen, sich mit dem Körper künstlerisch auszudrücken (S. 75). Im Bereich „Sinne“ wird die Frage gestellt, ob Kinder die Möglichkeit erhalten, Theaterspiel zu erfinden, zu gestalten und aufzuführen (S. 88).
BY	Der Bildungsbereich „Ästhetik, Kunst und Kultur“ beschreibt Bildungs- und Erziehungsziele im Bereich bildnerischen/darstellenden Gestaltens: Kinder sollen einen spielerischen Umgang mit Elementen des Theaters erproben können, in verschiedene Rollen schlüpfen, eigene Theaterspiele erfinden/aufführen, Stücke unterschiedlicher Autoren kennen (S. 311). Als Aktivität wird vorgeschlagen, z. B. im Rahmen von Projekten eigene Theaterstücke zu entwickeln (S. 321).
BE	Als Anregung zu einem Projekt wird im Zusammenhang mit dem bildnerischen Gestalten die Inszenierung kleiner Theaterstücke genannt (S. 75).
BB, HB, HH Keine Angaben	
HE	Bildungs- und Erziehungsziele innerhalb des Bereichs „Bildnerische und darstellende Kunst“ hinsichtlich Theater sind z. B. einen spielerischen Umgang mit Elementen des Theaters zu erweben, Theaterstücke unterschiedlicher Autoren zu kennen, eigene Theaterspiele zu erfinden und aufzuführen um dabei u. a. die Perspektive anderer einzunehmen (S. 77).
MV	Theaterspiel / Pantomime / Rollenspiel / Puppenspiel / Schattentheater usw. werden als Möglichkeiten zur Entwicklung und Förderung von Sprech- und Sprachfähigkeit oder im Rahmen ästhetischer Bildung beschrieben (therapeutische Wirkung: Ängste überwinden, Verhaltensweisen erprobt; Ausdrucksformen entwickeln) (S. 32f., 67).
NI	Die Lernbereiche „Ästhetische Bildung“ und „Körper-Bewegung-Gesundheit“ nennen das Theaterspiel als Möglichkeiten, körperliche Ausdrucksfähigkeiten zu erfahren (S. 27, 52).
NW	Theaterspiel oder Schattenspiel bieten im Umgang mit Komplexität Möglichkeiten für Gestaltungen (S. 17).
RP	Der Bildungs- und Erziehungsbereich „Theater, Mimik, Tanz“ betont die Bedeutung unterschiedlicher Darstellungsformen (Rollenspiel, Theater, Schattenspiel usw.) um einen Perspektivwechsel vollziehen zu können und die Ausdrucksmöglichkeiten des Körpers kennen zu lernen (S. 49).

SH	Der Bildungsbereich „Musisch-ästhetische Bildung“ führt das Themenfeld „Rollenspiele und Theater an (in andere Rollen schlüpfen, Ausdrucks- und Handlungsmöglichkeiten erweitern) (S. 24).
SL	Erzieherinnen regen u. a. Theaterspiele an (S. 17).
SN	„Tanz und Theater“ sind Bestandteil der „Ästhetischen Bildung“. Die enge Verknüpfung von Wahrnehmung und Bewegung ermöglicht es, über den Körper etwas auszudrücken, das sprachlich vielleicht nicht zu fassen wäre. Es ist darüber nachzudenken, welche Gelegenheiten (Situationen, Materialien) Kindern geboten werden, um ihre ästhetischen Erfahrungen in Tanz/Theater auszudrücken (Improvisation, Aufführung mit Bühne, Kunststücke usw.) (S. 6ff.).
ST	Keine Angaben
TH	Das Theaterspiel wird als ideale Spielform für soziales Lernen beschrieben, denn es eröffnet Kindern vielfältige Entwicklungsmöglichkeiten (z. B. soziale Interaktion, Absprachen treffen, eigene Bedürfnisse artikulieren, Kompromisse schließen) (S. 27). Die Bereiche der sprachlichen und kulturellen Bildung nennen den Theaterbesuch als Bildungsgelegenheiten (S. 47, 116).
BL	Philosophie / Ethik / Religion
BW	Das Bildungs- und Entwicklungsfeld „Sinn, Werte und Religion” thematisiert die christliche Tradition und gibt darüber hinaus Denkanstöße. Diese beziehen sich auf den Umgang mit religiösen und philosophischen Fragestellungen (menschliches Zusammenleben, religiöse Symbole, Achtung vor dem Leben, Gerechtigkeit usw.) und haben zum Ziel, Sinn- und Wertorientierungen zu kommunizieren (S. 113-120).
BY	Das Philosophieren mit Kindern gelingt in einer positiven Gruppenatmosphäre, in der Kinder mit Hilfe offener Fragen angeregt werden, nachzufragen und sich über für sie interessante Themen auszutauschen. Dabei werden ihre Kreativität, ihre kognitiven und sprachlichen Fähigkeiten gefördert (S. 429f.). Der Bildungsbereich „Werteorientierung und Religiosität“ zielt u. a. auf die Stärkung eines Sinn- und Wertesystems, das Verständnis von Wertigkeit und bietet Orientierungshilfen an. Die Bildungs- und Erziehungsziele sind darauf angelegt, dem Kind zu ermöglichen, seinen eigenen religiösen Standpunkt zu finden als auch anderen Glaubensansätzen offen gegenüber zu stehen. Folgende Teilbereiche werden thematisiert: „Mit vorfindlicher Religiosität und unterschiedlichen Religionen umgehen können“, „Sich in ersten Ansätzen unterschiedlicher Wertigkeiten im eigenen Handeln bewusst sein und Orientierungspunkte für entdecken“ (z. B. Konflikte aushandeln, mit schwierigen Situationen umgehen, Unterschiede als wertvoll erleben), „Fähig sein, eigene Sinn- und Bedeutungsfragen zu artikulieren und Antwortversuche zu erproben“ (z. B. Leben als Geschenk, nach Sinn/Bedeutung fragen) und „Sensibel sein für Sinn stiftende ganzheitliche Erfahrungszusammenhänge“ (z. B. Rituale, sakrale Räume, religiöse Feste). In den pädagogischen Leitlinien wird festgehalten, dass ethische/religiöse Bildung sich an den Bedürfnissen/Fähigkeiten der Kinder orientiert und in unterschiedlicher Ausprägung geschieht sowie einen stets auszuhandelnden Bereich darstellt. Lernumgebung/Atmosphäre sind geprägt von Offenheit und christlich-abendländischem/humanistischem Menschenbild. Die Vielfalt pädagogischer Umsetzungsmöglichkeiten wird aufgezeigt (z. B. biblische Geschichten, Thema „Sterben“) und mit Praxisbeispielen verbunden (z. B. Friedhofsbesuch) (S. 173-186). Die Entwicklung von Werten ist eine Basiskompetenz, sie beinhaltet die Bedeutung von Werten, die Bildung moralischer Urteile, die Sensibilität / Achtung gegenüber Andersartigkeit und die Solidarität mit Schwächeren (S. 63f.).

BE	Im Zusammenhang mit der Erläuterung des Bildungsverständnisses wird auf die Aspekte Ethik/Religion eingegangen und festgehalten, dass für den Bildungsplan die demokratischen Werte und Normen richtungweisend sind. Sinnfragen sind sehr bedeutsam für Kinder im Vorschulalter (S. 22f.).
BB	Keine Angaben
HB	„Kindliches Philosophieren" muss von den Fachkräften ernst genommen werden (S. 24).
HH	Kinder suchen ernsthafte Auseinandersetzungen mit Wertevorstellungen, Erwachsene greifen diese Gedanken auf und vertiefen sie in Gesprächen, Bilderbüchern usw. Kindertageseinrichtungen greifen Glaubensvorstellungen auf und geben dem Kind Raum, sich mit den Sinnfragen des Lebens (z. B. Gerechtigkeit, Streit, Freude, Frage nach Gott) zu befassen. Kinder entwickeln Wertschätzung gegenüber anderen Weltanschauungen und erfahren unterschiedliche Formen der Besinnlichkeit/ Spiritualität. Kinder gestalten z. B. religiöse Feste im Jahresverlauf und erleben eine funktionierende Gemeinschaft, bzw. werden in ihrem Selbstverständnis gestärkt (S. 13).
HE	Philosophieren soll zu kritischem Nachfragen anregen. Wichtig ist eine positive Atmosphäre, in der Kinder lernen, die Perspektive anderer einzunehmen, eigene Gefühle und Gedanken auszudrücken, Neugier zu entwickeln usw. Dabei werden kognitive/sprachliche Fähigkeiten und Kreativität gefördert (S. 97f.). Der Bereich „Religiosität und Werteorientierung" betrachtet Kinder als kleine Philosophen und Theologen, deren Freude am unbefangenen Fragen und der Suche nach Antworten bewahrt werden soll. Es geht darum, Kindern Orientierungshilfen anzubieten, die ihr Selbstwertgefühl und ihre Selbstbestimmung unterstützen. Wichtiges Bildungs- und Erziehungsziel ist es, eine Grundhaltung zu entwickeln, die geprägt ist von einer Wertschätzung anderer Menschen, der Natur und der Schöpfung. Dabei werden drei Bereiche berücksichtigt: Sinn- und Bedeutungsfragen (z. B. das Leben als Geschenk erleben, religiöse Feste erleben, Rituale kennen), Wertesystem (z. B. Wertigkeit der eigenen Person und Wertigkeit anderer Menschen, Konflikte lösen, Unterschiede als wertvoll wahrnehmen), sowie unterschiedliche Religionen (z. B. andere Kulturkreise und Religionen kennen) (S. 84-87).
MV	Keine Angaben
NI	„Ethische und religiöse Fragen; Grunderfahrungen menschlicher Existenzen" ist ein Lernbereich, der sich mit den Sinnfragen der Kinder beschäftigt. Diese Fragen der Kinder müssen ernst genommen werden. Kinder befassen sich mit emotionalen Themen, bei deren Bewältigung Geschichten helfen können. Um sich an Werten zu orientieren, brauchen Kinder Erwachsene, die ihnen Vorbild sind, Rituale im Alltag, Möglichkeiten des Rückzugs usw. (S. 30f.).
NW	Keine Angaben
RP	Erzieherinnen müssen offen sein für Sinnfragen der Kinder und ihnen mit Anregungen dabei helfen, selbst Antworten zu finden. Der Bildungs- und Erziehungsbereich „Religion" ist Teil der allgemeinen Bildung und damit Aufgabe jeder Kindertageseinrichtung. Kinder sollen für religiöse Fragen sensibilisiert werden und der Kindergartenalltag ist entsprechend zu gestalten (z. B. Lieder, Gebete, Biblische Erzählungen, Schöpfung Gottes usw.) (S. 50-54).
SH	Der Bildungsbereich „Religion, Philosophie und Ethik" nennt folgende Themenfelder: „Sich mit Sinnfragen des Lebens auseinandersetzen" (z. B. Leben/Tod, Glück/ Unglück, Frieden/Streit), „Vielfalt der Religionen kennen lernen" (z. B. Glaube drückt sich in unterschiedlichen Religionen aus, sinnstiftende Bedeutung), „Spirituelle Sensibilisierung" (z. B. religiöse Feste, sakrale Räume), „Miteinander leben" (z. B. Respekt, Regeln, Grenzen) und „Philosophieren" (z. B. staunendes Fragen) (S. 22f.).

SL	Religiöse Bildung ist Bestandteil der Allgemeinbildung (S. 15).
SN	Der Bildungsbereich „Religiöse Grunderfahrungen und Werteentwicklung" thematisiert den Umgang mit Sinn- und Bedeutungsfragen der Kinder. Der Leitbegriff dieses Bereichs lautet „Vertrauen" (Entwicklung sozialer Identität). Inhaltlich werden folgende Themenbereiche benannt (Querschnittsthemen): „Religiöse Bildung" (z. B. philosophische Fragen nach Sinn/Herkunft), „Orientierungskompetenz" (z. B. weltanschauliche Fragen), „Kulturelle Kompetenz" (z. B. Geschichte des Christentums), „Handlungskompetenz" (z. B. Werte, Normen, Strukturen), „Ausdruckskompetenz" (z. B. andere Religionen achten) (S. 1-9).
ST	Der Bildungsbereich „(Inter)kulturelle und soziale Grunderfahrungen" thematisiert Erfahrungen des Kindes bezüglich Ausdrucks von Bedürfnissen, Rechte der Kinder und Werte/Normen des Zusammenlebens (S. 60).
TH	Sprachliche und künstlerische Bildung stellt das Philosophieren der Kinder/mit Kindern als Situation dar, Gedanken / Wahrnehmungen / Utopien zu vertiefen und auszudrücken (S. 49, 97, 102). Mit der Entwicklung eines Wertebewusstseins und der reflektierten Auseinandersetzung mit Werten und Normen befasst sich der Bildungsbereich „Soziokulturelle und moralische Bildung". Anregungen für die Praxis ist z. B. das Vorlesen von Bilderbüchern, Märchen und Geschichten (gut/böse) durch die Bezugsperson, Gespräche über Emotionen (Konflikte), Rollenspiele (Einüben von Normen), Beobachtungen der Natur (Sinnfragen zu Leben und Endlichkeit) usw. An dieser Stelle findet sich eine Liste von beispielhaften Fragen und Impulsen, die Gespräche anregen zu Themen, die das Kind selbst oder seine Lebenssituation betreffen (z. B. belastende Situationen/Trauer, Gerechtigkeit, Krankheit, gemeinsames Spielen, Frage nach Gott) (S. 104-115).
BL	Demokratie/Partizipation
BW	Eine frühe Partizipation von Kindern (z. B. in Kinderkonferenzen) wird als wichtig erachtet (S. 72). Es wir gefragt, welche Möglichkeiten es für Kinder gibt, Verantwortung zu übernehmen und für die Gemeinschaft einzustehen (S. 119).
BY	Die Fähigkeit/Bereitschaft zur demokratischen Teilhabe ist eine Basiskompetenz (S. 65f.). Der Bereich „Mitwirkung der Kinder am Bildungs- und Erziehungsgeschehen (Partizipation)" betont zunächst das Recht der Kinder auf Selbst- und Mitbestimmung. Kinderbeteiligung wird als Kernstück von Bildungsqualität und Demokratie beschrieben. Kinder werden dabei in allen Kompetenzbereichen gefördert, ganz besonders in der Erweiterung ihrer Sprachkompetenz. Bildungs- und Erziehungsziel ist die Beteiligung des Kindes an Entscheidungen, die es betreffen. Folgende Kompetenzen werden angesprochen: „Soziale Kompetenzen" (z. B. eigene Bedürfnisse ausdrücken, Konflikte lösen, Standpunkte anderer akzeptieren), „Fähigkeit und Bereitschaft zur demokratischen Teilhabe" (z. B. Entscheidungen gemeinsam treffen, Gesprächsregeln, Kompromisse, Frustrationstoleranz) und „Fähigkeit und Bereitschaft zur Verantwortungsübernahme". Im pädagogischen Alltag ist die Entwicklung einer „Partizipationskultur" wesentlich (Reflexion der Erwachsenenrolle, dialogische Grundhaltung) Pädagogische Fachkräfte müssen über bestimmte Methoden-/Moderationskompetenzen verfügen, um Kindergespräche angemessen moderieren zu können. Umfassende Kinderbeteiligung beinhaltet verschiedene Elemente, z. B. die Gestaltung der pädagogischen Beziehung, der Stuhlkreis am Morgen, die Befragung der Kinder, ein Wunsch-/Kummerkasten, Kindern Verantwortungsbereiche zu übertragen, aktives Aushandeln von Regeln, die Kinderkonferenz usw. Praxisbeispiele/Projekte (S. 401-426).

BE	Kinder werden angeregt, sich im Alltag in der Gemeinschaft zu beteiligen und Verantwortung zu übernehmen (S. 34). Damit Kinder demokratische Strukturen kennen lernen und sich an der Gestaltung des Alltags beteiligen können, ist es notwendig diesen Alltag auch tatsächlich demokratisch aufzubauen (es folgen Anforderungen an die pädagogischen Fachkräfte) (S. 122).
BB	Im Kindergarten erlernen Kinder die Voraussetzungen für Demokratie: Regeln aushandeln, andere Weltanschauungen akzeptieren (S. 23).
HB	Das Kind erfährt, dass Erfahrungen gemeinsam getroffen werden. Dabei erfährt es sich als selbstwirksam, z. B. werden Ideen und Vorschläge des Kindes im Alltag umgesetzt (S. 5, 24). Kinder sind an Entscheidungen und Planung zu beteiligen, z. B. Bewegungsbahn gemeinsam planen und aufbauen oder gelenkte Spiele gemeinsam besprechen (S. 6, 13, 19). Demokratische Grundhaltungen, Toleranz, Solidarität entwickeln sich, wenn Kinder in ihrer Einzigartigkeit geachtet werden (S. 5f.).
HH	Im Kindergarten machen Kinder die ersten Erfahrungen mit den Spielregeln der Gesellschaft und lernen dabei, was Demokratie ausmacht. Das Kind hat ein Recht gehört zu werden und darf mitentscheiden, was dazu führt, dass es sich beteiligen und Verantwortung übernehmen will (S. 75). Kinder sollen erste Erfahrungen mit Abstimmungsprozessen sammeln, Kompromisse finden usw. (S. 36).
HE	Kinder müssen demokratische Grundprinzipien am eigenen Leib erfahren können, durch Beteiligung und Kooperation. Bildungs- und Erziehungsziel ist die Entwicklung des Kindes zu einem autonomen und mündigen Staatsbürger. Dafür muss das Kind u. a. bestimmte Gesprächsregeln einhalten lernen, andere Ansichten respektieren, die Grundzüge eines demokratischen Systems/Rechtssystems verstehen usw. (S. 90). Der Bereich „Kooperation und Beteiligung" beschreibt die Beteiligung von Kindern als von zentraler Bedeutung für das Fortbestehen einer Demokratie. Damit ist die Mit- und Selbstbestimmung von Kindern gemeint. Ziele einer gelebten Demokratie sind, Kindern zu ermöglichen ihre emotionalen/sozialen Kompetenzen (z. B. eigene Bedürfnisse/ Meinung äußern, Perspektivübernahme) und demokratischen Kompetenzen (z. B. Gesprächsregeln, Aushandeln von Kompromissen, Konfliktmanagement) zu erproben, sowie ihnen die Möglichkeit zu geben, Verantwortung für sich und andere zu übernehmen (S. 113f.).
MV	Keine Angaben
NI	Kinder nehmen ihrem Alter und ihrer Entwicklung angemessen an Entscheidungen des Alltags teil und lernen dabei die Grundwerte einer demokratischen Gemeinschaft kennen (S. 10). Z. B. an Pinnwänden können Vereinbarungen/Beschlüsse festgehalten werden (S. 52).
NW	Keine Angaben
RP	Kinder erleben Demokratie, indem sie an Entscheidungen im Kindergartenalltag teilhaben, z. B. Regeln aushandeln, freie Materialauswahl, Kinderkonferenz usw. (S. 85). Wichtiges Kriterium situationsorientierten Lernens ist die Beteiligung der Kinder an der Erarbeitung pädagogischer Angebote (S. 86).
SH	Die Partizipation der Kinder ist die Basis für Bildung, sie sind an den Bildungsprozessen beteiligt (S. 9). Deshalb ist die Beteiligung der Kinder ein Querschnittsthema und liegt allen Bildungsbereichen zugrunde (S. 13). Partizipation wir verstanden als ein pädagogisches Prinzip und ist mit Anforderungen an die Erzieherinnen/Erzieher verbunden (z. B. Kinder als Subjekte mit eigenem Recht anerkennen, Interessen der Kinder erfassen, mit den Kindern in Dialog treten usw.) (S. 15).
SL	Der Kindergarten ist ein Lernort für demokratische Grundprinzipien, hier sollen Kinder ein Gemeinschaftsgefühl entwickeln, Solidarität und Verantwortung üben (S. 10).

SN	Der Bildungsbereich „Soziale Bildung“ befasst sich inhaltlich mit Demokratie in der Kindertageseinrichtung und stellt die Bedeutung der Meinungsbildung heraus (S. 9f.). In den Grundlagen des Bildungsplans wird festgehalten, dass Kinder stärker in Entscheidungsprozesse einbezogen werden sollen (kindliche Partizipation) (S. 10).
ST	Das Kapitel „Fachliche Grundorientierungen“ befasst sich mit der Notwendigkeit von Partizipation als Grundlage für Selbstbildungsprozesse. Kinder müssen im Alltagsgeschehen an Entscheidungen beteiligt werden, Voraussetzung sind pädagogische Fachkräfte, die diese Übernahme von Verantwortung und das sich Beteiligen vorleben (S. 34f.).
TH	Die Orientierung an den Bedürfnissen des Kindes geht mit der Teilhabe des Kindes an Entscheidungs- und Gestaltungsprozessen einher. Kinder erfahren demokratische Grundprinzipien, gewinnen an Kompetenz (Selbstwirksamkeit) und Selbstbewusstsein. Vertrauen und Gleichberechtigung sind seitens der Erwachsenen die Voraussetzung für eine echte Partizipation der Kinder in wichtigen und alltäglichen Entscheidungen (z. B. Tagesablauf, Raumgestaltung, Gruppengespräche, Kinderkonferenzen, pädagogische Arbeit) Zur Umsetzung finden sich vielfältige Anregungen (S. 23ff.).
BL	Unterschiede zwischen Menschen
BW	Vielfalt und Unterschiedlichkeit haben viele Ausdrucksformen. Die gemeinsame Erziehung von Kindern mit und ohne Behinderung wird für alle Beteiligten als förderlich und bereichernd betrachtet. Individuelle Entwicklung soll gefördert werden (S. 41-44).
BY	Der Bildungsbereich „Umgang mit individuellen Unterschieden und soziokultureller Vielfalt“ hebt die Lernmöglichkeiten bei erweiterter Altersmischung hervor. Hierauf beziehen sich auch die Bildungs- und Erziehungsziele, d. h. Kinder erlernen in der Interaktion mit älteren/jüngeren Kindern eine Vielzahl sozialer Kompetenzen (z. B. Rücksicht nehmen, sich selbst als Vorbild anerkennen und dadurch eigenes Verhalten reflektieren). Es folgen Anregungen zur Umsetzung. Ein weiterer Unterpunkt ist die Erziehung von Jungen und Mädchen (Geschlechtssensible Pädagogik). Der nächste Unterpunkt befasst sich mit Kindern aus verschiedenem kulturellem Hintergrund (-> Interkulturelles). Kinder, die in ihrer Entwicklung gefährdet sind (mit Behinderung / von Behinderung bedroht / „Risikokinder) sollen nach Möglichkeit mit anderen Kindern gemeinsam betreut werden (gleichberechtigte Teilhabe am gesellschaftlichen Leben). Folgende Prinzipien sind hier leitend: „Prinzip der sozialen Inklusion“ und „Prinzip des Vorrangs präventiver Maßnahmen“. Daran schließen sich unterschiedliche pädagogische Umsetzungsvorschläge an. Der letzte Unterpunkt befasst sich mit Kindern mit Hochbegabung, in diesem Zusammenhang wird auf die Notwendigkeit der inneren Differenzierung hingewiesen (S. 129-171).
BE	Das Hauptaugenmerk liegt auf kulturellen Unterschieden (z. B. sozial-kulturell, geschlechtlich-kulturell, ethnisch-kulturell), die als Bereicherung und Gelegenheiten des sozialen Lernens empfunden werden (S. 20ff.).
BB	Der Bildungsbereich „Darstellen und Gestalten“ birgt Chancen für benachteiligte Kinder (S. 14).
HB	Generationsunterschiede können Kinder erfahren, indem ältere Menschen in die pädagogische Arbeit einbezogen werden (S. 24). Eine gemeinsame Erziehung und Bildung von Kindern mit und ohne Beeinträchtigungen lässt Kinder wahrnehmen, wie verschieden Menschen in ihren körperlichen und geistigen Fähigkeiten sind (S. 23).

HH	Auch bei unterschiedlichen Voraussetzungen haben Kinder in der Kita gleiche Bildungschancen. Erzieherinnen überlegen, ob sie z. B. den Bedürfnissen von Jungen gerecht werden, Kindern unabhängig von ihrer sozialen Herkunft gleichermaßen Aufmerksamkeit widmen, besondere Beeinträchtigungen/Begabungen fördern (S. 13f.).
HE	Der Bereich „Umgang mit individuellen Unterschieden und soziokultureller Vielfalt" (S. 51-61) umfasst die Aspekte „Kinder verschiedenen Alters" (betont die sozialen Lernmöglichkeiten bei weiter Altersmischung, Kinder lernen im Austausch mit anderen Kindern), „Mädchen und Jungen" (Entwicklung der Geschlechtsidentität), „Kinder mit verschiedenem kulturellem Hintergrund" (Kulturelle Aufgeschlossenheit und Neugier, Zwei- und Mehrsprachigkeit, „Fremdheitskompetenz", (Sensibilität für unterschiedliche Formen der Diskriminierung), „Kinder mit verschiedenem sozioökonomischen Hintergrund" (Bildungs- und Erziehungsziele beziehen sich zum Einen auf die Kinder, die sozioökonomisch benachteiligt sind und zum Anderen auf alle Kinder einer Gruppe), „Kinder mit besonderen Bedürfnissen: (drohender) Behinderung, Hochbegabung" (präventive Maßnahmen, integrative Bildung, Förderung).
MV	Unterschiede zwischen Menschen bereichern das Zusammenleben (S. 25).
NI	Die kulturelle und soziale Vielfalt der Kindergartengemeinschaft bietet allen Kindern zahlreiche Lernfelder. Behinderte und nicht behinderte Kinder besuchen die Einrichtung gemeinsam (S. 10).
NW	Im Spiel sammeln Kinder Erfahrungen mit dem anderen Geschlecht, mit kulturellen Unterschieden und mit sozialen Differenzen (S. 17).
RP	Das Zusammenleben behinderter und nicht-behinderter Kinder ist für alle förderlich. Die Einzelintegration oder integrative Gruppen eröffnen ein Lernfeld für Toleranz und Solidarität (S. 83). Kinder aus Migrationsfamilien bereichern die Bildungsmöglichkeiten in Kindertageseinrichtungen (S. 76).
SH	Die „Förderung und Integration von Kindern mit besonderen Bedürfnissen" (individuelle Bildung steht im Vordergrund, ressourcenorientierte Pädagogik) und die „Interkulturalität" (Bildungszugänge zu eigener und fremder Kultur ermöglichen) sind Querschnittsthemen, die alle Bildungsbereiche betreffen (S. 13f.).
SL	Kinder entwickeln ein Bewusstsein für Unterschiede und Gemeinsamkeiten zwischen Menschen (S. 12).
SN	Im Rahmen „Sozialer Bildung" werden „Differenzerfahrungen" (Unterschiede zwischen Menschen bezüglich Kultur, Geschlecht, Fähigkeiten, Bedürfnisse) thematisiert. Kinder machen in der Interaktion vielfältige Erfahrungen mit Differenz und Gleichheit (S. 6f.).
ST	Im Rahmen der Darlegung der Grundorientierung geht es um „Diversität und Integration". Hier steht die Integration im Mittelpunkt und zwar hinsichtlich der Geschlechter, der Kulturen und der jeweiligen Voraussetzungen und Bedürfnisse, die jedes einzelne Kind mitbringt („kindzentrierte Pädagogik") (S. 35-37).
TH	Ein Kapitel befasst sich mit den individuellen Unterschieden von Kindern und den unterschiedlichen sozialen Umwelten, in denen sie aufwachsen. „Sozioökonomische Vielfalt" (Kinderarmut), „Soziokulturelle Vielfalt" (siehe Kulturelles), „Gender" (siehe Geschlechtssensible Pädagogik), „Behinderung und Entwicklungsrisiken" (integrative Erziehung, professionelle Kooperation), „Hochbegabung" (Differenzierung, Kooperation) sowie „Resilienz" (siehe Resilienz) (S. 17-21).
BL	Kultur / Interkulturelles
BW	Keine Angaben

BY	Kinder sollen ihre Wahrnehmungsfähigkeit entwickeln und Kultur erleben (S. 311). Kultur ist eingebettet in den Bildungsbereich „Ästhetik, Kunst und Kultur". Durch Exkursionen in Museen, Kirchen usw. lernen Kinder ihre Umgebung kennen und werden in ihrer ästhetischen Bildung angeregt (S. 316). Kinder erleben das Miteinander unterschiedlicher Kulturen als etwas Selbstverständliches (interkulturelle Kompetenz). Die Bildungs- und Erziehungsziele beziehen sich auf folgende Bereiche: „Kulturelle Aufgeschlossenheit und Neugier", „Zwei- und Mehrsprachigkeit", „Fremdheitskompetenz" sowie „Sensibilität für unterschiedliche Formen von Diskriminierung". Anregungen für die Umsetzung in der Praxis und Projektbeispiele (z. B. Projekte zu den Herkunftsländern der Kinder) (S. 141-152).
BE	Bildung wird als kultureller Prozess verstanden (siehe Unterschiede zwischen Menschen) (S. 20-22). Der Bildungsbereich „Soziale und kulturelle Umwelt" schlägt als Themenbereich u. a. vor: Familientraditionen, Migrationserfahrungen, Kita-Kultur, kulturelle Angebote vor Ort, Stadtgeschichte, historische Gebäude, kulturelle Veranstaltungen usw. (S. 53-59).
BB	Die Bildungsbereiche „Darstellen und Gestalten" und „Musik" entspringen unserer Kultur (S. 10, 14).
HB	Kinder wachsen in einer Gesellschaft auf, in der Menschen unterschiedlicher Kulturen zusammen laben. Sie müssen dabei unterstützt werden, mit Unterschieden umgehen zu können. Dafür sollen ihnen auch Kulturangebote außerhalb von Einrichtung und Elternhaus näher gebracht werden (S. 23f.). Für Kinder, die Kulturbrüche verarbeiten müssen, ist es wichtig, dass ihre Herkunftssprache geschätzt wird und sie von den Traditionen ihrer Herkunftsländer berichten dürfen (S. 33).
HH	Kindern werden Möglichkeiten zur „Welterkundung" gegeben. Deshalb soll darüber nachgedacht werden, welche Traditionen/Rituale in der Kita gepflegt werden, welche unterschiedlichen Familientraditionen die Kinder kennen usw. Hier bietet es sich an, Bilderbücher und unterschiedliche Gebrauchsgegenstände aus den Familienkulturen der Kinder zugänglich zu machen, Museen zu besuchen usw. (S. 34-38).
HE	Der Bereich „Gesellschaft, Wirtschaft und Kultur" nennt als Bildungs- und Erziehungsziele bezüglich „Kultur" z. B. das Wahrnehmen der eigenen Familienkultur, das Entwickeln einer Heimatverbundenheit bei gleichzeitigem Respekt vor anderen Kulturen, das Erkennen der historischen Perspektive usw. (S. 89). Interkulturelle Unterschiede müssen berücksichtigt werden (S. 127). Kinder benötigen „interkulturelle Kompetenz", d. h. sie erleben ein selbstverständliches Miteinander verschiedener Kulturen und Sprachen. Die Bildungs- und Erziehungsziele befassen sich insbesondere mit den Bereichen „Kulturelle Aufgeschlossenheit und Neugier", „Zwei- und Mehrsprachigkeit", „Fremdheitskompetenz" und „Sensibilität für unterschiedliche Formen von Diskriminierung" (S. 54f.).
MV	Die kulturellen Merkmale (Werte, Normen) einer Gesellschaft beeinflussen Bildungsprozesse maßgeblich (S. 14). Im Bereich der bildenden Kunst/Musik Sprache erfahren Kinder die Ausdrucksformen der eigenen/einer fremden Kultur (S. 26, 56).
NI	Unsere Kultur ist geprägt von der christlichen Tradition. Kinder lernen im Kindergarten fremden Kulturen/Religionen offen zu begegnen (S. 31).
NW	Kulturelle Differenzen wahrzunehmen (Besuch von Museen, öffentlichen Gebäuden) belebt den Forschergeist der Kinder (S. 21). Sprachen repräsentieren kulturelle Identität (S. 7). Kinder erfahren sprachliche Zeugnisse unterschiedlicher Kulturen. Die Zweisprachigkeit von Kindern wird anerkannt. Migrantenfamilien werden in die Gestaltung des Kindergartens einbezogen (S. 19).
RP	Die Kultur (frühere Zeiten, Bauwerke usw.) ist, im Zusammenhang mit dem Ansatz des

	situationsorientierten Lernens, ein Erfahrungsfeld, das sich den Kindern bietet (S. 88). Kindertagesstätten sind offen gegenüber anderen Kulturen. Kinder erleben das Zusammenleben mit Menschen unterschiedlicher Kulturen als Bereicherung (S. 56).
SH	Der Bildungsbereich „Kultur, Gesellschaft und Politik" hat zum Ziel, positive und offene Grundeinstellungen zu entwickeln. Als mögliche Themenfelder werden genannt: „Die Vielfalt familiärer Lebensformen kennen lernen", „Die Vielfalt kultureller Lebensformen kennen lernen" sowie „Einflussmöglichkeiten eröffnen und Verantwortung übernehmen" (S. 21f.).
SL	Erziehung und Bildung geschehen innerhalb einer kulturellen vielfältigen Gemeinschaft, was die Notwendigkeit eines immer neuen Werteaushandelns mit sich bringt (S. 15).
SN	Im Rahmen „Sozialer Bildung" wird auf kulturelle/interkulturelle Bildung eingegangen, insbesondere unter den Aspekten der „Differenzerfahrungen" und „Werte und Weltanschauungen" (S. 1-9).
ST	Der Bildungsbereich „(Inter)kulturelle und soziale Grunderfahrungen" geht auf den Zusammenhang von Selbst- und Fremderfahrungen ein, deren gemeinsame Basis sichere Beziehungen zu Bezugspersonen sind. Pädagogischen Fachkräften kommt die Aufgabe zu, Differenzerfahrungen bei den Kindern anzuregen und ihnen dabei zu vermitteln, den anderen wertzuschätzen. Die Kita selbst bietet mit der Gruppenzusammensetzung von Kindern aus verschiedenen Kulturen ein reichhaltiges Erfahrungsfeld, so dass Kinder in der Interaktion andere Kulturen kennen lernen (S. 57-62).
TH	Der Bildungsbereich „Soziokulturelle und moralische Bildung" beschreibt die Aspekte personale und soziale Identität als äußerst bedeutsam für die Persönlichkeitsentwicklung eines Kindes. Der Kultur kommt dabei die Rolle eines Rahmens zu, innerhalb dessen das Kind sich mit Werten / Normen / Kulturgütern usw. auseinandersetzt. Die Begegnung mit vielfältigen Kulturen ermöglicht es, die eigene Identität weiterzuentwickeln. Als Bildungsangebote werden u. a. genannt: das Pflegen von Traditionen, Besuch von Kirchen / Moscheen / Synagogen, Ausstellungsbesuche (S. 104-115, 18f.).
BL	Soziales Lernen
BW	Das Bildungs- und Entwicklungsfeld „Gefühl und Mitgefühl" thematisiert den sozial verträglichen Umgang mit den eigenen Gefühlen und das sich Einfühlen in andere Menschen. Dabei steht die Entwicklung einer Basis für emotionale Intelligenz im Vordergrund (S. 108-113).
BY	Soziale Kompetenzen bauen auf guten Beziehungen zu Erwachsenen und Kindern auf. Das Kind lernt empathisches Verhalten/Perspektivübernahme, wird in seiner Kommunikationsfähigkeit und Kooperationsfähigkeit gestärkt und lernt Konflikten angemessen zu begegnen (S. 61f.). Soziales Lernen findet in allen Bildungsbereichen statt, ist eine Basiskompetenz.
BE	Der Bereich des sozialen Lernens ist umfassend gestaltet: Jeder Bildungsbereich enthält einen Abschnitt, der sich mit den jeweiligen sozialen Kompetenzen des Kindes befasst und einen weiteren Abschnitt, der das Kind in der Kindergemeinschaft berücksichtigt (Analysefragen / Ziele / Bildungsaufgaben der Erzieherinnen) (S. 48f., 66f., 76f., 84f., 94f., 104f.). Der Bildungsbereich „Soziale und kulturelle Umwelt" hält zunächst fest, dass Kinder in der Gemeinschaft lernen sich mit anderen Kindern zu verständigen, sich zu einer Gruppe zugehörig zu fühlen (Ich-Kompetenzen), sich empathisch zu verhalten, Regeln auszuhandeln (Soziale Kompetenzen), gemeinsam zu arbeiten (Lernmethodische Kompetenzen). Die pädagogischen Fachkräfte geben Kindern Gelegenheiten sich zu äußern (Gefühle ausdrücken) und beteiligen sie an Entscheidungen im Alltag (weitere Praxisbeispiele/Projekte) (S. 53-59).

BB	Der Bildungsbereich „Soziales Leben“ beschreibt die Entwicklung sozialer Kompetenzen. Die Grundprinzipien des Zusammenlebens zu verstehen sowie das Aushandeln von Regeln gelingt in der Interaktion mit anderen Menschen. Eigensinn und Gemeinsinn werden als zwei Seiten einer Medaille beschrieben. Soziale Kompetenz entwickelt sich in einem Raum der Selbstbestimmung. Hierfür benötigen Kinder Gelegenheiten: ungestörte Ecken, Materialien für Rollenspiele, Eigentumsfächer usw. (S. 22-25).
HB	Soziales Verhalten erlernen Kinder im handelnden Umgang mit anderen Menschen. In der Einrichtung machen sie Erfahrungen mit den geltenden Strukturen und Regeln. Sie lernen u. a. Kompromisse einzugehen, machen Erfahrungen mit der Geschlechterrolle (S. 22ff.).
HH	Der Bildungsbereich „Soziale und kulturelle Umwelt“ befasst sich intensiv mit den sozialen Zusammenhängen, die die Grundlage für Bildung sind. Die Kindergruppe bietet Lernchancen: Kinder erfahren Unterschiede/Gemeinsamkeiten, äußern Wünsche, regeln Konflikte. Die Erkundungsfragen beziehen sich auf das Kind in seiner Welt (z. B. Wer gehört zur Familie des Kindes?), auf das Kind in der Kindergemeinschaft (z. B. Wie wirken sich soziale Unterschiede im Kindergartenalltag aus?), auf das Weltgeschehen (z. B. Gibt es lokale Feste?), auf die Kita-Kultur (z. B. Hat die Einrichtung ein bestimmtes Profil?). Ziele des Bildungsbereichs sind bezüglich der Ich-Kompetenzen des Kindes z. B. eigene Bedürfnisse angemessen zu äußern, sich zugehörig zu einer Gemeinschaft zu fühlen. Soziale Kompetenzen sind z. B. die Erwartungen anderer erkennen, richtiges von falschem Verhalten unterscheiden, Nein sagen können. Sachkompetenzen können z. B. sein, persönliche Daten zu kennen. Kinder lernen zu kooperieren und erkennen Zusammenhänge zwischen eigenem Verhalten und dem Verhalten anderer (lernmethodische Kompetenz). Aufgaben der Erzieherinnen sind dabei z. B. das Kind individuell zu begrüßen/verabschieden, Rituale zu pflegen, Kinderbücher (die Grundgefühle thematisieren) und Kinderfotos usw. in den Alltag zu integrieren (S. 34-38).
HE	Der Bereich „Kompetenzen zum Handeln im sozialen Kontext“ lässt folgenden Aspekten besondere Bedeutung zukommen: der Entwicklung sozialer Kompetenzen (z. B. Empathie, Kommunikation), der Entwicklung von Werten und Orientierungskompetenz (z. B. Teilhabe an Kultur, Solidarität), der Übernahme von Verantwortung, der demokratischen Teilhabe (S. 48f.). Es besteht eine enge Verknüpfung bei der Entwicklung sozialer und emotionaler Kompetenzen, daher beschreiben die Bildungs- und Erziehungsziele folgende Notwendigkeiten: ein emotionales Verständnis von sich selbst (z. B. eigene Gefühle erkennen und benennen können), das Erkennen der Gefühle anderer Menschen (z. B. Verhalten interpretieren) und diese bei der eigenen Bedürfnisbefriedigung zu berücksichtigen (z. B. Einfühlungsvermögen, Rücksichtnahme), Kontaktfähigkeit (z. B. auf andere zugehen, Konflikte aushandeln) und die Fähigkeit einen eigenen Standpunkt zu vertreten (z. B. sich nicht unter Druck setzen lassen) (S. 62ff.).
MV	Die Entwicklung sozialer Sensibilität (Empathie, Rücksichtnahme, Verantwortungsbereitschaft, Konfliktverhalten) beeinflusst den Umgang des Kindes mit seiner sozialen Umwelt und umgekehrt (S. 17). Jeder Bildungsbereich setzt sich mit den angestrebten sozialen Fähigkeiten auseinander, z. B. sich an Sprachvorbildern orientieren, Hilfestellungen geben, Bedürfnisse anderer erkennen usw. (S. 26, 35, 46, 56, 70). Besonders intensiv befasst sich der Bereich „Gemeinschaft-Natur-Sachen“ mit der Förderung sozialer Lernprozesse (S. 45f.).

NI	Der Lernbereich „Emotionale Entwicklung und soziales Lernen“ differenziert in personale und interpersonale Kompetenzen. Voraussetzung für soziales Lernen sind stabile Beziehungen und emotionale Stabilität im Zusammenleben. Emotionale Kompetenz ist die Grundlage für das Erlernen sozialer Kompetenz. Immer wichtiger werden die Beziehungen zwischen den Gleichaltrigen (Regeln, Grenzen, Bedürfnisse, Konflikt). Rollenspiele z. B. bieten die Chance Empathie zu entwickeln (S. 14f., 52).
NW	Kinder lernen, dass die soziale Gemeinschaft sprachlich geregelt ist (Bildungsbereich „Sprachen“), sie werden angeregt, ihre Bedürfnisse zu verbalisieren (S. 19).
RP	Der Bildungs- und Erziehungsbereich „Gestaltung von Gemeinschaft und Beziehungen“ befasst sich mit Kindern als sozialen Persönlichkeiten. Ziel ist, das Selbstbewusstsein von Kindern und die Wertschätzung anderer zu stärken. Kinder erwerben Handlungskompetenzen für das soziale Zusammenleben. Dafür müssen sie die Möglichkeit haben, z. B. eigene Bedürfnisse und Gefühle zu erkennen und auszudrücken, die Perspektive anderer einzunehmen, Freundschaften zu knüpfen, Konflikte zu lösen, Umgangsformen zu pflegen usw. (S. 54-56). Die Gruppenzusammensetzung (altersgemischt/-erweitert, homogen) beeinflusst die Möglichkeiten der Identifikation mit der sozialen Rolle, der Erprobung von Fähigkeit und Grenzen usw. (S. 82f.).
SH	Sozialkompetenz erlernen Kinder, indem sie in der Kindergartengemeinschaft z. B. Bindungsbeziehungen eingehen, empathisch auf andere Menschen reagieren, anderen helfen, Regeln einhalten und Konflikte konstruktiv lösen (S. 16).
SL	Die „Sozial-Kompetenz“ ist eine von vier Basiskompetenzen (helfen, Regeln aushandeln, Empathie usw.) (S. 14).
SN	Der Bildungsbereich „Soziale Bildung“ stellt den Leitbegriff „Beteiligung“ ins Zentrum der Überlegungen. Für das soziale Lernen wird in erster Linie das Spiel der Kinder (Rollenspiel, Aushandeln von Regeln) thematisiert (S. 1-5).
ST	Kinder machen soziale Grunderfahrungen, sie lernen z. B., ihre Bedürfnisse auszudrücken und die Bedürfnisse anderer zu akzeptieren, sie übernehmen Verantwortung und verständigen sich über Regeln (S. 60).
TH	Selbstkompetenz und Sozialkompetenz sind wesentliche Faktoren die die Entwicklung der Identität beeinflussen. Damit soziales Lernen gelingt (z. B. Solidarität, Empathie, Verantwortungsübernahmen, Konfliktfähigkeit) muss das Kind sich seiner eigenen Lage bewusst sein. In der sozialen Interaktion lernt es sich sozial zu verhalten. Der Bildungsbereich „Soziokulturelle und moralische Bildung“ beschreibt diese Entwicklung und die Bedingungen ausführlich. Als Anregungen für die Praxis finden sich tabellarisch aufgelistet u. a. folgende Beispiele: Kinder benötigen sicher Bindungen, sie nehmen an Gesprächen teil, lernen ihre Gefühle zu kontrollieren, spielen mit Kindern unterschiedlicher Entwicklungsniveaus, tragen Konflikte konstruktiv aus, erleben Partizipation, pflegen soziale Beziehungen usw. (S. 104-115).
BL	Körper
BW	Das Bildungs- und Entwicklungsfeld „Körper” hat zum Ziel, dass Kinder ein Gespür für ihren Körper und ein positives Körpergefühl entwickeln. Sie sollen ihren Körper als Ausdrucksmittel in z. B. Musik und Theater erfahren. Daran schließt sich ein Fragenkomplex an, der sich auf verschiedene Bewegungserfahrungen, Körperbewusstsein und Ausdrucksmöglichkeiten bezieht (S. 73-79).
BY	Folgende Bildungs- und Erziehungsziele des Bereichs „Gesundheit“ beziehen sich auf den Körper: „Bewusstsein seiner selbst“ (z. B. Aussehen, Signale des Körpers), „Kenntnisse über Körperpflege und Hygiene“ sowie „Körper- und Gesundheitsbewusstsein“ (z. B. Entspannung, körperliche Abläufe, Verantwortung für den eigenen

	Körper tragen). Praxisbeispiele beziehen sich z. B. auf die Körperpflege/Sauberkeit (S. 380f.). Der Bildungsbereich „Bewegung, Rhythmik, Tanz und Sport" hebt die Bedeutung körperlicher Aktivitäten für die positive Entwicklung des Selbstkonzepts und des Körperbewusstseins hervor (S. 356).
BE	Körpererfahrungen und damit die sinnliche Wahrnehmung stehen im Mittelpunkt des Bildungsbereichs „Körper, Bewegung und Gesundheit" (siehe Bewegung). Thematisiert werden hier u. a.: Körpergefühl, Körperpflege, Körperfunktionen, kulturelle Unterschiede im Umgang mit Körper, Signale des Körpers wahrnehmen, Wohlbefinden bewusst erleben, Geschicklichkeit, Koordination (S. 45-51).
BB	Keine Angaben
HB	Kinder entwickeln ein Gefühl für den eigenen Körper und seine Bedürfnisse (Bewegung, Entspannung, Hunger) (S. 16).
HH	Der Bildungsbereich „Körper, Bewegung und Gesundheit" verweist auf das komplexe Zusammenspiel von Körperwahrnehmung und emotionaler Wahrnehmung. Daran schließen sich Überlegungen an, z. B. wie wohl sich das Kind in seinem Körper fühlt, ob es die Körperfunktionen beherrscht, seinen Körper pflegt, ob kulturelle Einflüsse zu beobachten sind, ob das Kind Körperkontakt sucht, ob körperliche Verschiedenheit geachtet wird, ob es den Umgang mit Schmerz kennt, sich vor Kälte/Hitze schützen kann, ob es Üben als Methode zur Entwicklung körperlicher Fähigkeiten kennt. Aufgaben der Erzieherinnen sind deshalb u. a. Medien/Materialien zu Körper, unterschiedlichem Aussehen von Menschen, Sinnesräume usw. bereitzustellen, Projekte anzubieten (z. B. Wie sieht es im Körper aus? Besuch beim Arzt) (S. 28-33).
HE	Der Bildungsbereich „Gesundheit" sieht als Bildungs- und Erziehungsziel u. a. das Bewusstsein für den eigenen Körper und seine Bedürfnisse zu schärfen (z. B. Signale wahrnehmen, Auswirkungen der Gefühle) als auch Kenntnisse über Körperpflege und Hygiene vor. Körperliche Aktivität wird als wesentlich für die Vorbeugung von Krankheiten betrachtet und dient zudem einer Leistungssteigerung des Gehirns (S. 65-67).
MV	Der Bildungsbereich „Bewegungserziehung" beachtet u. a. folgende Aspekte: den eigenen Körper kennen lernen, körperliche Fähigkeiten/Selbstbild. Die Inhalte gliedern sich in unterschiedliche Erfahrungsfelder: Körperwahrnehmung/Entwicklung von körperlichen Fähigkeiten, sinnliche Wahrnehmung (Bewegung, Tasten, Gleichgewicht, Sehen, Hören), Ganzheitlichkeit (z. B. Bewusstsein / Kontrolle / Entspannung: Haltung, Funktionen, Atem) (S. 35-37). Das Erfahrungsfeld „Selbstwahrnehmung und soziale Umwelt" (Bildungsbereich „Gemeinschaft-Natur-Sachen") thematisiert das Ich des Kindes, u. a. Körperteile, Körpergefühle, Körpergröße, Grundbedürfnisse (S. 47-49).
NI	Der Lernbereich „Körper-Bewegung-Gesundheit" betont die Bedeutung von Bewegungen für die ganzheitliche Entwicklung von Kindern. Kinder sind interessiert an ihrer eigenen körperlichen Entwicklung und suchen Körperkontakt (S. 18f.).
NW	Keine Angaben
RP	Kinder sind dabei zu unterstützen, Verantwortung im Umgang mit dem eigenen Körper zu entwickeln. Dafür erhalten Kinder Gelegenheit, den eigenen Körper in vielfältigen Zusammenhängen zu erfahren und zu erproben, sich der Entwicklung des eigenen Körpers bewusst zu werden und Körperteile/Organe kennen zu lernen (S. 62f.).

SH	Der Bildungsbereich „Körper, Gesundheit und Bewegung“ geht auf Körperwahrnehmungen und Körperbewusstsein des Kindes ein. Es wir z. B. der Umgang mit Fingerfarben oder Pantomimen als Möglichkeit für körperbezogene Erfahrungen vorgeschlagen (S. 18).
SL	Körperliche Erfahrungen bilden die Grundlage vieler kindlicher Lernprozesse (S. 15).
SN	Körperliche Erfahrungen sind ein Aspekt der „Somatischen Bildung“, die sich auf den Leitbegriff des „Wohlbefindens“ konzentriert. Kinder lernen ihren Körper kennen und sammeln durch körperliche Wahrnehmungen Erfahrungen. Sie lernen ihre körperlichen Bedürfnisse zu äußern/zu befriedigen, eine gute Körperhaltung, den Umgang mit ihrer Sexualität (S. 1-6).
ST	„Körper, Bewegung und Gesundheit“ beinhalten elementare Erfahrungen des Kindes. Kinder werden als Handelnde verstanden, die z. B. erfahren sollten, sich in ihrem eigenen Körper wohl zu fühlen, eigene Bedürfnisse zu erkennen, Lust/Unlust körperlich zu spüren oder mutig zu sein. Pädagogische Fachkräfte sind angehalten zu beobachten, wie das Kind körperlich seine Emotionen zeigt, wie stark/schwach es seinen Körper empfindet usw. Z. B. müssen die körperlichen Bedürfnisse des Kindes bekannt sein und befriedigt werden (z. B. Zärtlichkeitsbedürfnis), es wird in seinen Stärken und in seinem Selbständigkeitsstreben unterstützt (z. B. Sauberkeitserziehung) (S. 43-48).
TH	Der Bildungsbereich „Motorische und gesundheitliche Bildung“ beschreibt die Orientierung des Kindes über seinen Körper (Körperteile, Geschlecht, Körperfunktionen, Körperpflege, Wahrnehmung von körperlichem Wohlbefinden, Unfallvermeidung) als eine Voraussetzung für gesundheitliches Bewusstsein. Sie Erwerben Wissen über ihren Körper (z. B. durch Sachbücher) und sprechen darüber (S. 52-60).
BL	Gesundheit / Ernährung
BW	Der Themenbereich „Körper” nennt die Bedeutung einer gesunden Ernährung für die Entwicklung der Kinder (S. 74, 76).
BY	Der Bildungsbereich „Gesundheit“ befasst sich in seinen Leitgedanken mit dem Gesundheitsbegriff, der Gesundheitsförderung, der Eigenverantwortung für den eigenen Körper, dem Umgang mit Stress sowie dem Zusammenhang von Gesundheit und sozialer Lage. Die Bildungs- und Erziehungsziele haben gesundheitsförderndes Verhalten zum Ziel. Folgende Aspekte werden berücksichtigt: „Bewusstsein seiner selbst“, „Ernährung“, „Kenntnisse über Körperpflege und Hygiene“, „Körper- und Gesundheitsbewusstsein“, „Sexualität“ sowie „Sicherheit und Schutz“). Gesundheitsförderung wird als durchgängiges Prinzip des pädagogischen Alltags beschrieben, daher bestehen zu vielen Bereichen Querverbindungen. Gesundheitliche Bildung wird aufgefasst als primäre Präventionsarbeit (Gesundheitsfürsorge, Suchtprävention, Beobachtung von Wohlbefinden/Gesundheit der Kinder). Der Kindergartenbereich muss gesundheitsfördernd ausgestattet sein. Rund um die Ernährung/ Gesundheit werden viele Aktivitäten / Praxisbeispiele / Projektbeispiele vorgestellt (S. 372-399).
BE	Kinder sollen lernen, für ihr eigenes Wohlergehen zu sorgen. Der Bildungsbereich „Körper, Bewegung und Gesundheit“ fragt z. B. nach Wohnverhältnissen, kulturellen Unterschieden, Beratungsangeboten usw. Mahlzeiten sollen in einer angenehmen Atmosphäre stattfinden und gesundes Verhalten wird gemeinsam thematisiert (S. 45-51).
BB	Anregungen zur Gestaltung von Mahlzeiten: flexible Essenszeiten, selbstständiges Tischdecken (S. 5).

HB	Eine ausgewogene Ernährung dient der Gesunderhaltung des Körpers. Nahrung dient der Versorgung des Körpers und hat auch einen emotionalen Anteil (Gemeinschaft, Lust am Essen) (S. 17).
HH	Die Gesundheitserziehung betont, wie wichtig es ist, die Körperwahrnehmungen des einzelnen Kindes zu achten. Deshalb thematisieren die Erkundungsfragen z. B. das Essverhalten des einzelnen Kindes, die Atmosphäre während der Mahlzeiten, die Beteiligung der Kinder an der Zubereitung der Mahlzeiten, das Verständnis von Hygiene, das Grundverständnis über den ungleichen Zugang zu Lebensmitteln / Wasser in der Welt. Im Kindergartenalltag sollen Kinder z. B. eine Vielfalt von Speisen kennenlernen, gemeinsam den Markt/eine Großküche besuchen usw. (S. 28-33).
HE	Der Bildungsbereich „Gesundheit“ hat zum Ziel, Kinder zu einem verantwortungsvollen Umgang mit ihrer Gesundheit zu erziehen. Folgende Bereiche werden u. a. genannt: Bewusstsein seiner selbst (z. B. Signale wahrnehmen), Ernährung (z. B. Essen als Genuss, hungrig/satt, Nahrungszubereitung), Sicherheit und Schutz (z. B. Gefahrenquellen erkennen, um Hilfe bitten), Gesundheitsbewusstsein (z. B. Gesundheitsförderung, Krankheitsversorgung) (S. 65f.).
MV	Kinder sollen Gesundheit und die dafür erforderliche gesunde Ernährung als wichtig für das Gefühl des Wohlbefindens erfahren (S. 45-48). Im Rahmen von Gesprächen kann über das Thema Gesundheit nachgedacht werden (S. 50).
NI	Kinder erlernen ein positives Ernährungsverhalten (z. B. gesundes Essen, gemeinsame Zubereitung) (S. 19).
NW	Keine Angaben
RP	Kinder lernen die Grundlagen einer gesunden Ernährung kennen, setzen sich mit Krankheit und Behinderung auseinander, erfahren Gesundheit erhaltende Maßnahmen, können ihre Genussfähigkeit entfalten (S. 62f.).
SH	Themen wie Gesunde Ernährung / körperliches Wohlbefinden / Hygiene spielen eine Rolle, bei der Auseinandersetzung mit Gesundheit/Krankheit (S. 18).
SL	Gesundheit ist die Voraussetzung für Bildungsprozesse und wird beschrieben als umfassendes körperliches / psychisches / soziales Wohlbefinden (S. 15).
SN	Gesundheit („Somatische Bildung“) bezieht sich auf körperliche, psychische und soziale Aspekte. Gesunde Ernährung, Körperhygiene und ein positives Selbstwertgefühl tragen zum Wohlbefinden des Kindes bei und erhöhen gleichzeitig seine Widerstandskräfte (S. 8ff.).
ST	Gesundheit (Bildungsbereich „Körper, Bewegung, Gesundheit“) wird als allgemeines Wohlbefinden definiert und muss daher im gesamten Kindergartenalltag unterstützt werden. Die Beobachtungen der pädagogischen Fachkräfte beziehen u. a. auf das Essverhalten des Kindes und seine Bedürfnisse mit ein. Kindern wird ermöglicht, Mahlzeiten mit zu gestalten und gemeinsam einzunehmen (S. 43-48).
TH	Der Bildungsbereich „Motorische und gesundheitliche Bildung“ geht auf die enge Verknüpfung der beiden Aspekte Bewegung und Gesundheit/Wohlbefinden ein. Die soziale Lage der Familie des Kindes beeinflusst wesentlich seine Gesundheit / Ernährung / Bewegung. Daraus ergibt sich die Notwendigkeit, auch die Eltern in die Angebote gesundheitlicher Bildung einzubinden. Folgende Anregungen für die Praxis werden gemacht, z. B. gemeinsames Kochen, den Zusammenhang von Ernährung und Gesundheit reflektieren, Mahlzeiten gemeinsam einnehmen, Erwachsene haben Vorbildfunktion (S. 52-60).

BL	Sexualität
BW	Ein Denkanstoß zum Bildungs- und Entwicklungsfeld „Körper" befasst sich damit, wie das Kind dabei unterstützt werden kann, seine Geschlechtsidentität zu entwickeln und ein Grundwissen über Sexualität zu erweben (S. 78).
BY	Der Bereich der Sexualität wird innerhalb der Bildungs- und Erziehungsziele „Gesundheit" berücksichtigt: Entwickeln einer positiven Geschlechtsidentität, Grundwissen, Wissen um eigene Intimsphäre, Nein sagen (S. 375). Aktivitäten in der Praxis sind die Sexualerziehung (nicht offensiv) und die Prävention von sexuellem Missbrauch (Umgang mit Gefühlen, Nein sagen usw.) (S. 383, 389).
BE	Fragen zur Sexualität werden der Situation angemessen beantwortet (S. 45), kulturelle Unterschiede berücksichtigt (S. 47).
BB, HB Keine Angaben	
HH	Fragen zur Sexualität werden situationsangemessen beantwortet. Erzieherinnen könnten sich im Team über Ausdrucksformen kindlicher Sexualität austauschen. Ziel ist, dass das Kind ein positives Verhältnis zur eigenen kindlichen Sexualität hat. Auf der Ebene der Sachkompetenzen soll das Kind ein Grundverständnis für die kulturellen Unterschiede im Umgang mit Sexualität entwickeln. Unterstützend kann die Erzieherin auf z. B. Bilderbücher zu diesem Thema zurückgreifen (S. 28-32).
HE	Die Bildungs- und Erziehungsziele hinsichtlich Sexualität sind eingebettet in den Bildungsbereich „Gesundheit": Kinder sollen eine Geschlechtsidentität entwickeln, in der sie sich wohl fühlen, sie sollen unbefangen mit dem eigenen Körper umgehen, ein Grundwissen über Sexualität erwerben und ein Bewusstsein für die persönliche Intimsphäre entwickeln (S. 66).
MV	Keine Angaben
NI	Psycho-sexuelle und sozio-emotionale Entwicklung sind eng miteinander verknüpft. Der Lernbereich „Emotionale Entwicklung und soziales Lernen" verweist auf den hohen Stellenwert eines positiven Selbstwertgefühls (Schutz vor sexuellen Übergriffen) (S. 14).
NW	Keine Angaben
RP	Kinder haben ein natürliches Interesse am eigenen Körper. Sie erhalten Gelegenheit, ein zärtliches Körpergefühl zu entwickeln, ihre Intimsphäre zu schützen usw. (S. 62f.).
SH	Kinder befassen sich mit ihrer Sexualität und entdecken ihren Körper (S. 18).
SL	Keine Angaben
SN	Der Bildungsbereich „Somatische Bildung" befasst sich mit dem Zusammenhang zwischen Körper und Identität und greift dabei den Umgang mit dem Geschlecht/der Sexualität auf (S. 5f.).
ST	Die pädagogischen Fachkräfte beobachten die Bedürfnisse des Kindes nach Körperkontakt / Zärtlichkeit / kindlicher Sexualität (Bildungsbereich „Körper, Bewegung, Gesundheit") (S. 46).
TH	Äußerungen kindlicher Sexualität werden berücksichtigt (S. 56).
BL	Geschlechtssensible Pädagogik
BW	Jedes Kind soll sich als individuelle Person – als Mädchen oder Junge – anerkannt fühlen (S. 46).

BY	Geschlechtersensible Erziehung ist ein Themenkomplex des Bereichs „Umgang mit individuellen Unterschieden und soziokultureller Vielfalt“. Leitgedanke ist, dass die Erfahrungen der Kinder in der Kindertageseinrichtung für die Entwicklung der sozialen Geschlechtsidentität entscheidend sind. Zielsetzung ist die Entwicklung einer Geschlechtsidentität, mit der sich das Kind wohl fühlt, dafür ist z. B. notwendig, dass die Geschlechter als gleichwertig/gleichberechtigt anerkannt werden, geschlechtsstereotype Erwartungen hinterfraget werden, andere aufgrund ihrer Persönlichkeit anerkannt werden usw. (S. 133f.). Geschlechtersensible Erziehung wird als Querschnittsaufgabe verstanden, so dass innerhalb der einzelnen Bildungsbereiche immer wieder auf die Grundhaltungen verwiesen werden (z. B. „Naturwissenschaften und Technik“, S. 273). Für den pädagogischen Alltag ist es wichtig, Situationen und Prozesse geschlechterbewusst zu analysieren. Koedukative sowie geschlechtertrennende pädagogische Aktionen werden der Situation angemessen angeboten. Auch „typische“ Jungen-/Mädchenaktivitäten werden unterstützt. Dem bewussten Umgang mit Sprache wird besondere Bedeutung beigemessen (weibliche Formen wählen). Anhand von Leitfragen wird eine pädagogische Reflexion zur Frage nach der Nutzung von Räumen/Angeboten durch Mädchen/Jungen angeregt (Praxisbeispiel: Kuschelecke/Sprossenwand) (S. 135-140).
BE	Im Rahmen der Bildungsbereiche Mathematik / Naturwissenschaften / Technik wird die Gleichberechtigung von Jungen und Mädchen betont, bzw. nach beobachtbaren Unterschieden gefragt (S. 90, 92, 100, 102).
BB	Keine Angaben
HB	Bezugspersonen ermöglichen Kindern neue Erfahrungen mit der Wahrnehmung der Geschlechterrolle, wenn sie in ihren Aktivitäten nicht auf starre Rollenbilder festgelegt sind (S. 23). Unterschiede des Geschlechts sind zu achten, doch werden daraus keine unterschiedlichen Rechte abgeleitet (S. 6).
HH	Das Selbstbild von Mädchen und Jungen wird durch gesellschaftliche Rollenvorstellungen und durch Vorbilder beeinflusst. Da in Kindertageseinrichtungen in erster Linie Frauen die Bezugspersonen sind, muss darüber nachgedacht werden, ob die Bedürfnisse der Jungen ausreichend berücksichtigt werden. Einige Bildungsbereiche („Körper, Bewegung und Gesundheit“, „Mathematische Grunderfahrungen“, „Naturwissenschaftliche und technische Grunderfahrungen“) weisen auf die Besonderheiten von Jungen und Mädchen hin. Beispiele: Bestimmte Bewegungsformen werden Jungen bzw. Mädchen zugeschrieben, Aufgabe der Erzieherinnen ist es, stereotype Verengungen zu überdenken (S. 28); Mädchen verwenden mathematische Operationen in gleichem Maße wie Jungen, ihre Zugangsweisen sind individuell, jedoch nicht geschlechtsspezifisch (S. 60); auch naturwissenschaftliches Interesse ist unabhängig vom Geschlecht (S. 66).
HE	Der übergreifende Bereich „Mädchen und Jungen“ hält fest, dass die Jahre, die Kinder in Kindertageseinrichtungen verbringen, bei der Entwicklung der Geschlechtsidentität von großer Bedeutung sind und dem Kind ermöglichen sollen, ein differenziertes Bild der Geschlechterrollen zu entfalten. Dabei sollen insbesondere geschlechtsbezogene Normen hinterfragt werden (S. 53). Innerhalb der Bildungsbereiche „Mathematik“, „Naturwissenschaften“ und „Technik“ wir auf die Gleichberechtigung von Mädchen und Jungen hingewiesen (S. 80, 83).
MV	Die Bildungschancen von Mädchen und Jungen dürfen nicht durch geschlechtsstereotype Zuweisungen beeinflusst werden (S. 12). Unterschiede/Gemeinsamkeiten können mit den Kindern thematisiert werden (S. 48). Kinder entwickeln eine eigene Geschlechtsidentität (S. 45).

NI	Geschlechtsstereotype Zuweisungen sollten im Kindergartenalltag vermieden werden (S. 14, 23, 39). Jungen sollen unterstützt werden, sich feinmotorisch zu üben, Mädchen werden zu wilderen Bewegungsspielen ermutigt (S. 19). Männliche Bezugspersonen für die Kindergruppe sind erwünscht (S. 36).
NW	Die Bewegungsinteressen von Mädchen und Jungen werden berücksichtigt (S. 13).
RP	Unterschiede und Gemeinsamkeiten von Mädchen und Jungen werden in der pädagogischen Arbeit berücksichtigt. Stereotype Zuweisungen sollen durch neue Erfahrungsmöglichkeiten ersetzt werden, z. B. indem Männer stärker an Projekten beteiligt werden (S. 34f.).
SH	„Genderbewusstsein" ist ein Querschnittsthema, das für alle Bildungsbereiche relevant ist. Durch eine genderbewusste pädagogische Arbeit (z. B. Reflexion der eigenen Rollenvorstellungen) werden die Bildungsmöglichkeiten von Mädchen und Jungen erweitert (S. 13).
SL	Keine Angaben
SN	Es wird eine geschlechtssensible Wahrnehmung der Kinder in den unterschiedlichen Bildungskontexten gefordert, die den Bedürfnissen von Mädchen und Jungen gerecht werden soll (S. 4 / Kontexte, S. 8 / Grundlagen). Pädagogische Fachkräfte sollen geschlechtsreflektiert/geschlechtsbewusst handeln, indem sie Kindern ermöglichen, sich in ihrer eigene Rolle durch ausprobieren verschiedener Möglichkeiten hineinzufinden (S. 18f. / Grundlagen).
ST	Mädchen und Jungen benötigen eine Vielzahl von Identifikationsmöglichkeiten, um ihre eigene Identität zu entfalten (S. 35f. / Grundlagen).
TH	Mädchen und Jungen sollen auch geschlechtsuntypische Erfahrungen sammeln dürfen. Das Prinzip der Gleichberechtigung/Gleichbeachtung wendet sich gegen stereotype Verallgemeinerungen (S. 19).
BL	Anschlussfähige Bildungsprozesse / Übergang in die Grundschule
BW	Ein zentrales Thema ist die Weiterführung der jeweiligen Bildungs- und Entwicklungsfelder in der Grundschule, deshalb werden die Anknüpfungspunkte immer im Anschluss an die Themenkomplexe dargestellt. An alle sechs Bereiche schließt sich der Bildungsplan der Grundschule an (S. 79, 89, 98, 107, 112, 120). Kinder sollen bis zum Schuleintritt eine Reihe von Kompetenzen erworben haben, die die Bereiche Spiel, Feinmotorik, Sprache, sowie mathematisches und naturwissenschaftliches Wissen umfassen (S. 56).
BY	Der Übergang in die Grundschule wird im Rahmen von „Transitionen" thematisiert, wobei die Bewältigungsprozesse des Kindes und deren professionelle Begleitung im Mittelpunkt stehen. Kinder müssen bestimmte Kompetenzen erwerben, um die neuen Aufgaben bewältigen zu können. Auf der individuellen Ebene sind z. B. Basiskompetenzen und Erfahrungen mit der Schrift/mathematische Grundkompetenz wichtig. Zudem entwickelt sich seine Identität als Schulkind. Auf interaktionaler Ebene geht es um den Aufbau neuer Beziehungen. Und auf kontextueller Ebene müssen z. B. neue Lernanforderungen motiviert aufgegriffen werden (S. 118f.). Daher ist z. B. eine inhaltliche Anschlussfähigkeit von Vorteil (Sprachentwicklung, Erfahrungen mit der Schrift) (S. 121f.).
BE	Für die Bewältigung des Übergangs in die Grundschule ist es u. a. wichtig, dass das Kind Strategien zum Umgang mit Unsicherheiten erlernt hat, dass es weiß, was es schon alles weiß, dass es in seiner sprachlichen Entwicklung unterstützt wurde usw. (S. 116-119).

BB	Aufgabe des Kindergartens ist es, Kinder auf den Übergang zur Schule vorzubereiten. Die Schule knüpft an die vorangegangenen Bildungsprozesse an (S. 1).
HB	Kinder gehen aus gemeisterten Übergängen gestärkt hervor und gewinnen Selbstsicherheit (S. 37).
HH	Verschiedene Kompetenzen erleichtern dem Kind den Übergang in die Grundschule, z. B. das Bewusstsein darüber, schon Wissen erworben zu haben, ein ungefähres Zeitgefühl zu besitzen, sich ausdrücken zu können und die eigene Meinung zu vertreten usw. (S. 72-74).
HE	Die Grundsätze des Hessischen Bildungs- und Erziehungsplans gelten für vorschulische Einrichtungen und Grundschule (S. 28). Bildungsprozesse bauen aufeinander auf (S. 31). Der Übergang in die Grundschule wird von allen Beteiligten ko-konstruktiv bewältigt, wobei der Bewältigungsprozess des Kindes als wichtig betrachtet wird. Für die Kinder werden auf individueller, interaktionaler und kontextueller Ebene eine Vielzahl von Zielen und Kompetenzen beschrieben, z. B. das Einsetzen schulnaher Vorläuferkompetenzen, neue Beziehungen aufbauen, sich an der Schulkultur beteiligen (S. 108ff.).
MV	Der mathematische Bildungsbereich bildet die Grundlage eines in der Grundschule weiterführenden Prozesses (S. 69).
NI	Die Kooperation (z. B. fachlicher Austausch, Hospitationen, Kooperationskalender) zwischen Tageseinrichtung und Grundschule verbindet die Lernkulturen Kita-Gs. Im Zentrum stehen die Kompetenzen des Kindes, die darauf aufbauenden Lernschritte, die in der Grundschule folgen sollen, werden im Gespräch erarbeitet (S. 46).
NW	Eine Zusammenarbeit zwischen Kindergarten und Grundschule wird angestrebt (S. 8).
RP	Das Kapitel „Zusammenarbeit zwischen Kindertagesstätte und Grundschule“ beschreibt Formen der Zusammenarbeit, die eine kontinuierliche Unterstützung und Begleitung der Kinder ermöglichen sollen. Kinder müssen über elementare Kenntnisse und Fähigkeiten (sprachliche Kenntnisse, Schlüsselqualifikationen usw.) verfügen, auf denen sie in der Grundschule aufbauen können (S. 121-129).
SH	Eine enge Zusammenarbeit zwischen Kindertageseinrichtungen und Grundschulen ermöglicht es, an der Bildungsbiographie des Kindes anzuknüpfen (S. 11f.).
SL	Die Lernbereiche von Kindergarten und Grundschule bauen aufeinander auf und der Übergang des Kindes wird von beiden Institutionen gemeinsam vorbereitet (S. 18).
SN	Der Bildungsplan des Elementarbereichs und der Lehrplan der Grundschule sind inhaltlich und methodisch aufeinander abgestimmt. In dem Kapitel „Kooperation am Übergang zur Grundschule“ werden Basiskompetenzen aufgeführt, z. B. zuhören, fragen, Informationen beschaffen (S. 18-21).
ST	Die Kinder, ihre Familien sowie die Institutionen Kindergarten und Grundschule sind an einem gelingenden Übergang des Kindes in die Grundschule beteiligt (S. 8 / Grundlagen). Diese Zusammenarbeit wird in einem eigenen Kapitel „Übergang zur Grundschule“ thematisiert (S. 81-85).
TH	Der Bildungsplan umfasst die Altersspanne von 0 bis 10 Jahre. Jeder Bildungsbereich differenziert in basale, elementare und primare Dimensionen von Bildung. Der Bereich der primaren Bildung bezieht sich demnach auf Kinder im Grundschulalter. Bildungsprozesse werden konsequent weitergedacht und festgehalten. Formale Bildungsprozesse gewinnen an Bedeutung, Inhalte sind komplexer gestaltet. Für die Grundschule sind sowohl der Bildungsplan als auch der schulische Lehrplan bindend (S. 15f.).

5.2 Individuelle kindbezogene Bildungsinhalte

BL	Wahrnehmung / Rolle der Intuition
BW	Sinnliche Wahrnehmung wird als Grundlage für Lernprozesse beschrieben (S. 89). Kinder brauchen eine Vielzahl von Gelegenheiten sinnliche Erfahrungen (Erleben, Ausprobieren, Erforschen) in verschiedenen Bereichen (Alltag, Kunst, Medien, Natur usw.) zu machen (S. 81). Die Sinne (hören, sehen, riechen, tasten, schmecken) schulen und differenzieren, sich ihrer Leistung bewusst zu werden und Ausdrucksmöglichkeiten zu erproben sind erklärte Ziele innerhalb des Bildungs- und Lernfeldes „Sinne" (S. 85). Die Denkanstöße konkretisieren die Frage nach den Möglichkeiten der Sinneswahrnehmung und -schulung (S. 86).
BY	Wahrnehmungen der Sinne werden als Grundlage kognitiver Prozesse beschrieben. Die Entwicklung jener Kompetenzen kann von den pädagogischen Fachkräften durch Aufforderungen zum Beobachten/Befühlen usw. gefördert werden (S. 58). Der Bildungsbereich „Ästhetik, Kunst und Kultur" geht es ganz besonders um subjektive Wahrnehmungen, deren Ausdruck und Darstellung und Strukturierung (S. 309f.).
BE	Kinder setzen alle Sinne ein, um ihre Umwelt zu erkunden. Ergebnisse der Hirnforschung werden herangezogen, um die Bedeutung von Wahrnehmungen und damit verbundenen Emotionen für die kognitive Entwicklung darzustellen (S. 20). Kinder benötigen deshalb u. a. anregungsreich gestaltete Räume (S. 36). Insbesondere die Bildungsbereiche „Körper, Bewegung und Gesundheit" (körperliche Wahrnehmungen bilden die Basis) und „Bildnerisches Gestalten" (Empfindungen werden angesprochen) betonen die Bedeutung des konkreten Tuns/Wahrnehmens (S. 45, 71). Auch aus Sicht der pädagogischen Fachkräfte ist die Wahrnehmung des Kindes wesentlich (siehe Beobachtung).
BB	Der Bildungsbereich „Darstellen und Gestalten" rückt die Rolle der Wahrnehmung und damit die ganzheitliche Sicht auf die Bildungsprozesse von Kindern in den Vordergrund. Das Verstehen der Welt ist verknüpft mit sinnlichen Wahrnehmungen. Wahrnehmung wird differenziert durch eine Vielzahl von Möglichkeiten kreativen Schaffens (S. 14-17).
HB	Kinder lernen ganzheitlich, Wahrnehmen und Tun sind miteinander verbunden. Deshalb liegt allen Bildungsbereichen („Rhythmik und Musik", „Körper und Bewegung", „Spiel und Phantasie", „Sprachliche und nonverbale Kommunikation", „Soziales Lernen, Kultur und Gesellschaft", „Bauen und Gestalten", „Natur, Umwelt und Technik") das Prinzip des tätigen und forschenden Lernens zugrunde (S. 10). Wesentliche Grundlage für Wahrnehmung ist Bewegung (S. 16).
HH	Bildung wird u. a. beschrieben als sinnliche Erkenntnistätigkeit. Für erfolgreiches Lernen benötigen Kinder vielfältige Sinneswahrnehmungen (Bewegung, Tasten, Fühlen, Sehen usw.). Kinder erforschen die Welt selbsttätig, aktiv und mit allen Sinnen (S. 12). Der Bildungsbereich „Bildnerisches Gestalten" geht insbesondere auf die Wahrnehmungs- und Ausdrucksmöglichkeiten der Kinder ein (S. 48-53).
HE	Der Bildungsbereich „Bewegung und Sport" betont die Bedeutung von Bewegungserfahrungen als Sinneserfahrungen. Körperliche Aktivität steigert die Wahrnehmungsfähigkeiten des Kindes im Sehen, Hören, Fühlen und des Gleichgewichtsinns (S. 67f.). Wesentliche Bildungsbereiche sind „Bildnerische und darstellende Kunst" (S. 76f.) und „Musik und Tanz" (S. 78-80). Hier steht die sinnliche Wahrnehmung im Mittelpunkt, sowie Möglichkeiten, diese zu strukturieren und darzustellen.

MV	Das Sammeln von Erfahrungen, das Wahrnehmen mit allen Sinnen sowie die Differenzierung dieser Wahrnehmungen wird in allen Bildungsbereichen/Erfahrungsfeldern berücksichtigt. Im Zusammenhang mit der Körperwahrnehmung wird beispielsweise differenziert in taktile / kinästhetische / auditive usw. Wahrnehmungsbereiche (S. 36).
NI	Durch Wahrnehmungen entsteht das Weltbild des Kindes (S. 11). Kognitives Lernen basiert auf differenzierter Wahrnehmung mit allen Sinnen (S. 16). Insbesondere der Lernbereich „Körper-Bewegung-Gesundheit" geht auf die Verknüpfung von Bewegung und Wahrnehmung ein (S. 18).
NW	Jeder Bildungsbereich („Bewegung", „Spielen und Gestalten, Medien", „Sprache(n)", „Natur und kulturelle Umwelt(en)") befasst sich in einem Gliederungspunkt mit der Differenzierung der Wahrnehmungserfahrung. Dabei wird differenziert hinsichtlich Körpersinne, Fernsinne und Gefühle (S. 12, 14f., 18).
RP	Wahrnehmung ist ein Verarbeitungsprozess. Wahrnehmungen sind eng verbunden mit Bewegung und Sprache. Ziel ist es, Wahrnehmungen zu ordnen und zu differenzieren. Dafür benötigen Kinder die Möglichkeit, innerhalb emotionaler Beziehungen, mit allen Sinnen reichhaltige Erfahrungen zu sammeln (S. 39f.).
SH	Der Bildungsbereich „Körper, Gesundheit und Bewegung" stellt Köperwahrnehmungen / sinnliche Wahrnehmungen / sensorische Erfahrungen in den Mittelpunkt (S. 18). Bewegungs- und Wahrnehmungserfahrungen sollen durch die Erzieherin unterstützt werden, indem u. a. Räume/Materialien für vielfältige Erfahrungen zur Verfügung stehen (S. 29).
SL	Kinder erkunden die Welt mit allen Sinnen (S. 9). Der Bereich „Bildnerisches Gestalten" verweist auf den eigenen Zugang zur Wirklichkeit mittels ästhetischer Wahrnehmung (S. 15).
SN	„Wahrnehmen" stellt den Leitbegriff des Bildungsbereichs „Ästhetische Bildung" dar, wobei auf den Verarbeitungsmechanismus des Gehirns (Reizverarbeitung) hingewiesen wird. Reichhaltige Erfahrungsmöglichkeiten im Alltag (z. B. abwechslungsreiche Materialien) sollen alle Sinne ansprechen (S. 3f.). Alle Bildungsbereiche berücksichtigen die Bedeutung differenzierter / bewusster / sinnlicher Wahrnehmung.
ST	Wahrnehmungen werden mit Hilfe aller Sinne verarbeitet und führen zu Erkenntnis (S. 19). Die Wahrnehmung mit allen Sinnen bildet daher die Grundlage für weitere Bildungsprozesse ein Leben lang, z. B. im Bereich der Begriffsbildung (S. 29, 50) oder im ästhetisch/künstlerischen Bereich (S. 63).
TH	Die Wahrnehmung mit allen Sinnen sowie die Verknüpfung von Bewegung und Wahrnehmung bildet die Grundlage basaler Bildungsprozesse. Mit zunehmendem Alter werden diese Wahrnehmungen immer differenzierter und komplexer (S. 14, 77, 100).
BL	Welt konstruieren
BW	Bildung wird verstanden als ein selbsttätiger Prozess zur Weltaneignung und damit als Konstruktionsprozess (S. 19f.). Alle Bildungs- und Entwicklungsfelder („Körper", „Sinne", „Sprache", „Denken", „Gefühl und Mitgefühl", „Werte und Religion") beziehen sich auf diesen Grundgedanken.
BY	Kinder konstruieren ihr Verständnis von der Welt in der Interaktion mit anderen (S. 29).

BE	Kinder deuten ihre Erfahrungen subjektiv (Verweis auf Begriff „Konstruktion") und treten dabei in soziale Interaktion (Verweis auf Begriff „Ko-Konstruktion". Kinder eignen sich die Welt an, indem sie in ihr handeln und sich mit den Dingen und Menschen auseinandersetzen (S. 18). Vor allem das Spiel ermöglicht Kindern Weltkonstruktion (S. 34). Der Bereich „Bildnerisches Gestalten" hilft Kindern, ihr Verständnis von Welt kreativ auszudrücken (S. 71).
BB	Kinder machen sich von Geburt an aktiv ein Bild von der Welt (S. 1). Im Zusammenhang mit mathematischen/naturwissenschaftlichen Erfahrungen wird darauf hingewiesen, dass der aktive Prozess einer Sinnkonstruktion von der Alltagserfahrungen jedes Kindes ausgeht (S. 19).
HB	Jedes Kind konstruiert in aktiver Aneignung seine eigenen Bilder von der Welt (S. 8).
HH	Bildung ist ein aktiver Prozess, ist soziale Praxis, ist sinnliche Erkenntnistätigkeit. Je komplexer die frühen Erfahrungen sind, desto besser können Kinder mit späterer Komplexität umgehen (S. 11f.). Der Bildungsbereich „Bildnerisches Gestalten" geht insbesondere auf die Wahrnehmungs- und Ausdrucksmöglichkeiten der Kinder ein (S. 48-53).
HE	Bildung ist ein ko-konstruktiver Prozess. Kinder treten in Austausch mit der sozialen Umwelt und leisten einen aktiven Beitrag zur Aneignung der Umwelt (S. 28f.). Das Angebot von Lernanreizen wirkt sich auf die Entwicklung des Gehirns aus (sensible Phasen) (S. 32).
MV	Kinder eignen sich die Welt aktiv an und machen sich ein Bild von der Welt, indem sie nachdenken, sich ihrer Erfahrungen bewusst werden, mit anderen kommunizieren und neue Erfahrungen mit bereits gemachten Erfahrungen vergleichen (S. 14f., 50).
NI	Kinder konstruieren sich ihre Vorstellungen von der Welt, indem sie ihre Wahrnehmungen ordnen und strukturieren. In einem aktiven Selbstbildungsprozess entstehen Selbstbild/Weltbild (S. 11).
NW	Alle Bildungsbereiche („Bewegung", „Spielen und Gestalten, Medien", „Sprache(n)", „Natur und kulturelle Umwelt(en)") betonen in Form von Schwerpunkten die innere Verarbeitung durch Eigenkonstruktion, sowie den Umgang mit Komplexität und Lernen in Sinnzusammenhängen (S. 12f., 15-21). Das Spiel wir als zentrales Feld kindlicher Eigenkonstruktion hervorgehoben (S. 15).
RP	Das Kind ist aktiv Lernender, das in der Auseinandersetzung mit seiner Umwelt Sinn und Bedeutung sucht. Kinder sammeln Erfahrungen und entwickeln Vorstellungen von der Welt (S. 23f.). Je komplexer die frühen Erfahrungen sind, desto besser lernen Kinder mit späterer Komplexität umzugehen und entwickeln Lösungsstrategien (S. 26).
SH	Bildung wird in erster Linie als Selbstbildung beschrieben. Kinder sind für ihren Selbstbildungsprozess auf vielfältige Sinneserfahrungen angewiesen. Für die pädagogische Arbeit bedeutet dies, Kinder genau zu beobachten, ihnen zuzuhören und Bildungsprozesse dementsprechend zu planen (S. 7f.).
SL	Ein Absatz beschreibt „Bildung als Aneignungstätigkeit". Dabei wird darauf eingegangen, dass Kinder sich darum bemühen, zu einem Bild von sich selbst zu gelangen und dabei auch auf die soziale Gemeinschaft und auf Erfahrungen mit den Dingen der Welt angewiesen sind (S. 11ff.).
SN	Grundlegend wird festgehalten, dass Kindern Möglichkeiten geschaffen werden müssen, die ihnen dabei helfen, Erfahrungen zu ordnen und Welt zu konstruieren (S. 6).

ST	Kinder suchen aktiv nach Bedeutungen („kompetenter Säugling"), sie konstruieren Sinn indem sie neue Erfahrungen mit bereits Erlebtem vergleichen (S. 29, 19). Hierbei sind Kinder auf Erfolgserlebnisse angewiesen, die sie ansporner neue Erfahrungen machen zu wollen (S. 20).
TH	Jedes einzelne Kind entwickelt seine eigene Herangehensweise an das Geschehen und die Dinge der Welt. Soziale Beziehungen spielen dabei eine wichtige Rolle (Ko-Konstruktion) (S. 9-11). Insbesondere im Phantasiespiel konstruieren Kinder sich die Welt nach ihren Vorstellungen (S. 26).
BL	Spielen
BW	Spielen, Lernen und Entwicklung werden als untrennbar miteinander verbunden beschrieben (S. 35). Im Spiel setzt sich das Kind mit seiner Umwelt auseinander, diese Spiel- und Lernprozesse gilt es anzuregen (S. 32-37).
BY	Im Spiel drückt sich die Befindlichkeit des Kindes aus. Spielen und Lernen sind eng miteinander verbunden. Kinder lernen im Spiel und damit ist das Spiel eine grundlegende Lernform. Gesteuertes Lernen geht aus ursprünglichen Spielaktivitäten hervor (S. 31).
BE	Kinder handeln im Spiel selbstbestimmt und schaffen sich ihre Wirklichkeit. Sie lernen im Spiel, indem alle Sinne und vor allem die emotionale Seite angesprochen werden. Die pädagogischen Fachkräfte können das Spiel der Kinder anregen, unterstützen, variieren und Impulse geben (S. 34f.).
BB	Keine Angaben
HB	Der Bildungsbereich „Spiel und Phantasie" beschreibt das Spiel als die Grundlage aller schöpferischer Tätigkeit. Das Spiel der Kinder ist ernst zu nehmen. Im Spiel erfassen sie die Welt und verarbeiten Erfahrungen und Gefühle. Die Selbstbildung des Kindes kann unterstützt werden, indem es offene Spielsituationen und anregende Spielräume vorfindet, Spiele angeleitet werden (z. B. Nachspielen von Gehörtem) usw. (S. 18f.).
HH	Spielen ist eine selbstbestimmte, zweckfreie Tätigkeit, in der Kinder ihre Lebenswirklichkeit konstruiere/rekonstruieren. Das Spiel stellt eine Verknüpfung von Emotionen, allen Sinnen und geistigem/körperlichen Einsatz dar. Aufgabe der Erzieherinnen ist es, sich auf die Spiele der Kinder einzulassen, ohne es auf ein bestimmtes Lernziel hin auszurichten. Sie regen z. B. Spiele der Kinder an, ermöglichen elementare Erfahrungen, geben Impulse, unterstützen bei Konflikten (S. 18).
HE	Das Spiel ist eine informelle Lernform. Freispiel und von Erwachsenen geplante Lernaktivitäten sind gleichermaßen wichtig (S. 37).
MV	Das Spiel ist die Haupttätigkeit von Kindern .Spielen und Lernen gehen Hand in Hand. Das Spiel ist ein hochkomplexes Geschehen, das alle Sinne anspricht. Das Spiel lässt sich pädagogisch nutzen (z. B. Regeln lernen), doch dürfen initiierte Spielformen, die einen bestimmten Lernzweck verfolgen das ursprüngliche Spiel nicht zurückdrängen (Beobachtung) (S. 22f.). Pädagogisch-didaktisch wird von einem Miteinander von Spielen und Lernen ausgegangen (S. 24).
NI	Das Spiel wird in einem eigenen Kapitel als die elementare Lernform in der frühen Kindheit beschrieben. Im Spiel konstruieren Kinder ihre eigene Wirklichkeit und Verarbeiten dabei emotionale Ereignisse, Kinder spielen ernsthaft. Das Spiel ist eine zweckfreie Tätigkeit, denn die Handlung selbst ist das, worauf es ankommt. Doch werden im Spiel Fähigkeiten/Fertigkeiten eingeübt (z. B. Motorik, Ausdauer, Kooperation, Sprache) (S. 11, 37).

NW	Dem Spiel, insbesondere dem Bewegungsspiel, wird eine hohe Bedeutung beigemessen. Dabei wird die sinnliche Auseinandersetzung des Kindes mit seiner Umwelt betont. Auf die Verknüpfung mit den Gefühlen, der Sprache, den sozialen Beziehungen sowie den Umgang mit der sachlichen Umwelt wird ausführlich eingegangen (S. 14-17).
RP	Das Spiel ist eine Lernform und Spielen ist Welterfahrung, es ist zweckfrei und lustbetont. Aufgabe der Erzieher ist es, die Kinder in ihren Aktivitäten zu unterstützen (S. 84).
SH	Das Spiel ist wesentlicher Bestandteil früher Bildungsprozesse, denn im Spiel erschließen Kinder sich die Welt (S. 7). Im Spiel üben Kinder Verhaltensweisen ein, die sie später benötigen (S. 29).
SL	Das Spiel wir beschrieben als ein Verarbeitungsprozess, bei dem äußere Eindrücke in der Spielhandlung zu inneren Empfindungen in Beziehung gesetzt werden (S. 11).
SN	Das Spiel sowie das Lernen werden als Aneignungstätigkeiten des Kindes verstanden (S. 11). In den Grundlagen wird auf die Bedeutung des Spiels als eine Form der Lebensbewältigung eingegangen und die dabei eigenständig entstehenden Lernprozesse herausgestellt (freies Spiel vs. Beschäftigung durch Erwachsene). Im Spiel sind alle Sinne angesprochen und eine Trennung von Spielen und Lernen ist nicht möglich. Kinder sollen vielmehr in ihrer Kreativität und Phantasie angeregt und unterstützt werden, indem z. B. die Lernumgebung selbst zum Handeln auffordert (S. 14-17).
ST	Keine Angaben
TH	Die kindliche Entwicklung und das Spiel des Kindes sind eng miteinander verknüpft und bedingen sich gegenseitig. Die Abfolge der Spielentwicklung wird ausführlich dargestellt und tabellarisch einzelne Spieltätigkeiten innerhalb der Bildungsbereiche aufgelistet. Das Spiel stellt eine Form der Lebensbewältigung des Kindes dar, d. h. durch die Beobachtung des Kindes beim Spiel erfahren Erwachsene etwas über die Welt des Kindes (Inhalte / Motive / Verhalten). Spiele, die der Entwicklung des Kindes förderlich sind (z. B. Sprachentwicklung), können angeregt werden. Es folgen Beschreibungen der Spielkultur (Materialien / Räume / Partner / Zeit) und Anhaltspunkte zur Analyse kindlicher Spielwelten (gesellschaftliches Umfeld / Familie / Institutionen / Spielfähigkeit) (S. 26-29).
BL	Motorik / Bewegung
BW	Kinder sollen ihre grob- und feinmotorischen Fertigkeiten und Fähigkeiten differenzieren und erweitern (S. 75). Es wird die Frage gestellt, ob das kindliche Bedürfnis nach Bewegung im Kindergartenalltag berücksichtigt wird und wie die Feinmotorik beim Malen, Schneiden usw. gefördert werden kann (S. 77).
BY	Zu den physischen Kompetenzen des Kindes gehören Kompetenzen der Grob-/Feinmotorik (z. B. Bewegung, Geschicklichkeit, Körperbeherrschung) sowie die Fähigkeit, körperliche Anspannungen zu regulieren (S. 60f.). Der Bildungsbereich „Bewegung, Rhythmik, Tanz und Sport" sieht eine enge Verknüpfung zwischen dem Faktoren Bewegung und Gesundheit des Kindes als auch die Auswirkung auf seine gesamte Entwicklung. Die Bildungs- und Erziehungsziele betreffen die Bereiche „Motorik" (z. B. Bewegungserfahrungen, Kondition, Koordination), „Selbstkonzept" (z. B. Selbstwert, Selbstwirksamkeit), „Motivation", „Soziale Beziehungen" (z. B. Teamgeist, Regeln beachten), „Kognition" (z. B. Konzentration, Wissen) und „Gesundheit". Wesentlich ist eine geeignete Umgebung, die den Bewegungsbedürfnissen der Kinder gerecht wird (z. B. attraktives Außengelände, Bewegung im Wald /

	Schwimmbad / Rodelberg, Geräte, Räume, Materialien) Beispiele: Bewegungslandschaft, angeleitete Bewegungsstunde, Tanz (S. 354-370).
BE	Der Bildungsbereich „Körper, Bewegung und Gesundheit" verweist auf die zentrale Stellung von Bewegungen für Erkenntnisprozesse. Zielsetzungen sind dabei u. a., dass Kinder ihre eigene körperliche Geschicklichkeit erproben und dabei auch lernen Risiken einzuschätzen (Ich-Kompetenzen), dass sie in Bewegungsspiele mit anderen agieren (Soziale Kompetenz) und lernen, dass Bewegung ihrer Gesundheit gut tut (Lernmethodische Kompetenz). Räume, Materialien und Spielanregungen müssen vielfältig gestaltet werden, den individuellen Bewegungsbedürfnissen der Kinder entgegenkommen und selbstbestimmt genutzt werden können (S. 45-51).
BB	Im Bildungsbereich „Körper, Bewegung und Gesundheit" wird festgehalten, dass die Ganzheitlichkeit (Emotionen und Bewegung) des Menschen im Mittelpunkt steht. Der Bereich der Psychomotorik gehört zum Kindergartenalltag dazu. Die Bewegungsbaustelle steht beispielhaft für die Gestaltung von Räumen und Materialien. Die Motorik des Kindes ist eingebettet in die Verbindung von Körper, Seele und Geist. Eine Förderung muss dies berücksichtigen. Bewegung (toben, klettern, balancieren usw.) hat wesentlichen Anteil am Wohlbefinden von Kindern (S. 3ff.).
HB	Der Bildungsbereich „Körper und Bewegung" beschreibt körperliche Bewegung als Grundlage aller Entwicklung. Hier erfahren Kinder ihre Handlungsfähigkeit und ihre Grenzen. Die Einrichtungen müssen dem Bewegungsdrang der Kinder entgegenkommen und über entsprechende Räume/Materialien (Bewegungsbaustellen, Fühlbahnen, psychomotorische Angebote usw.) verfügen (S. 16f.). Die Feinmotorik wird beim Bearbeiten und Gestalten mit unterschiedlichen Materialien geschult (S. 25).
HH	Der Bildungsbereich „Körper, Motorik und Bewegung" weist auf die Bedeutung der Wahrnehmung für innere Verarbeitungsprozesse hin und fordert eine Raum- und Materialausstattung, die es den Kindern ermöglicht, zahlreiche Herausforderungen selbstbestimmt annehmen zu können, z. B. Klettern, Wasser, Sinnesparcours, Höhenunterschiede usw. Ziel ist z. B. dass Kinder Lust auf Bewegung haben und beweglich sind, körperliche Geschicklichkeit und Koordinationsvermögen, eigene Grenzen setzen und die Grenzen anderer akzeptieren, usw. (S. 28-33).
HE	Der Bildungsbereich „Bewegung und Sport" beschreibt Bewegung als Basis für die Gesamtentwicklung des Kindes. Bewegung und Denken sind miteinander verknüpft. Durch körperliche Aktivität erlangt das Kind Kenntnisse über seine Umwelt. Das Kind lernt sich einzuschätzen, stärkt durch Bewegung seine Kooperations- und Kommunikationsfähigkeit, baut Aggressionen ab. Die Bewegungsförderung zielt auf die Aspekte der Motorik (z. B. Bewegungserfahrungen sammeln), des Selbstkonzepts (z. B. Gefühle in Bewegungen ausdrücken), der Motivation (z. B. Freude und Neugier), der sozialen Beziehungen (z. B. Teamgeist entwickeln), der Kognition (z. B. Konzentration, Kreativität) und der Gesundheitsfürsorge (z. B. körperliches/ psychisches Wohlbefinden) (S. 67-68).
MV	Im Rahmen der „Bewegungserziehung" wird die Komplexität der Auswirkungen auf die ganzheitliche Entwicklung des Kindes beschrieben. Die Erfahrungsfelder umfassen die Körperwahrnehmung, die Schulung von Koordination und Kondition als auch sinnliche/ästhetische Aspekte. Dies beinhaltet Zielsetzungen und vielfältige Anregungen zu differenzierten Teilbereichen, so z. B. zu Gleichgewicht, Reaktionsvermögen, Orientierung, Rhythmus, Beweglichkeit, Ausdauer, körperliche Ausdrucksformen, Ausdauer, Geschicklichkeit, Spielen (Geschicklichkeit, in der Natur, nach Regeln usw.) Wesentlich ist in diesen Bereichen vor allem die aktive Auseinandersetzung des Kindes mit seinem eigenen Körper (bewusste Körperwahrnehmung und Körperbeherrschung) und seiner Umwelt (Handlungskompetenzen im Alltag) (S. 17,

	34-44). Auch im musischen Bereich („Musik, Ästhetik und bildnerisches Gestalten") spielen Bewegungen eine wichtige Rolle (S. 55-60).
NI	Die Verknüpfung von Bewegung und Wahrnehmung nimmt in der frühen Kindheit eine zentrale Stellung ein. Der Lernbereich „Körper-Bewegung-Gesundheit" fordert Freiräume und vielfältige Bewegungsmaterialien, in denen Kinder sich erproben können (z. B. Kraft, Geschicklichkeit) und ebenso Rückzugsmöglichkeiten zur Entspannung (z. B. Snoozeleraum). Fachliche Fortbildungen ermöglichen es Erzieherinnen, Kleingruppenförderung anzubieten (S. 18f.).
NW	Der Bildungsbereich „Bewegung" geht auf die motorischen Bedürfnisse von Kindern ein. Mit vielen Beispielen werden Bewegungsmöglichkeiten beschrieben und zu Wahrnehmungserfahrungen, innerer Verarbeitung, sozialen Beziehungen und Komplexität in Beziehung gesetzt. Beispiele für forschendes Lernen: Bewegungsbaustellen, abenteuerliche Unternehmungen, Raumgestaltung (S. 12ff.).
RP	Bewegung gehört zu den elementaren Ausdrucksformen des Kindes, mit denen sie ihre motorischen Fähigkeiten aufbauen. Kinder entwickeln Vorstellungen von sich selbst und der Welt. Sie müssen viele Gelegenheiten bekommen, unterschiedliche Bewegungsformen und -arten auszuprobieren, damit ihre Bewegungsfreude gestärkt ist. Um frühzeitig intervenieren zu können, sind Beobachtungen des Bewegungsverhaltens notwendig (S. 44ff.).
SH	Als erster Bildungsbereich wird der Bereich „Körper, Gesundheit und Bewegung" aufgeführt, welcher auf die Psychomotorik und die hier bestehenden Zusammenhänge zwischen Körpererfahrungen und der Entwicklung von Denkschemata verweist. Deshalb ist es notwendig, dass Kinder unterschiedliche Bewegungsanregungen/Angebote für Sinneserfahrungen erhalten (z. B. Wippen, klettern, Schaukeln usw.) (S. 18).
SL	Der Bildungsbereich „Körper, Bewegung und Gesundheit" betont die Bedeutung von Bewegung für kindliches Lernen und die Bildung von Gefühlen (S. 15).
SN	Der Bildungsbereich „Somatische Bildung" befasst sich inhaltlich mit „Bewegung". Dabei werden angesprochen: Bewegungsbedürfnis der Kinder, Kontaktaufnahme durch Bewegung, Verknüpfung motorischer und sensorischer Erfahrungen, Ausbildung kognitiver / emotionaler / sozialer / motorischer Fähigkeiten, Wohlbefinden, Anspannung / Entspannung (S. 6f.).
ST	Durch Bewegungen und konkretes Tun erlangen Kinder Einsichten über ihre Umwelt, sich bewegen und denken sind eng miteinander verknüpft. Bewegung wir als eine Form des Ausdrucks beschrieben. Der Bildungsbereich „Körper, Bewegung und Gesundheit" betont die Bedeutung einer dem Kind zugewandten Haltung seitens der pädagogischen Fachkräfte, die es dem Kind wiederum erst ermöglicht, seine körperlichen Ausdrucksformen zu erforschen. Hierzu benötigen Kinder u. a. anregend gestaltete Innen- und Außenräume, Erzieherinnen, die mitmachen und Rückzugsmöglichkeiten (Bereiche der Ruhe) (S. 43-48).
TH	Der Bereich „Motorische und gesundheitliche Bildung" hebt die Bedeutung von Bewegung für die gesamte Entwicklung in der frühen Kindheit hervor (Stimulation der Sinne). Bewegung bedeutet Kommunikation. In den Grundlagen wird detailliert auf die motorische Entwicklung des Kindes eingegangen (basale/elementare Entwicklung). Kinder benötigen vielfältige Bewegungsanregungen (tabellarische Darstellung) z. B. Raum, Materialien, Schaukel, Wiege, Tanz, Musik, Schwimmen, Radfahren, Ballspiele, Barfußlaufen usw. (S. 52-60).

BL	Emotionen / Selbstregulation
BW	Ziele des Bildungs- und Entwicklungsfeldes „Gefühl und Mitgefühl" sind das Entwickeln eines Bewusstseins für die eigenen Emotionen, angemessen zu reagieren, anderen Menschen (Tieren, Natur) gegenüber Mitgefühl zu zeigen. Die daran anschließenden Denkanstöße befassen sich mit den Möglichkeiten, wie Kinder ihren Gefühlen Ausdruck verleihen können (S. 109-112).
BY	Die emotionale Stimmung entscheidet über die Art und Weise des Lernens, denn positive/negative Gefühle beeinflussen das Lernverhalten (S. 29). Der Bildungsbereich "Emotionalität, soziale Beziehungen und Konflikte" hebt die Bedeutung der „meta-emotionalen" Ebene für die Fähigkeit der Emotionsregulation hervor. Ziel ist, dass Kinder zu einem emotionalen Verständnis von sich selbst gelangen (z. B. eigen Gefühle erkennen und verbalisieren, schwierige Situationen bewältigen) und auch die Gefühle anderer Menschen erkennen, deuten und berücksichtigen lernen (S. 186-189). Im pädagogischen Alltag ist eine Atmosphäre wechselseitiger Anerkennung Grundvoraussetzung für emotionale und soziale Bildung. Die Praxisbeispiele beziehen sich u. a. auf Konfliktlösungsstrategien und den Umgang mit Verlust/Trauer (S. 195-206).
BE	Im Verlauf der Bildungsprozesse sollen Kinder sich ihrer eigenen Gefühle bewusst werden und diese verbalisieren lernen (Ich-Kompetenz) (S. 27, 57, 65). Aufgabe der pädagogischen Fachkräfte ist es u. a., Kindern bei der Suche nach Begriffen für Gefühle zu helfen und mit ihnen über ihre Empfindungen zu sprechen (S. 33, 65, 67). Kinder lernen auch, ihren Emotionen im kreativen Tun Ausdruck zu verleihen (S. 28, 75).
BB	Die Erzieherin fragt sich regelmäßig, ob es den Kindern gelingt, ihre Bedürfnisse und Gefühle auszudrücken, bzw. die Gefühle und Bedürfnisse anderer wahrzunehmen und zu verstehen und wie Kinder dabei unterstützt werden können (S. 25). Das sprachliche Ausdrücken von Gefühlen wird unterstützt (S. 8).
HB	Kinder können ihre Gefühle mit Hilfe der Musik wahrnehmen (S. 14). In der körperlichen Bewegung werden Gefühle erlebt und mitgeteilt (S. 17). Im Spiel werden Gefühle verarbeitet und erst allmählich sprachlich zum Ausdruck gebracht (S. 18, 20).
HH	Kinder lernen eigene Gefühle, Bedürfnisse und Interessen angemessen zum Ausdruck zu bringen und die Bedürfnisse und Gefühle anderer wahrzunehmen und zu akzeptieren (S. 36).
HE	Emotionen begleiten das Lernen. Deshalb brauchen Kinder eine emotionale Atmosphäre, in der sie mit Freude lernen (S. 34). Der Bereich „Emotionalität und soziale Beziehungen" thematisiert den kompetenten Umgang mit eigenen Gefühlen und den Gefühlen Anderer. Das Kind soll ein emotionales Verständnis von sich selbst entwickeln (z. B. sich der eigenen Gefühle bewusst werden, sie verbalisieren), die Gefühle anderer Menschen erkennen (z. B. Verhalten richtig interpretieren), ein Verständnis/Rücksichtnahme entwickeln (z. B. eigene Bedürfnisse zurückstellen, Hilfsbereitschaft), Kontakte zu anderen Kindern gestalten (z. B. Kooperation, Kompromisse/Konflikte aushandeln) und eigene Interessen vertreten (z. B. Bedürfnisse zum Ausdruck bringen) (S. 62ff.).
MV	Unterschiedliche Bildungsbereiche befassen sich mit der zu entwickelnden Fähigkeit, eigene Gefühle zu erkennen und diese auszudrücken, z. B. Erfahrungsfeld „Selbstwahrnehmung und soziale Lebenswelt" (S. 47), sprachlicher Bereich (S. 32), musische und kreative Bildung (S. 56-64).

NI	Im Lernbereich „Emotionale Entwicklung und soziales Lernen“ steht die Verbindung beider Aspekte im Mittelpunkt. Damit Kinder emotionale Kompetenzen erwerben können (z. B. eigene Gefühle wahrnehmen / ausdrücken / regulieren und die Gefühle anderer erkennen) benötigen sie die soziale Interaktion. Diese zeichnet sich durch eine wertschätzende Atmosphäre (Gefühle der Kinder ernst nehmen) aus. Gespräche über Emotionen können unterstützt werden durch Rollenspiel oder Kinderliteratur (S. 14f.).
NW	Die Gefühle des Kindes sind zentral für die Differenzierung von Wahrnehmungserfahrungen. Jeder Bildungsbereich („Bewegung“ (S. 12), „Spielen und Gestalten, Medien“ (S. 15), „Sprache(n)“ (S. 18), „Natur und kulturelle Umwelt(en)“ (S. 20)) geht darauf ein. Z. B. Kinder unterstützen, bei Bewegungserfahrungen Angst/Mut zu empfinden und zu äußern (S. 12).
RP	Die Fähigkeit zur Selbstregulation wird als Basiskompetenz angesehen (S. 29).
SH	Kinder sollen lernen, ihre Gefühle zu verbalisieren (S. 19). Der musisch-ästhetische Bereich hilft Kindern, ihre Gefühle auszudrücken (S. 23f.).
SL	Erzieherinnen müssen sich der Gefühle der Kinder bei bestimmten Beschäftigungen bewusst werden (S. 13). Kinder entwickeln Basiskompetenzen, die auch die Gefühle umfassen, z. B. die „Ich-Kompetenz“, sich selbst zu achten; die „Sozial-Kompetenz“, sich zurückzunehmen; die „Lern-Kompetenz“, eigene Stärken zu entdecken (S. 14). Gefühle beeinflussen das Lernen, denn Erfahrungen sind in soziale Kontexte eingebettet (S. 33).
SN	Im Zusammenhang mit dem Bereich Gesundheit („Somatische Bildung") wird auf die Bedeutung der Emotionen für die Entwicklung von Selbstwertgefühl und Widerstandsfähigkeit gegenüber schwierigen Situationen hingewiesen (S. 9).
ST	Eine Schlüsselkompetenz/personale Kompetenz, die es bei Kindern zu fördern gilt, ist das Erleben und Ausleben der eigenen Emotionen (S. 31). Deshalb wird z. B. im Bildungsbereich „Körper, Bewegung und Gesundheit“ darauf geachtet, über welche Möglichkeiten das Kind verfügt, um seine Gefühle mittels körperlicher Aktivitäten auszudrücken (S. 46). Der Bildungsbereich „Kommunikation, Sprache(n) und Schriftkultur“ betont die Leistung des Kindes, seine Gefühle zu verbalisieren (S. 56).
TH	Kinder zeigen ihre Gefühle körperlich (S. 52). Auf die emotionale Entwicklung geht der Bildungsbereich „Soziokulturelle und moralische Bildung“ ein. Hierbei stehen die Ausdifferenzierung der Emotionen und die Regulation im Mittelpunkt. Dafür müssen Kinder erfahren, dass ihre Gefühle wichtig sind und zur Kenntnis genommen werden. Im Zusammenleben lernt es Normen kennen, die es erforderlich machen, seine Gefühle zu kontrollieren. Kinder werden angeregt, ihre Gefühle zu reflektieren und damit zu verbalisieren, sie lernen die Gefühle anderer zu achten, erkennen, dass sich Gefühle ändern können (z. B. Rollenspiele, Regelspiele, Gespräche, Geschichten, Gefühle in Musik ausdrücken, körperliche Nähe) (S. 104-115).
BL	Bindung
BW	Kindern soll eine positive emotionale Bindung ermöglicht werden (S. 22).

BY	Die Eingewöhnungsphase und die Gruppenatmosphäre entscheiden über das Gelingen des Aufbaus sicherer Bindungen und damit über die soziale Einbindung des Kindes in die Einrichtung. Die Erwachsenen tragen die Verantwortung dafür, dass sich das Kind willkommen und sicher fühlt (S. 193). Die Qualität der Bindung an die Bezugsperson beeinflusst in hohem Maße das Lernen kleiner Kinder. Aktives Zuhören unterstützt den Aufbau einer guten Beziehung (S. 431). Eine sichere Bindung des Kindes an die Erzieherin ermöglicht dem Kind, sich von der sicheren Basis zu lösen und zu explorieren und mit anderen Kindern/Erwachsenen neue Beziehungen einzugehen (S. 105).
BE	Die Bezugspersonen beeinflussen die Bildungsprozesse des Kindes (Ko-Konstruktion). Positive Beziehungen bilden somit die Grundlage für gelingende Bildungsprozesse des Kindes, denn Kinder müssen erfahren, dass die Bezugsperson sich für ihr Tun und Denken interessiert. Im Kindergartenalter gewinnen die Beziehungen zu Gleichaltrigen an Bedeutung (S. 18, 110f.).
BB	Auf der Basis einer sicheren Beziehung zu einem Erwachsenen entwickeln Kinder gleichrangige Beziehungen zu Gleichaltrigen (S. 22).
HB	Die Beziehungen zu Erwachsenen und die Unterstützung durch Erwachsene bieten dem Kind entscheidende Anstöße zur Selbstbildung (S. 9). Die Lernprozesse der ersten Lebensjahre setzen verlässliche Bindungen voraus. Bildung und Erziehung bauen auf wertschätzenden Beziehungen auf (S. 31).
HH	Kinder benötigen Bezugspersonen, die nachempfinden, was das Kind bewegt. In ihrer Tätigkeit beziehen sich Kinder immer auf andere Personen (S. 11f.). Eine tragfähige Beziehung zwischen Kind und Erzieherin ist die Grundlage für Bildung in der Kita, weshalb die Eingewöhnungsphase behutsam verlaufen muss (S. 24).
HE	Die Qualität der emotionalen Bindung zur Bezugsperson beeinflusst die emotionale und soziale Entwicklung des Kindes. In tragfähigen Beziehungen zu Bezugspersonen erfährt es Sicherheit und Anerkennung und wird zur Exploration ermutigt („sicherer, balancierter Bindungsstil") (S. 62).
MV	Zwischen Erzieherin und Kind entsteht ein pädagogisches Verhältnis (S. 15).
NI	Die emotionalen Grundbedürfnisse nach verlässlichen Beziehungen müssen erfüllt sein (S. 11). Im Anschluss an den Lernbereich „Emotionale Entwicklung und soziales Lernen" wird die Frage zur Reflexion gestellt, ob jedes der Kinder von einer der Erzieherinnen getröstet werden kann (S. 15).
NW	Kinder brauchen, um ihre emotionalen Fähigkeiten im Spiel entwickeln zu können, Erzieherinnen, die ihre Unabhängigkeitsbestrebungen unterstützen (S. 15).
RP	Bildung als Selbstbildung benötigt stabile Beziehungen als Grundlage. Die Bindungsbeziehungen zwischen Kind und Erzieherin muss die Qualität der Bindung des Kindes zu seiner Familie berücksichtigen. Die Erzieherin muss über ein hohes Maß an Einfühlungsvermögen verfügen (S. 25f.). In Beziehungen zu anderen Kindern und zu Erwachsenen entwickelt das Kind Bindungsfähigkeit und soziale Kompetenzen (S. 54).
SH	Voraussetzung für Bildungsprozesse sind emotional sichere Bindungen der Kinder an Erwachsene (S. 8).
SL	Keine Angaben
SN	Die Bedeutung einer vertrauensvollen Beziehung zu einer Bezugsperson wir im Rahmen „Kommunikativer Bildung" angesprochen (S. 5).
ST	Eine sichere Bindung zu einer Bezugsperson stellt die Basis für Exploration/Bildungsprozesse dar (S. 19, 56).

TH	Sichere Bindungen bilden die Grundlage für Bildungsprozesse des Kindes. Die Bindungsbeziehung gibt dem Kind eine schützende Struktur/Orientierung und hilft dem Kind, eigene Vorstellungen von seiner Umwelt zu entwickeln. Das Kind tritt in soziale Interaktion/Kommunikation mit seiner Bezugsperson, erfährt dabei seine Selbstwirksamkeit und übt sich in Empathie und Rollenübernahme. Emotionen spielen dabei eine große Rolle (S. 106f.). Der Bildungsbereich „Motorische und gesundheitliche Bildung" geht auf die soziale Interaktion zwischen Kind und Bezugsperson ein (Bedürfnis nach Nähe, Zuwendung, Feinfühligkeit der Bezugperson, Eigenständigkeit des Kindes als Person) (S. 56, 67).
BL	Resilienz
BW	Das Bildungs- und Entwicklungsfeld „Sinn, Werte und Religion" fragt danach, was der Kindergarten dazu beitragen kann, damit Kinder eine positive Grundeinstellung zum Leben entwickeln und wie Kinder Fähigkeiten zur Bewältigung schwieriger Situationen entwickeln (S. 117).
BY	Mit dem kompetenten Umgang mit schwierigen Situationen befasst sich der Bildungsbereich „Widerstandsfähigkeit/Resilienz". Stressoren und Ressourcen einer Person wirken bei Veränderungen/Belastungen in dynamischer Art und Weise zusammen. Präventionsansätze werden beschrieben. Auf individueller Ebene zeichnet sich das Handeln aus durch: „Mitwirkung der Kinder am Bildungsgeschehen", „Heranführen der Kinder an gesunde Lebensweisen", „Heranführen der Kinder an effektive Bewältigungsstrategien" sowie der „Einsatz von Märchen und Geschichten" (z. B. Aschenputtel, Swimmy) (S. 81-91).
BE, BB Keine Angaben	
HB	Aufgabe von Erziehung und Bildung ist es, die personalen und sozialen Ressourcen eines Kindes zu fördern, damit es belastende Situationen bewältigen kann. Z. B. eine stabile Beziehung zu einem Erwachsenen, der Vorbild ist und dem Kind Selbstwirksamkeitserfahrungen ermöglicht (S. 23f.).
HH	Keine Angaben
HE	Beim Erwerb von Resilienz ist die Qualität der Beziehungen von zentraler Bedeutung (S. 33). Die Basiskompetenzen und Ressourcen des Kindes müssen gestärkt werden (personale / motivationale / emotionale / kognitive / körperbezogene) (S. 47f.). Das Kind lernt Transitionen auch als Herausforderung zu begreifen. Soziale Ressourcen (u. a. stabile emotionale Beziehungen, autoritativer Umgangsstil, Vorbilder) begünstigen den Aufbau von Resilienz (S. 50). Problemlösetechniken haben positiven Einfluss auf die Stärkung von Resilienz (S. 100).
MV	Keine Angaben
NI	Der Kontakt zwischen Gleichaltrigen und das gemeinsame Spiel fördern das Selbstwertgefühl der Kinder und machen sie widerstandsfähiger (S. 36).
NW	Keine Angaben
RP	Das Querschnittsthema „Kinder stärken – Die Bedeutung von Resilienz" befasst sich mit den Möglichkeiten, die psychische Widerstandskraft von Kindern zu stärken. Unterschiedliche Basiskompetenzen werden als wichtig erachtet, z. B.: positives Selbstkonzept, Anpassungsfähigkeit, konstruktives Denken, Konfliktlösungskompetenz, Kreativität usw. Diese sollen gestärkt werden, indem Kindern ermöglicht wird, eine gute Meinung von sich zu haben, sich als handlungsfähig erleben, ermutigt werden usw. (S. 29-32).
SH	Widerstandsfähigkeit ist eine personale Kompetenz die Kinder benötigen, um mit Belastungen umgehen zu können (S. 16).

SL	Keine Angaben
SN	Siehe Emotionen
ST	Damit Kinder sich zu starken Persönlichkeiten entwickeln, brauchen sie Erwachsene, die sich ihnen zuwenden (S. 48).
TH	Kinder brauchen einen Erwachsenen, der sich für sie interessiert und sich um sie kümmert. Zudem benötigen Kinder Vertrauen in ihre eigenen Kräfte, deshalb sollten Kinder z. B. an Entscheidungen beteiligt werden, Gelegenheiten bekommen, schwierige Situationen erfolgreich zu meistern, sie lernen Hilfe anzunehmen und selbst Unterstützung anzubieten (S. 21).
BL	Motivation / Neugier
BW	Es sollen Situationen (geeignete Materialien, Spielsituationen) geschaffen werden, in denen das Kind einen Sinn erkennt und aus seiner inneren Motivation heraus leistungsbereit wird (S. 37-41).
BY	Zu den personalen Kompetenzen des Kindes gehören ebenfalls motivationale Kompetenzen, welche in allen Bildungsbereichen thematisiert werden (S. 58). Kinder sind neugierig und motiviert, haben individuelle Interessen und profitieren von den Möglichkeiten des entdeckenden Lernens, da es unterschiedliche Lösungswege zulässt (S. 30).
BE	Kinder sollen in ihrer natürlichen Neugier unterstützt und begleitet werden (S. 33, 122). Neugierig auf neue Erfahrungen sein / Lernbereitschaft entwickeln ist eine lernmethodische Kompetenz (S. 51).
BB	Die natürliche Neugier des Kindes wird unterstützt, indem sie z. B. mit Forscherfragen angeregt werden, naturwissenschaftliche Zusammenhänge zu ergründen (S. 1, 19).
HB	Indem das Spielbedürfnis der Kinder angeregt wird, wird auch ihre Neugier angesprochen (S. 11). Die Bildungsarbeit der Einrichtung bestärkt die offene Neugier der Kinder (S. 34).
HH	Die Neugier des Kindes soll erhalten und aufgegriffen werden (S. 31, 44, 45, 48). Erzieherinnen leiten die neugierigen Fragen der Kinder in forschendes Handeln über (S. 75).
HE	Eine positive emotionale Atmosphäre und ein entspanntes Lernklima steigern die Lernmotivation der Kinder (S. 36). Der Bereich „Individuumsbezogene Kompetenzen und Ressourcen“ thematisiert u. a. die die Motivation betreffende Kompetenzen und Ressourcen (z. B. Autonomie, Selbstwirksamkeit, Selbstregulation, Neugier) (S. 47). Die Schaffung einer lernenden Gemeinschaft weckt die Neugier der Kinder, indem die Fachkräfte viele Fragen stellen und fördert die intrinsische Lernmotivation der Kinder, da sie sich der Gemeinschaft zugehörig fühlen (S. 95f.).
MV	Kinder sind von Beginn an neugierig, diese Neugier gilt es aufrechtzuerhalten und für unterschiedliche Themen zu wecken (z. B. Natur, Mathematik) (S. 13, 50, 69). Bilderbücher können eingesetzt werden, um Kinder für Neues zu interessieren (S. 30).
NI	Pädagogische Fachkräfte haben die Aufgabe, das Bestreben der Kinder, etwas ohne Hilfe zu schaffen, zu unterstützen. Nach erfolgreicher Bewältigung sind Kinder motiviert Neues zu lernen (S. 22). Im sprachlichen Bereich ist das Sprachvorbild und die Gelegenheit für Gespräche der Motor, der die Entwicklung antreibt (S. 20).
NW	Keine Angaben
RP	Motivation aus eigenem Antrieb ist eine wichtige Basiskompetenz bezüglich Resilienz (S. 30). Kinder erhalten in der Kindertageseinrichtung genügend Freiraum, um ihre Neugier ausleben zu können (S. 69).

SH	Kinder sind von Geburt an neugierig (S. 7). Besonders an ihr Interesse für naturwissenschaftliche/technische Phänomene soll angeknüpft werden (S. 21).
SL	Bildungsziel der „Ich-Kompetenz" ist es, neugierig und offen neuen Erfahrungen zu begegnen. Die „Lern-Kompetenz" formuliert das Wecken von Neugier und Wissbegier als Ziele (S. 14).
SN	Kinder werden durch das Ausdrücken von Anerkennung und Wertschätzung motiviert (S. 10 / Grundlagen). Die kindlicher Neugier und ihr Entdeckerdrang soll gefördert werden (S. 11 / Kontexte).
ST	Neugier und die Bereitschaft zu lernen sind wesentliche Elemente einer Wissensgesellschaft (S .20).
TH	Neugier ist die treibende Kraft, mit der Kinder die Welt erkunden (S. 9). Anerkennung von Leistung und Erfolgserlebnisse motivieren Kinder, neue Anforderungen anzunehmen. Das Selbstvertrauen wird gestärkt (S. 30, 49, 76, 103).
BL	Persistenz
BW	Für späteren Erfolg (z. B. in der Schule) wird die Bereitschaft zur Anstrengung über längeren Zeitraum, ohne sich ablenken zu lassen, als wesentlich angesehen (S. 37).
BY	Wenn Kinder Aufgaben eigenaktiv nachgehen können, sind sie sehr ausdauernd bei der Sache (S. 30). Durch Ermutigung und Unterstützung soll die kindliche Ausdauer gefördert werden (S. 436).
BE	Als Sachkompetenz, die sich im Verlauf der Bildungsprozesse entwickeln sollte, wird Ausdauer/Beharrlichkeit genannt (S. 28). Die Bildungsbereiche Bewegung (schwierige Bewegungsabläufe üben) und Naturwissenschaften (Dinge erforschen) greifen diese Zielsetzung auf (S. 49, 103).
BB	Keine Angaben
HB	Ausdauer und Engagiertheit der Kinder sind davon abhängig, inwieweit Kinder ihren eigenen Weg verfolgen können (forschendes Lernen) (S. 11). Eine Wertschätzung kindlichen Bemühens stärkt seine Ausdauer, ganz besonders dann, wenn es dabei unterstützt wird, auch bei Widerständen seine Absicht zielstrebig zu verfolgen (z. B. Gestalten mit Material, Wege der Realisierung vorschlagen) (S. 26f.).
HH	Kinder untersuchen Dinge mit Ausdauer (S. 68).
HE	Ein Freiraum für entdeckendes Lernen ermöglicht es den Kindern, sich Aufgaben motiviert und mit Ausdauer zu widmen (S. 36). Die Fachkräfte ermutigen, loben die Kinder mit dem Ziel, die kindliche Ausdauer zu fördern (S. 101).
MV	Die Lernhaltung wird von emotionalen / aktionalen Komponenten beeinflusst (S. 22).
NI	Kinder verfolgen ihre Interessen ausdauernd (S. 11). Kinder spielen, arbeiten, bewegen sich mit immer mehr Ausdauer und Konzentration, dies ist zu fördern (Frage zur Reflexion: Beschäftigt sich das Kind ausdauernd mit bestimmten Tätigkeiten?) (S. 17, 26, 37).
NW, RP, SH	Keine Angaben
SL	Lernen, dass Anstrengung zum Erfolg führt ist eine „Lern-Kompetenz" (S. 14).
SN	Keine Angaben
ST	Mit Ausdauer eigenen Interessen nachgehen und sich durch Niederlagen nicht einschüchtern zu lassen, sind personale Kompetenzen, die es in allen Bildungsbereichen zu fördern gilt (S. 31).
TH	Kinder sollten erfahren, dass sie mit Ausdauer etwas tun und dies positiv erleben („Soziokulturelle und moralische Bildung") (S. 111, 115).

BL	Phantasie / Kreativität
BW	Unspezifische Spielmittel, die Bereitstellung verschiedener Materialien und eine offene Raumgestaltung regen die Phantasie der Kinder an (S. 48).
BY	Phantasie und Kreativität sind kognitive Kompetenzen. Kreativität kann im motorischen, sprachlichen, musikalischen und gestalterischen Bereich durch Erfinden von Geschichten, Melodien, Bewegungsabläufen gefördert werden (S. 59f.). Der gesellschaftliche Wandel verlangt nach einem Mehr an Kreativität (S. 18). Kreativität ermöglicht einen konstruktiven Umgang mit Veränderungen/Belastungen (S. 27).
BE	Der Bildungsbereich „Bildnerisches Gestalten" möchte Kindern Zeit und Raum für die Entwicklung ihrer Phantasie und Kreativität geben. Kinder haben hier die Möglichkeit, sich ihre Welt nach ihren Vorstellungen zu schaffen (S. 71-79). Im Spiel leben Kinder ihre Phantasien aus (S. 34).
BB	Die beiden Bildungsbereiche „Musik" und „Darstellen und Gestalten" legen den Fokus auf die kreativen Tätigkeiten von Kindern. Hierzu finden sich zahlreiche Anregungen für die pädagogische Praxis (S. 10-17).
HB	Phantasie und Kreativität entwickeln sich im Spiel. Phantasie wird beschrieben als Spielen mit inneren Vorstellungen und Kreativität als das Anwenden dieser Fähigkeit auf das Lösen von Problemen (S. 18). Die Fachkräfte können die Selbstbildung in diesem Bereich durch ihre eigene Beteiligung am Spiel unterstützen (S. 18f.).
HH	Bildnerisches Gestalten regt die Phantasie an (S. 48). Ein Ziel (Ich-Kompetenzen) ist, dass Kinder Phantasie entwickeln und ausdrücken (S. 50).
HE	Die veränderten Anforderungen der Wirtschafts- und Arbeitswelt verlangen nach Kreativität (S. 25). Kreativität gedeiht am besten in einem entspannten Lernklima (S. 36). Es gilt die kognitiven Kompetenzen und Ressourcen des Kindes zu stärken, also auch Kreativität (verstanden als origineller Ausdruck im sprachlichen / musikalischen / künstlerischen Bereich) (S. 48). Kinder sind kreativ, phantasievoll und künstlerisch, daher werden insbesondere in den Bereichen Musik und Tanz Phantasie und Kreativität gestärkt (S. 76, 78). Das Philosophieren stärkt die Kreativität der Kinder (S. 99). Die Fähigkeit Probleme zu lösen hängt mit der Entwicklung von Kreativität zusammen (S. 100).
MV	Kinder dürfen in allen Bildungsbereichen ihre Kreativität und Phantasie einsetzen (S. 16). Gefördert werden diese z. B. durch den Umgang mit Literatur und Mathematik (S. 29, 69).
NI	Kreativität äußert sich in künstlerischen Ausdrucksformen oder in der Art der Hypothesenbildung/Problemlösung (S. 17). Pädagogische Fachkräfte ermutigen Kinder zum kreativen Nachdenken (S. 34). Das Spiel der Kinder ist ein Ort der Phantasie (S. 37). Im Bildungsbereich „Ästhetische Bildung" lernen Kinder vielfältige Ausdrucksformen ihrer Kreativität kennen (S. 26f.).
NW	Die innere Verarbeitung durch Phantasie ist ein Gliederungsmerkmal aller Bildungsbereiche („Bewegung" (S. 12), „Spielen und Gestalten, Medien" (S. 16), „Sprache(n)" (S. 18), „Natur und kulturelle Umwelt(en)" (S. 20)). (Beispiele: Geschichten erfinden, Rollenspiele, abenteuerliche Unternehmungen).
RP	Die Musik fördert z. B. die Kreativität und Phantasie der Kinder und gibt ihnen die Möglichkeit, sich auszudrücken (S. 46). Kreativität und Explorationslust sind wichtige Basiskompetenzen bezüglich Resilienz (S. 30).
SH	Kreative Ausdrucksformen des Kindes sollen unterstützt werden (S. 29).
SL	Phantasie wird als Notwendigkeit zur Bewältigung künftiger Lebenssituationen beschrieben (S. 11).

SN	Im Spiel agieren Kinder kreativ und phantasievoll und entwickeln dabei u. a. Problemlösekompetenzen (S. 14 / Grundlagen). Musik und der Zugang zu vielfältigen Materialien, die zum Gestalten einladen, kann den Zugang zu Kreativität öffnen („Ästhetische Bildung") (S. 5, 9).
ST	Eine Wissensgesellschaft fordert kreatives Umgehen mit neuen Inhalten (S. 23). Der Bildungsbereich „Ästhetik und Kreativität" thematisiert die Wertschätzung, die Kinder für ihren kreativen Ausdruck erfahren sollen und auch, dass sie angeregt werden sollen, ihre Phantasie einzusetzen (z. B. musikalische Erziehung, kreative Erwachsene als Vorbilder) (S. 63-67).
TH	Im Spiel leben Kinder in ihre Phantasie (S. 26). Insbesondere die Bildungsbereich Sprache / Kunst / Musik thematisieren den Raum, den Phantasie und Kreativität der Kinder einnehmen (S. 46, 88, 91). Im Rahmen naturwissenschaftlicher und technischer Bildung ist Kreativität im Finden neuer Lösungswege gefragt (S. 71).
BL	Zeit/Muße
BW	Kinder sollen ein Gespür für positives Nichtstun entwickeln dürfen (S. 110).
BY	Kinder benötigen Zeit und Raum für Kreativität (S. 315).
BE	Kinder benötigen Zeit für individuelle Lernprozesse (S. 34, 53, 72, 81, 95, 107).
BB	Keine Angaben
HB	Kinder brauchen freie Zeit um sich entfalten zu können (S. 18, 26).
HH	Kindern wird Zeit für ihre individuellen Lernprozesse zugestanden (S. 17).
HE	Kinder brauchen die Möglichkeit, ihren eigenen Arbeitsrhythmus zu finden. Deshalb benötigen sie Zeit, um Selbsttätigkeit zu erleben (S. 71).
MV	Keine Angaben
NI	Kindern muss die Zeit gegeben werden, die sie für ihre Entwicklung / Lernprozesse / Spiel / Tätigkeiten benötigen (Frage zur Reflexion im Bereich „Lebenspraktische Kompetenzen": Wie viel Zeit erhalten Kinder, um etwas alleine zu tun?) (S. 11, 22, 23, 37).
NW	Keine Angaben
RP	Die Kindertageseinrichtung ermöglicht (Schul)Kindern Zeit als nicht verplante Zeit zu erleben (S. 73).
SH	Kinder benötigen Raum und Zeit um Verhaltensweisen für ihr zukünftiges Handeln einzuüben (S. 29).
SL	Kinder benötigen unverplante Zeit (hier: soziales Lernen) (S. 10).
SN	Innerhalb unterschiedlicher Bildungsbereich wird als Frage zum Überdenken der pädagogischen Angebote gestellt, ob Kinder ausreichend Zeit erhalten, um sich eingehend mit etwas befassen zu können (z. B. Muster betrachten / „Mathematische Bildung"; „Mußesituationen" für einen Dialog / „Kommunikative Bildung") (S. 5).
ST	Insbesondere im Bereich der Kreativität/Phantasie benötigen Kinder ausreichend Zeit für ihre Ideen und ihr Tun (S. 65).
TH	Kinder brauchen Zeit zum Lernen und Entdecken, Erwachsene müssen darum wissen und ihnen diese Zeit geben (S. 30, 56, 62, 90, 97, 109). Z. B. benötigen die Kinder im künstlerischen Bereich Zeit, sich eingehend mit der Kunst zu befassen, Bilder zu studieren (S. 100).
BL	Selbsttätigkeit
BW	Aktiv-entdeckendes Lernen, aktiv mit sich selbst und den Spielpartnern zu sein, wird in allen Bildungsbereichen als wesentlich erachtet (S. 84).

BY	Kinder lernen eigenaktiv und selbsttätig, sie müssen am Lernprozess aktiv beteiligt sein (S. 29).
BE	Kinder eignen sich die Welt selbsttätig und in sozialen Beziehungen an (S. 11).
BB	Gestalten, experimentieren, kreativ tätig werden ist Grundlage aller Bildungsbereiche.
HB	Kinder eignen sich die Welt selbsttätig an (S. 3, 8). Forschendes Lernen bedeutet, dass Kinder ihren Fragen selbsttätig nachgehen dürfen (S. 11).
HH	Forschendes Lernen, sinnliche Wahrnehmung und Gestalten sind Grundlage aller Bildungsbereiche (S. 12).
HE	Der Bereich „Lebenspraxis" betont die Notwendigkeit der Selbsttätigkeit als Möglichkeit des Erfahrungsgewinns. Durch selbsttätiges Handeln gewinnt das Kind Selbstbewusstsein. Dem Erfahrungsmangel einer Konsumgesellschaft soll mittels lebenspraktischen Lernens entgegengewirkt werden, indem dem Kind elementare Einsichten in Zusammenhänge ermöglicht werden (S. 69).
MV	Selbsttätigkeit ist Bedingung für Selbsständigkeit (Kind: Exploration; Erzieherin: Lernsituationen schaffen, Motivation). Die Selbsttätigkeit des Kindes wird als pädagogisch-didaktisches Prinzip aufgeführt (S. 24).
NI	Der Lernbereich „Lebenspraktische Kompetenzen baut auf dem Grundgedanken „Hilf mir, es selbst zu tun" auf (S. 22).
NW	Selbst zu gestalten, mit Materialien zu hantieren, den Körper einzusetzen steht im Mittelpunkt aller Bildungsbereiche (S. 12-22).
RP	Die pädagogische Arbeit setzt an der Eigenaktivität der Kinder an (S. 28). Kinder sind in ihrer Selbsttätigkeit zu unterstützen. Sich selbst als Verursacher zu erfahren führt zu einer Stärkung der Basiskompetenzen (S. 30).
SH	Kinder machen handelnd Erfahrungen und suchen nach Antworten für Wahrgenommenes. Aufgabe der pädagogischen Fachkräfte ist es, Kindern Lernanlässe zu schaffen, die ihnen die benötigten Erfahrungen möglich machen (S. 7).
SL	Bildungsprozesse sind aktive Aneignungstätigkeiten (S. 11f.).
SN	Kinder benötigen neben pädagogisch angeregten Aktivitäten Freiraum für selbsttätiges Handeln und freies Spiel. Die Selbsttätigkeit der Kinder findet statt in ihrer sozialen Umwelt (S. 10-13 / Grundlagen).
ST	Grundsätzlich werden neurophysiologische und humanistische Annahmen über die Bedeutung der Selbsttätigkeit für die Selbstbildung herangezogen (S. 12, 19). Es gilt, diese Selbsttätigkeit herauszufordern, z. B. in Form von Projektarbeit (S. 62).
TH	Kinder lernen, indem sie sich selbsttätig Vorstellungen über ihrer Umwelt aneignen (S. 9, 29). Im künstlerischen Bereich z. B. werden das Tun des Kindes (Selbsttätigkeit), seine Gestaltungsmöglichkeiten besonders hervorgehoben (S. 96, 98, 100).
BL	Selbstständigkeit / Selbstverantwortlichkeit / Autonomie
BW	Die Selbstständigkeit des Kindes fördert seine Persönlichkeitsentwicklung (S. 37). Seine Autonomie wächst mit der Entwicklung seiner Fähig- und Fertigkeiten (S. 26). Das Kind übernimmt Verantwortung in der sozialen Gemeinschaft (S. 17).
BY	Motivationale Kompetenzen sind u. a.: „Autonomieerleben" (selbstgesteuertes Handeln) und „Selbstwirksamkeit" (schwierige Aufgaben aufgrund eigener Kompetenzen bewältigen) (S. 56f.). Kinder lernen, Verantwortung für sich und andere zu übernehmen (S. 404).

BE	Allgemeine Zielsetzung ist die Selbstständigkeit des Kindes (S. 26). Kinder lernen für sich und andere Verantwortung zu übernehmen (Ich-Kompetenz/Soziale Kompetenz) (S. 26, 28). Z. B. erhalten Kinder im Bereich der Naturwissenschaften die Möglichkeit, Versuche selbstständig durchzuführen (S. 103) oder lernen den Computer selbstständig zu bedienen (S. 97).
BB	Keine Angaben
HB	Die Selbstständigkeit des Kindes soll gestärkt werden (S. 7, 12). Erziehen bedeutet auch, Anforderungen an die Kinder zu stellen, die ihre Selbstständigkeit stärken (S. 9). Die Fachkräfte müssen ihre Emotionen im Interesse der Autonomie des Kindes reflektieren (S. 31).
HH	Die Entwicklung einer selbstbewussten und eigenverantwortlichen Persönlichkeit soll unterstützt werden und grundlegende Kompetenzen erworben werden (z. B. Ich-Kompetenz: für sich selbst verantwortlich handeln, sich seiner selbst bewusst sein, Eigeninitiative entwickeln) (S. 15).
HE	Kindliche Autonomie soll gestärkt werden (S. 32). Kinder sollen sich als selbstbestimmt erleben und erleben, dass sie mit dem eigenen Handeln die Umwelt beeinflussen können (S. 47). Selbstständigkeit erfordert Freiraum für entdeckendes Lernen (S. 32). Die Entwicklung selbstständigen Denkens setzt Erfahrungen und Selbsttätigkeit voraus. Bildungs- und Erziehungsziele des Bildungsbereichs „Lebenspraxis" sind u. a. dass Kinder selbsttätig, selbstständig und verantwortlich handeln lernen. Folgende Aspekte werden genannt, z. B.: Funktionale Selbstständigkeit, Mitwirkungsmöglichkeiten, selbstständiges Tun, Entscheidungen treffen, usw. (S. 69ff.).
MV	Die Selbstständigkeit des Kindes ist verbunden mit der Entwicklung eines positiven Selbstwertgefühls. Je differenzierter die Fähigkeiten zur Selbststeuerung/Selbstkontrolle entwickelt ist, desto selbstständiger ist das Kind in seinem Denken und Tun (später auch hinsichtlich Reflexion von Normen/Werten) (S. 16). Diese Selbstständigkeit kann z. B. gefördert werden, indem Kinder eine Spielidee umsetzen oder ihre nähere Umgebung erkunden (S. 21, 43).
NI	Siehe Selbsttätigkeit. Die Selbstständigkeit der Kinder und ihre Bereitschaft Verantwortung zu übernehmen wird gefördert, indem sie an Entscheidungen im Alltag teilhaben und das nähere Umfeld alleine begehen (z. B. zum Briefkasten gehen) (S. 10, 23, 29).
NW	Keine Angaben
RP	Kinder werden zu selbstständigem Handeln angeregt, indem sie lernen, eigene Entscheidungen zutreffen und auch zu verantworten (S. 85). Künstlerische Ausdrucksformen fördern die Autonomie der Kinder (S. 46).
SH	Die Entwicklung von Selbstkompetenz (Basiskompetenz) beinhaltet u. a., dass Kinder ein positives Selbstkonzept entwickeln indem sie Selbstwirksamkeit/Autonomie erleben. Hierfür benötigen sie in den Kindertageseinrichtung eine Vielzahl von Möglichkeiten, ihre Fähigkeiten zu erproben (S. 16).
SL	Bildungsziele bezüglich der „Ich-Kompetenz" sind u. a. Selbstständigkeit und Selbstverantwortung des Kindes (S. 14).
SN	Der Bereich „Soziale Bildung" beschreibt mit dem Leitbegriff „Beteiligung" die Bedeutung gemeinsamer Aktivitäten für das Erleben von Autonomie und die Möglichkeit Verantwortung zu übernehmen (S. 4). Im Spiel mit Gleichaltrigen erlernen Kinder selbstständiges Handeln (S. 16 / Grundlagen).

ST	Zur Entwicklung personaler Kompetenzen gehört u. a. die eigene Identität, Selbstbewusstsein und Selbstwert zu entwickeln (S. 31), wobei hier alle Bildungsbereiche von Bedeutung sind.
TH	Kinder sind bestrebt, möglichst schnell selbstständig zu werden, dies wird in den unterschiedlichen Bildungsbereichen berücksichtigt (z. B. Spielzeug handhaben, alleine Zähne putzen, eigenständig Werkzeuge / technische Geräte bedienen) (S. 54, 66, 74). Vorschul- bzw. Grundschulkinder lernen, eigene Lösungswege zu entwickeln und ihre Interessen selbstständig zu verfolgen (S. 79, 84, 116). Die Entwicklung der Selbstständigkeit jüngerer Kinder wird durch das Zusammensein und gemeinsame Tun mit älteren Kindern positiv beeinflusst. Die Autonomie des Kindes und sein Schutz sind zwei Aspekte, die sich gegenseitig beeinflussen. Mit zunehmendem Alter wird das Bedürfnis, an Entscheidungen beteiligt zu werden, immer größer. Kinder müssen aktiv beteiligt werden, damit sie lernen, Verantwortung für ihr Handeln zu übernehmen (S. 22, 112). Bei der Entwicklung der Selbstkompetenz geht es um das Bewusstwerden eigener Gefühle / Stärken / Schwächen als Voraussetzung für die Übernahme von Verantwortung und verantwortliches Handeln (S. 10).
BL	Sprache / Kommunikation
BW	Ziele des Bildungs- und Entwicklungsfeldes „Sprache“ sind: Sprache als Ausdrucksmöglichkeit/Kommunikationsmittel zu erweitern, Sprache und Bewegung zu verknüpfen, Deutsch als Zielsprache zu erwerben (S. 94). Die daran anschließenden Denkanstöße differenzieren zwischen Sprache als Instrument, um Anerkennung zu erfahren, die Welt zu entdecken, sich auszudrücken, um mit anderen zu leben (S. 95-97).
BY	Sprachkompetenz beschreibt der Bildungsbereich „Sprache und Literacy” als die Schlüsselqualifikation für gesellschaftliche Teilhabe: Sprache/Kommunikation entsteht aus der Interaktion mit anderen Menschen; Spracherwerb ist ein konstruktiver/ komplexer Vorgang; Sprachkompetenzen beeinflussen die Bildungschancen; Sprachkompetenz entwickelt sich u. a. aus non-verbalen Signalen und aus der Freude an der Kommunikation. Zielsetzung ist u. a., dass das Kind fähig ist, sich sprachlich mitzuteilen/auszutauschen (z. B. aktives Zuhören, Sprechfreude, Dialogfähigkeit). Im Zentrum der pädagogischen Praxis steht der partnerschaftliche Dialog zwischen Kindern und Erwachsenen. Eine sprachfördernde Lernumgebung zeichnet sich aus durch eine wertschätzende Atmosphäre. Das Gespräch ist die wichtigste Aktivität im pädagogischen Alltag (Leitfragen zum Gesprächsverhalten der pädagogischen Fachkraft) (S. 207-216).
BE	Zentrales Anliegen des Bildungsbereichs „Kommunikation: Sprachen, Schriftkultur“ ist es das Kind in der sozialen Interaktion zur Kommunikation anzuregen (Sprache ist Handeln) und über die Differenzierung von Sprache die Entwicklung des Denkens zu fördern. Hierfür benötigen Kinder vielfältige Erfahrungsmöglichkeiten und Erwachsene die ihnen sprachlich ein Vorbild sind. Ziele sind u. a., dass Kinder Lust am Sprechen entwickeln, mit anderen in Dialog treten, sprachliche Konventionen kennen, etwas wiedergeben / erklären können, Geschichten erfinden, die Schönheit von Sprache erfahren, Informationen ermitteln usw. (S. 61-69).
BB	Der Bildungsbereich „Sprache, Kommunikation und Schriftkultur” beginnt mit einem kurzen Abriss des Spracherwerbs. Dabei wird die Verbindung zwischen sprachlichem und sozialem Lernen hervorgehoben. Als Beispiel guter Praxis wird die dialogorientierte Bilderbuchbetrachtung beschrieben (sprachliche Zuwendung von Erwachsenen und Nähe, „literarische Sprache“) und es werden Anregungen gegeben, den sprachlichen Ausdruck mit Hilfe von Geschichten, Reimen, Singen usw. zu erweitern (S. 6-9).

HB	Der Bildungsbereich „Sprachliche und nonverbale Kommunikation“ hält fest, dass Sprache in Selbstbildung gelernt wird und beschreibt die Sprachentwicklung. Die Vorbildfunktion der Fachkräfte bezüglich Sprechweise und Anregung durch Erzählen wird herausgestellt (S. 20f.).
HH	Der Bildungsbereich „Kommunikation: Sprachen, Schriftkultur und Medien” befasst sich mit dem sprachlichen Handeln des Kindes. Kinder orientieren sich an Vorbildern. Eine Sprachstandsanalyse ist Ausgangspunkt gezielter Förderung. Eine Fülle von Erkundungsfragen thematisieren z. B. die Freude des Kindes an Sprache, seine Sprachfähigkeiten, seine Erfahrungen mit unterschiedlichen Sprachen, das kommunikative Klima in der Einrichtung, die Begegnung des Kindes mit Schriftsprache usw. Dabei lernt das Kind u. a. sich sprachlich mitzuteilen, seine Identität zu entwickeln, zuzuhören, Konflikte auszuhandeln, Erzählungen zu folgen, nach der Bedeutung von Wörtern zu fragen usw. Im Kindergartenalltag hat das Vorlesen einen hohen Stellenwert, Gespräche mit Kindern werden geführt, Sprachspiele / Lautmalerei / Gedichte usw. Bei der Raum- und Materialgestaltung muss z. B. darauf geachtet werden, dass Orte für Gespräche geschaffen werden, Bücher zur Verfügung stehen usw. (S. 39-47).
HE	Sprachkompetenz ist eine Schlüsselqualifikation. Der Bildungsbereich „Sprache und Litaracy“ betont die Kontinuität in der Sprachentwicklung, so dass Sprachförderung ein begleitendes Element darstellt. Bildungs- und Erziehungsziele sind u. a. die Fähigkeit zur/das Interesse an sprachlicher Kommunikation (z. B. Sprechfreude, aktives Zuhören, Bedürfnisse ausdrücken, Wortschatz) sowie die Entwicklung eines Bewusstseins für Sprache (z. B. Kenntnis von Sprachstilen, sprachkulturelle Identität) (S. 71, 73).
MV	Der Bildungsbereich „Sprechen und Sprache“ verfolgt u. a. folgende Zielsetzungen: sich verständigen/ausdrücken (Bedürfnisse, Wünsche) und andere verstehen (Intention), selbsttätiger / produktiver / kreativer Sprachgebrauch, Entwicklung einer Kommunikationskultur (Dialog, Regeln), Sprachvorbilder haben usw. Das Erfahrungsfeld „Kommunikation und soziale Umwelt“ listet eine Reihe möglicher Sprechanlässe auf, z. B. die Themen Familie, Geburtstagsfeier, Lieblingsbuch. Anhand dieser Gelegenheiten werden Kinder zum Erzählen, Beschreiben, Fragen, Erklären aufgefordert (S. 26-29).
NI	Der Lernbereich „Sprache und Sprechen“ beschreibt den Spracherwerb von Kindern als einen Prozess, der von Eigenaktivität geprägt ist, jedoch auf sozialer/kommunikativer Interaktion basiert. Eine gelingende Sprachentwicklung wird als Voraussetzung für weitere Lern- und Bildungsprozesse gesehen. Wesentlich ist dabei, die kindliche Freude am Sprechen und an der Sprache zu unterstützen (z. B. Lieder, Reime, Sprachrhythmus und Bewegung) und Kindern ein Sprachvorbild zu sein (erzieherisches Sprachverhalten reflektieren). Gezielte Sprachförderung setzt eine Sprachstandserhebung voraus (gezielte Beobachtung, Kenntnisse über Sprachentwicklung, Einsatz nonverbaler Kommunikationsmittel) (S. 20f.).
NW	Der Bildungsbereich „Sprache“ thematisiert das sprachliche Vorbild der Erzieherin und den sozialen Aspekt von Sprache. Kinder werden dazu angeregt, ihre Bedürfnisse zu verbalisieren (S. 18f.). Kindliches Sprachspiel wird als Teil einer eigenen Kinderkultur akzeptiert (S. 16).

RP	Der Bildungs- und Erziehungsbereich „Sprache“ weist auf die zentrale Bedeutung von Sprache hin. Kindern soll die Möglichkeit gegeben wird, zu erfahren, dass Sprache Medium der Kommunikation und Zuwendung ist. Deshalb werden Kinder u. a. zum Sprechen angeregt, ihre sprachliche Leistung Wert geschätzt, sprachbezogene Materialen verwendet. Kinder lernen unterschiedliche Sprachen kennen, spielen mit der Sprache und entdecken schriftliche Symbole (S. 40-44).
SH	Der Bildungsbereich „Sprache(n), Zeichen/Schrift und Kommunikation“ betont die Bedeutung kommunikativer Situationen für das Verstehen der Welt. Sprache findet innerhalb sozialer Situationen statt und die Sprachentwicklung ist gekoppelt an die Möglichkeiten mit anderen zu sprechen. Erwachsene müssen Kindern diese Gelegenheiten bieten (aktives Zuhören, ernst nehmen). Als mögliche Themenbereiche werden aufgeführt: „Miteinander Sprechen“ (z. B. Sprechanlässe schaffen, Geschichten erfinden) und „Gesprächsregeln anwenden“ (z. B. bewusst werden der sozialen Funktion von Sprache) (S. 19f.).
SL	Sprache strukturiert Erkenntnisse. Die „Sach-Kompetenz“ zielt auf die Fähigkeit zur sprachlichen Verständigung, das Beschreiben von Sachverhalten sowie auf grammatikalisch richtigen Ausdruck. Die „Sozial-Kompetenz“ bezieht sich im sprachlichen Bereich auf kommunikative Fähigkeiten (z. B. Gesprächsregeln einhalten) (S. 14f.).
SN	Der Bildungsbereich „Kommunikative Bildung“ verweist auf die sozialen Aspekte von Sprache und stellt mit dem Leitbegriff „Dialog“ die gelingende Kommunikation zwischen Kindern und Erwachsenen in den Mittelpunkt. Weitere Inhalte sind u. a. die „nonverbale Kommunikation“ (z. B. wechselseitiger Bezug von Mitteilen / Wahrnehmen und kommunikativer / ästhetischer Bildung) und die „Sprache“ (z. B. Spiel als Medium des Spracherwerbs, Sprachförderung in den Alltag eingebettet, gemeinsame Erlebnisse als Anlässe für Gespräche) (S. 1-8).
ST	Kommunikation ist der Schlüssel zur Bildung (S. 19). Der Bildungsbereich „Kommunikation, Sprache(n) und Schriftkultur“ verweist auf die enge Verknüpfung von Sprach- und Identitätsentwicklung. Die anregende Vorbildfunktion der Erwachsenen (eigenes Sprachverhalten reflektieren; Hochdeutsch sprechen) ist dabei groß. Je vielfältiger die Erfahrungen des Kindes mit Sprache sind, desto komplexer entwickelt sich sein Bild von der Welt. Die Erfahrungen, die Kindern ermöglicht werden sollen beziehen sich z. B. auf den Bereich der Freude am Sprechen/an der Sprache (Reime, Sprachspiele, Singen), auf den Ausdruck eigener Bedürfnisse, auf die Gestaltung von Gesprächen (aktives Zuhören) sowie auf die Begegnung mit anderen Sprachen (S. 49-53).
TH	Der Bildungsbereich „Sprachliche und schriftsprachliche Bildung“ hebt die Bedeutung von Sprache als Bedingung menschlichen Zusammenlebens hervor. Weltwissen ist auf Kommunikation angewiesen. Für die individuelle Sprachentwicklung des Kindes werden positive Beziehungen und reale, sinnstiftende Situationen (z. B. Verbalisierung einer Beobachtung, Erzählen, Singen) als Voraussetzung beschrieben. In der weiteren Entwicklung nimmt das Rollenspiel die wichtige Funktion der Symbolisierung ein. Der Dialog (Gleichberechtigung) mit dem Kind wird durch die Erwachsenen angeregt/gefördert (z. B. Rituale der Begrüßung, Interesse an den Äußerungen des Kindes zeigen, Eigenthemen der Kinder kennen und ansprechen, Wiederholen der sprachlichen Formulierungen des Kindes, Kinder zum Handeln auffordern und die Handlungen sprachlich begleiten, vorlesen, über Sprache nachdenken, Gesprächssituationen aufsuchen) (S. 41-47).
BL	Hinterfragen
BW	Keine Angaben

BY	Kinder werden durch offene Fragen der pädagogischen Fachkräfte ermutigt, sich selbst, andere und ihre Umgebung zu hinterfragen (S. 432).
BE	Kinder sollen einen kritischen Umgang mit Medien erlernen (S. 28, 59).
BB	Keine Angaben
HB	Bildung ist eine tätige, kritische Aneignung und schafft damit die Möglichkeit gesellschaftlicher Weiterentwicklung (S. 9).
HH	Kinder sollen Fragen stellen und den Dingen auf den Grund gehen wollen (S. 68).
HE	Kinder sollen lernen, sich kritisch mit sozialen Verhältnissen auseinanderzusetzen („Dekonstruktion"). Sie werden angeregt, die soziale Bedeutung von Sprache zu dekonstruieren. Aufgabe der Dekonstruktion ist es z. B. zu zeigen, dass durch Sprache Bedeutungen festgelegt/begrenzt werden. Mit den Kindern können Machtverhältnisse diskutiert werden, mit dem Ziel Handlungsmöglichkeiten zu eröffnen (S. 96f.).
MV	Mit der Entwicklung eine selbstständigen Ichs wächst die Fähigkeit zu reflektieren/zu hinterfragen (S. 16).
NI, NW Keine Angaben	
RP	Kindern wird die Möglichkeit gegeben, Regeln zu hinterfragen und auszuhandeln (S. 55).
SH, SL, SN Keine Angaben	
ST	Um die Welt zu entdecken, müssen Kinder das Nachfragen erlernen (S. 74).
TH	Der Bereich „Soziokulturelle und moralische Bildung" betrachtet die Fähigkeit, sich selbst kritisch zu hinterfragen, als wichtig für die eigene Identitätsentwicklung des Kindes (S. 105). Folgende Themenbereich sollen mit den Kindern (meist in der Dimension „primare Bildung" angesiedelt) gemeinsam kritisch reflektiert werden, z. B.: Werbung, Medien, gesundheitsförderndes Verhalten, Ökologische Veränderungen, moralisches Handeln, Rollenerwartungen (S. 55, 59, 61, 63, 75, 105).
BL	Reflexion
BW	Keine Angaben
BY	Der Bildungsbereich „Lernmethodische Kompetenz – Lernen wie man lernt" bildet die Basis des Erwerbs von Kompetenzen und lebenslangen Lernens. Folgende Kompetenzen spielen eine Rolle: „Kompetenzen, neues Wissen bewusst, selbst gesteuert und reflektiert zu erwerben", „Kompetenzen, erworbenes Wissen anzuwenden und zu übertragen", „Kompetenzen, die eigenen Lernprozesse wahrzunehmen, zu steuern und zu regulieren (Meta-kognitive Kompetenzen)" (S. 66-68). Beispiele für Projekte in der Praxis sowie strategisches Vorgehen (S. 71-80).
BE	Lernmethodische Kompetenzen sind Schlüsselqualifikationen, die sich im Verlauf der Bildungsprozesse innerhalb aller Bereiche entwickeln. Darunter zu verstehen ist das Erfassen der Art und Weise des Lernens (z. B. Anstrengung/Erfolg, Üben, gute Ergebnisse/Fehlerquellen, Informationen besorgen) ebenso wie die Bereitschaft von anderen zu lernen (z. B. kooperieren, austauschen, unterschiedliche Lösungswege anerkennen) (S. 26). Alle Bildungsbereiche gehen im Zusammenhang mit den jeweiligen Zielbeschreibungen auf die Lernmethodischen Kompetenzen ein, die das Kind einüben sollte („Soziale und kulturelle Umwelt": S. 55, 57, 59; „Kommunikation: Sprachen, Schriftkultur und Medien": S. 65, 67, 69; „Bildnerisches Gestalten": S. 75, 77, 79; „Musik": S. 83, 85, 87; „Mathematische Grunderfahrungen: S. 93, 95, 97; „Naturwissenschaftliche und technische Grunderfahrungen": S. 103, 105, 107).

BB	Keine Angaben
HB	Das Lernen des Lernens bezieht sich auf die Fähigkeit, sich Informationen zu beschaffen und mit Wissen umzugehen. Die an das forschende Lernen anschließende Reflexion vollzieht die Verfahren nach, die zu Kenntnissen geführt haben (S. 12).
HH	Der Teilbereich „Lernmethodische Kompetenz" ist eine Zielbeschreibung aller sieben Bildungsbereiche (S. 31, 37, 45, 51, 57, 62, 69). Dabei geht es um das Verstehen des Lernens und die Fähigkeit, sich Informationen zu beschaffen und anzueignen usw. Diese Ziele werden in den einzelnen Bereichen konkretisiert.
HE	Lernen wie man lernt („Lernmethodische Kompetenz") ist die Basis für selbstgesteuertes Lernen. Verschiedene Basiskompetenzen kommen hier zusammen (z. B. Informationen beschaffen/verarbeiten, Wissen organisieren, Selbstregulation, sich selbst einschätzen, flexibles Wissen, über Lernen nachdenken, Strategien kennen) (S. 49f.).
MV	Jedes Erfahrungsfeld eines Bildungsbereichs stellt in einem Unterpunkt Fragen, die zur Reflexion anregen sollen. Diese Fragen richten sich an die Erzieherinnen ebenso wie an die Kinder (S. 20). Sie dienen dem Verständnis der je aktuellen Thematik, z. B. „Welche Bedeutung haben Farben für mich?" (S. 66).
NI	Anhand von Portfolios/Bildungsbüchern, die die Entwicklung des Kindes dokumentieren, erhält das Kind die Möglichkeit, die eigenen Bildungsprozesse und damit sich selbst zu reflektieren (S. 51).
NW	Keine Angaben
RP	Das Querschnittsthema „Lernmethodische Kompetenz" befasst sich mit der Frage: Wie lerne ich? Kinder erfahren, dass Lernen den Erwerb von Wissen bedeutet. Das Bewusstsein für Lernprozesse soll geschärft werden und sie sollen sich selbst für ihren Lernerfolg verantwortlich fühlen. Kinder denken z. B. darüber nach, wie sie etwas herausfinden können, warum sie ein Experiment durchführen, warum sie etwas wiederholen (S. 32ff.).
SH	Durch forschendes und entdeckendes Lernen entwickeln Kinder Lernkompetenzen (Basiskompetenz), d. h. sie lernen eigene Lösungswege zu gehen, sich Hilfe zu holen, Methoden für die Aneignung von Sachwissen usw. (S. 16f.).
SL	„Lern-Kompetenz" (z. B. Wille zu Anstrengung / Erfolg, eigene Stärken / Schwächen erkennen) (S. 14).
SN	Kindern soll geholfen werden, das Lernen zu lernen und Probleme konstruktiv zu lösen (wie wird Bedeutung konstruiert?) (S. 3 / Kontexte).
ST	Die Lernmethodische Kompetenz nimmt eine Schlüsselrolle im Bildungsprozess ein. Pädagogische Fachkräfte sollen Kinder zum Nachdenken über ihre Lernprozesse anregen (S. 31, 33).
TH	Das Nachdenken über Probleme/gelernte Inhalte wird in vielen Bereichen thematisiert, so z. B. im emotionalen Bereich (S. 114), mathematischen Bereich (S. 80-83), naturwissenschaftlichen Bereich (S. 75) und sprachlichen Bereich (S. 48). Der Erwerb von Methodenkompetenz (Lernstrategien/Arbeitstechniken) ist Zielsetzung des gesamten Bildungsgeschehens (S. 10).

5.3 Bildungsziele und Verhalten des Erziehers

BL	Interaktion / Ko-Konstruktion
BW	Bildungsprozesse entstehen in sozialer Interaktion. Kind und Erwachsener beeinflussen sich gegenseitig (S. 19f.). Jede Interaktion im Rahmen des Kindergartens wird als pädagogisches Handeln verstanden, das entweder in geplanter Form (absichtliche Gestaltung von Aktivitäten) oder durch Reaktionen der Erzieherin auf Aktionen der Kinder erfolgt (S. 68). In einem gemeinsamen Lernprozess entstehen für Kinder und Erwachsene neue Erkenntnisse (S. 75).
BY	Die Bildungsprozesse werden mit den Kindern gemeinsam/kooperativ gestaltet (Ko-Konstruktion). Die soziale Interaktion ist für die gesamte Entwicklung des Kindes förderlich. Wesentliche Elemente des ko-konstruktiven Ansatzes sind die Gestaltung (z. B. Bilder), die Aufzeichnung (z. B. Lerntagebuch) und der Dialog (äußern von Theorien). Dadurch lernen Kinder, dass ein Austausch von Ideen bereichernd ist. Dieser Ansatz ist damit dem selbst entdeckenden Lernen / der individuellen Konstruktion überlegen. Sinnvoll ist deshalb das Bilden einer lernenden Gemeinschaft, in deren Mittelpunkt der Lernprozess steht (S. 427-429).
BE	Kommunikation und soziale Interaktion (Ko-Konstruktion) ermöglichen den Austausch über Erfahrungen. Bildung wird u. a. beschrieben als sozialer und kultureller Prozess, hiermit wird die Bedeutung von Interaktionspartnern hervorgehoben. Dabei sind die Reaktionen von besonderer Bedeutung, die das Kind zu komplexeren Handlungen anregen (S. 18-22).
BB	Keine Angaben
HB	Die Beziehung zwischen Fachkräften und Kindern zeichnet sich aus durch wechselseitige Kommunikation und gemeinsame Tätigkeit (S. 31).
HH	Bildung ist ein sozialer Prozess. Reagieren die Interaktionspartner positiv auf die Äußerungen des Kindes, wird es angeregt, zu differenzierteren Tätigkeiten (S. 12). Erzieherinnen sollen sich selbst als Lernende verstehen, die Kinder auf ihrem Weg des Forschens begleiten (S. 75).
HE	Kommunikations- und Lernprozesse entstehen in einer wechselseitigen Partnerschaft zwischen Kind und Erwachsenem. Beide sind Lernende/Lehrende (S. 39). Ko-Konstruktion ist ein pädagogischer Ansatz, in dem Lernen durch die soziale Interaktion von Fachkräften und Kindern stattfindet. Ko-Konstruktion erzielt stärkere Lerneffekte als rein selbstentdeckendes Lernen / individuelle Konstruktion von Bedeutung. Kinder lernen, dass die Welt unterschiedlich erklärt werden kann. Der kommunikative Austausch steht im Mittelpunkt. Die Schaffung einer lernenden Gemeinschaft lässt ein Zugehörigkeitsgefühl entstehen, das sich auf vielfältige Lernprozesse positiv auswirkt. Die pädagogischen Fachkräfte gehen auf die Interessen ein und stellen selbst viele Fragen, um die Neugier der Kinder zu wecken (S. 94-96). Die Interaktionshäufigkeit beeinflusst das Explorationsverhalten des Kindes, seine sprachliche Entwicklung und sein Spiel (S. 125). Im Dialog, der die kooperative Aufgabenlösung begleitet, verinnerlicht das Kind Denkstrategien, die während der Aktivitäten geübt wurden. Kinder profitieren, in dem sie mit Experten kooperieren und angeleitet lernen, Probleme selbstständig zu lösen (S. 127).
MV	Bildung gelingt in sozialer Interaktion (Interesse, Austausch) (S. 14).
NI	Bildung basiert auf Interaktion und Kommunikation. Die Reaktion der Bezugsperson beeinflusst damit maßgeblich die Bildungsprozesse des Kindes (S. 11).
NW	Keine Angaben

RP	Die prozessuale Dimension der Qualität der Interaktion von Erzieherin und Kindern ist zu berücksichtigen (S. 38). Die Erzieherin muss offen sein, gemeinsam mit den Kindern und vor allem auch von ihnen zu lernen (S. 102).
SH	Bildung ist in erster Linie Selbstbildung. Die Rolle der Erwachsenen besteht darin, Kinder zu verstehen und Situationen zu schaffen, die für die Kinder bedeutsam werden können (S. 7f.). Pädagogische Fachkräfte sind Bildungsbegleiter und Mitgestalter von Bildungsprozessen (S. 10).
SL	Die Bezugsperson und ihre Reaktion auf die Aktivitäten des Kindes beeinflusst mit ihrem Verhalten das weitere Verhalten des Kindes (S. 8). Erwachsene müssen Zutrauen in die Leistungen des Kindes haben, diese Leistungen anerkennen und wertschätzen (S. 9).
SN	Pädagogische Fachkräfte unterstützen die Selbstbildungsprozesse des Kindes durch Begleitung und Anregungen (S. 10 / Einleitung). Wichtig für die Interaktion zwischen Erwachsenem und Kind ist die „dialogische Grundhaltung“ (Respekt, Blickkontakt, Gefühle, Humor usw.) Das Handeln der Erwachsenen innerhalb der Interaktion mit den Kindern wirkt auf diese bildend (S. 13 / Grundlagen). Erwachsene müssen ihr Verhältnis zum Kind immer wieder neu überdenken, hierzu werden Anregungen zur Reflexion gegeben (z. B. Menschenbild, Geduld) (S. 18 / Grundlagen). Kinder werden als „kleine Partner“ beschrieben, zu deren Ausdrucksformen (z. B. Mimik, Gestik, künstlerisches Schaffen) der Erwachsene einen Zugang finden muss (S. 18 / Grundlagen).
ST	Kinder bilden sich innerhalb sozialer Kontexte und sind auf gelingende Beziehungen zu ihren Bezugspersonen im Kindergarten angewiesen (Basis der Ko-Konstruktion) (S. 19). Dies wird vor allem im Rahmen des Bildungsbereichs „Kommunikation, Sprache(n) und Schriftkultur“ herausgestellt. Ko-Konstruktion ist gleichzusetzen mit dem miteinander in Dialog treten (S. 49). Der Dialog stellt die Interaktionsform zwischen pädagogischen Fachkräften und Kindern dar (S. 13).
TH	Bildungsprozesse entwickeln sich in sozialer Interaktion. Eingebunden in ein soziales Netzwerk erfährt das Kind sich selbst als eigene Persönlichkeit. Der Begriff der Erziehung betont die Aktivitäten der Erwachsenen (begleiten, fördern), die den Bildungsprozess des Kindes beeinflussen (S. 10f.).
BL	Vorbildsein
BW	Der Erwachsene hat die Aufgabe, so zu sprechen und sich zu verhalten, wie das auch von den Kindern gewünscht wird (S. 46).
BY	Kinder lernen am Modell/Vorbild und besonders in kooperativem Austausch (z. B. gemeinsame Problemlösung, Kooperation mit Experten) (S. 29). Erwachsene sind mit ihren Umgangsformen Vorbild für Kinder (Partizipation) (S. 406). Modellverhalten als beispielhaftes Verhalten (z. B. prosoziales Verhalten) (S. 436).
BE	Erzieherinnen sollen sich ihrer Vorbildwirkung bewusst sein (S. 33). In erster Linie wird die Vorbildfunktion von Erwachsenen im Bildungsbereich „Kommunikation: Sprachen, Schriftkultur und Medien“ bezüglich des Sprachverhaltens/Lesens und Schreibens thematisiert (S. 66, 69). Der Umgang von Eltern und Erzieherinnen zeigt Kindern, wie Menschen in einer demokratischen Gemeinschaft miteinander umgehen (S. 112).
BB	Keine Angaben
HB	Die Vorbildfunktion der Erwachsenen wird in unterschiedlichen Bildungsbereichen angesprochen, z. B. Vorbild in der Musik (S. 15), im Zusammenhang mit Resilienz (S. 24) und forschendem Lernen (S. 29).
HH	Erzieherinnen sind z. B. Sprachvorbild (S. 43) und sind sich ihrer Vorbildwirkung bewusst (S. 17).

HE	Kinder lernen am Vorbild der Erwachsenen. Erwachsene müssen gesetzte Regeln selbst einhalten und sich für Themen interessieren (S. 35). Eine positive Vorbildfunktion ist eine wichtige Verhaltensstrategie Erwachsener (Interaktionsstil: verbaler Austausch/Diskussion) (S. 126).
MV	Keine Angaben
NI	Die Vorbildfunktion Erwachsener wird in unterschiedlichen Bildungsbereichen hervorgehoben, z. B. demokratisches Verhalten (S. 36), Sprache (S. 20), Umweltbewusstsein (S. 29), Werteerziehung (S. 30).
NW	Das sprachliche Vorbild der Erzieherin regt die Kinder zum Sprechen an (S. 18).
RP, SH Keine Angaben	
SL	Erzieherinnen haben eine Vorbildfunktion (z. B. Wertschätzung, Macht, Umgang mit Konflikten) (S. 12).
SN	Die Vorbildfunktion der Erwachsenen wird hinsichtlich gesundheitsfördernden Verhaltens angesprochen („Somatische Bildung") (S. 3). Kinder orientieren sich am Handeln der Erwachsenen („kompetenter Anderer"), setzen ihre Eindrücke jedoch individuell um (S. 13 / Grundlagen).
ST	Die Vorbildfunktion der pädagogischen Fachkräfte wird vor allem hinsichtlich des Spracherwerbs und der Partizipation am Geschehen in der Kindertagesstätte herausgestellt (S. 54, 34).
TH	Bezüglich der gesundheitlichen Bildung wird die Vorbildfunktion der Erwachsenen hervorgehoben (S. 58).
BL	Beziehung anbieten / Zuwendung
BW	Der Erwachsene gibt emotionale Geborgenheit (S. 26). Seine Aufgabe ist es, eine positive emotionale Bindung zu ermöglichen (S. 22). Die Erzieherin geht feinfühlig auf Äußerungen des Kindes ein und entwickelt eine emotionale Verbundenheit mit den einzelnen Kindern (S. 46).
BY	Die Verantwortung der Erwachsenen zeichnet sich aus durch feinfühlige Zuwendung gegenüber dem Kind (S. 35). Damit Bindungs- und Beziehungsprozesse gelingen, ist Zuwendung und Feinfühligkeit seitens der Bezugsperson vorrangige Bedingung (S. 187, 194). Durch Zuwendung lässt sich positives Verhalten verstärken (S. 433).
BE	Kinder brauchen Erzieherinnen, die sich für sie interessieren, die ihnen eine Beziehung anbieten (Qualität der Beziehung / tragfähige Beziehung). Erwachsene müssen sich über ihre Beziehung zu dem Kind bewusst sein (S. 18, 32, 110f.).
BB	Jede Erzieherin soll sich um eine direkte und individuelle Ansprache der Kinder bemühen (Bildungsbereich „Sprache", S. 7).
HB	Die intensiven Lernprozesse der ersten Lebensjahre finden auf der Grundlage verlässlicher, zugewandter und wertschätzender Bindungsbeziehungen statt. Die Fachkräfte handeln als professionelle Pädagogen. Gelegenheiten zur individuellen Zuwendung sollen genutzt werden. Die Fachkräfte stehen den Kindern als Helfer und Begleiter zur Seite (S. 31-34).
HH	Erzieherinnen geben Kindern emotionale Zuwendung und nehmen ihre Bedürfnisse ernst. Sie unterstützen, begleiten, ermutigen und regen Kinder in vielfältiger Weise an (S. 17).

HE	Der Erwachsene akzeptiert das Kind bedingungslos, wendet sich ihm feinfühlig zu, gibt angemessene Unterstützung und reflektiert seine Beobachtungen (S. 39). Der Bereich „Das Verhältnis der Fachkräfte zum Kind" beschreibt Qualitätskriterien des Interaktionsgeschehens u. a.: Interaktionshäufigkeit, Umgangsstil und Betreuungsstabilität (sensitiv/responsiv), Interesse und Engagement an kindlichen Lernaktivitäten, Interaktionsstil (Austausch/Diskussion), Ermutigung zum verbalen Austausch und gezielter Austausch von Sprache, Beziehungsgestaltung zum Kind (Dialog, aktives Zuhören, Herausfordern, Vorbildwirkung, Lernprozesse reflektieren, Unterstützung), Berücksichtigung individueller Unterschiede (S. 125ff.).
MV	Aufgabe der Erwachsenen ist es, Kindern mit Interesse zu begegnen, ihnen Erfahrungen zu ermöglichen und Grenzen zu setzen. Die Beziehung zeichnet sich durch Gegenseitigkeit aus („pädagogisches Verhältnis") (S. 14f.). Kleine Kinder benötigen sowohl Zuwendung (Sicherheit) als auch Freiheit für eigenes Tun (S. 21, 47).
NI	Erzieherinnen müssen sich in die Kinder einfühlen können und aufmerksame Beobachter sein (S. 11).
NW	Keine Angaben
RP	Aufgabe der Erzieherin ist es, einen guten Kontakt zu den Kindern herzustellen und eine verlässliche Beziehung auf Zeit eingehen zu können (S. 102). Eine aufmerksame und interessierte Haltung der Erzieherin gegenüber dem Kind ist entscheidend für die Bildungsprozesse von Kindern (S. 19).
SH	Die Grundlage von Bildung sind sichere Bindungen (S. 9). Erzieherinnen sollten eine hohe Bindungsfähigkeit besitzen (S. 10).
SL	Keine Angaben
SN	Erwachsene begegnen Kindern mit Wertschätzung und einer „dialogischen Grundhaltung" (S. 13 / Grundlagen).
ST	Aufgabe der pädagogischen Fachkräfte ist es, Kindern eine Beziehung anzubieten und sie auf dieser Basis partnerschaftlich bei ihren Bildungsprozessen zu begleiten (S. 29). Eine direkte emotionale Zuwendung ist vor allem für die Sprachentwicklung der Kinder von großer Bedeutung (S. 50). Wichtig ist dabei, dass die Erzieherin sensibel auf die bisherigen Beziehungserfahrungen des einzelnen Kindes eingeht, denn die Bindung an Erwachsene bleibt neben neuen Peerbeziehungen wesentlich für die Bereitschaft des Kindes, sich z. B. Neuem zuzuwenden (S. 30).
TH	Erwachsene begegnen dem Kind emotional offen und zugewandt (auch stimmlich/ nonverbal), nehmen seine Bedürfnisse und Interessen wahr und lassen dies das Kind auch spüren. Dabei wir betont, dass die Erzieherin sich bewusst machen muss, dass die Beziehung zum Kind auf Dauer angelegt ist und Verbindlichkeit mit sich bringt. Kleine Kinder sind auf körperliche Nähe angewiesen. Erwachsen und Kinder begegnen sich als gleichberechtigte Partner (Partizipation). In Beziehungen erfährt das Kind sich selbst und seine Wirkung auf seine Mitmenschen (S. 11f., 25, 33, 44).
BL	Verantwortung übernehmen
BW	Elternhaus und Kindergarten tragen gemeinsam die Verantwortung für die Entwicklung des Kindes (S. 14).
BY	Eltern und pädagogische Fachkräfte übernehmen gleichermaßen die Verantwortung für Bildung und Erziehung des Kindes („Mut zur Erziehung") (S. 28). Die Erwachsenen tragen die Verantwortung für das Gelingen der Beziehung zwischen Kind und Bezugsperson. Das Verhältnis selbst ist geprägt von Kooperation und geteilter Verantwortung für die Lernprozesse (S. 35).

BE	Kindern Bildungsgelegenheiten zu schaffen, liegt in der Verantwortung der Erzieherinnen (S. 42). Sie müssen auch überdenken, in welcher Art und Weise sie Kindern bei der Konstruktion ihres Weltbildes zur Seite stehen (S. 18).
BB	Keine Angaben
HB	Für die Planung von Bildungsangeboten müssen die Fachkräfte berücksichtigen, dass sie Verantwortung für u. a. die Erfahrungsmöglichkeiten der Kinder tragen (S. 36).
HH	Pädagogen tragen die Verantwortung für die Gestaltung des Lernumfeldes und stellen entwicklungsgerechte Anforderungen an das Kind (S. 11). Erzieherinnen übernehmen Verantwortung dafür, dass Kinder die nötigen Lernfortschritte vollziehen können (S. 13). Eltern und Erzieher tragen gemeinsam Verantwortung für die Erziehung und Bildung des Kindes (S. 24).
HE	Erwachsene sind dafür verantwortlich, die Bildungsprozesse der Kinder aktiv mitzugestalten (S. 34). Erwachsene tragen die Erziehungsverantwortung, nehmen jedoch nicht die alleinige Expertenrolle ein (S. 39).
MV, NI, NW Keine Angaben	
RP	Die Erzieherin fühlt sich verantwortlich für ihr eigenes Handeln (S. 102).
SH	Die Bildung der Kinder ist gemeinsame Aufgabe von Eltern, Kindertageseinrichtungen, Schulen und Gemeinwesen (S. 11f.).
SL	Bildung und Erziehung ist auch eine öffentliche Aufgabe (gemeinsame Verantwortung) (S. 8).
SN	Bildung ist Selbstbildung / aktive Selbsttätigkeit, die Verantwortung der pädagogischen Fachkräfte liegt in ihrem Verhalten und in ihrer Reaktion innerhalb der Interaktion mit dem Kind. Das Kind ist sensibel gegenüber diesen Reaktionen und reagiert wiederum mit seinem Verhalten (S. 13 / Grundlagen).
ST	Pädagogische Fachkräfte sind dafür verantwortlich Wissen / Traditionen / Werte an die Kinder weiterzugeben und dabei gleichzeitig die kindliche Seinsweise zu respektieren (generationales Verhältnis). Dieser Anspruch ist verbunden mit der Forderung nach gebildeten Erzieherinnen (S. 23).
TH	Die Verbindlichkeit der Beziehung zwischen Erzieherin und Kind wird hervorgehoben, d. h. die Erzieherin muss sich ihrer Verantwortung für das Kind bewusst sein (S. 33).
BL	Atmosphäre des Lernens / Kommunikationsanlässe schaffen
BW	Die Erzieherin ist dafür verantwortlich, ein entspanntes Klima zu schaffen, Zeit zu haben, um mit den Kindern zu sprechen (S. 46). Sie arrangiert Gelegenheiten für individuelles und gemeinsames Lernen (S. 47).
BY	Die Anregungen für die Umsetzung in die Praxis innerhalb der einzelnen Kapitel/Bildungsbereiche beinhalten Ausführungen zur „Geeigneten Lernumgebung" (z. B. „Sprache und Literacy": sprachförderliche Ausstattung, S. 213) und zur „Atmosphäre"(z. B. „Sprache und Literacy": Wertschätzung, angstfreies Sprechen, nonverbale Aspekte, S. 213). Bildung und Erziehung geschehen im Dialog (S. 35). Kinder lernen was sie interessiert und was ihre Gefühle anspricht (S. 29).
BE	Alle Bildungsbereiche führen Vorschläge zur Gestaltung des Allltags / Räumen / Materialien / Spielen / Projekten auf (S. 47, 49, 51, 55, 57, 59, 65, 67, 69, 75, 77, 79, 83, 85, 87, 93, 95, 97).
BB	Keine Angaben

HB	Ein gleichberechtigtes forschendes und experimentierendes Mitmachen fördert die Neugier der Kinder (S. 31). Die Fachkraft greift spontane Lernanlässe auf und plant Bildungsangebote (S. 36). Impulsgebende Teilnahme am Spiel, gemeinsame Suche nach Lösungen (S. 33).
HH	Erzieherinnen unterstützen die Kinder u. a. dabei, eigene Lösungswege zu finden, sie ermutigen Kinder ausdauernd zu sein, Fragen zu stellen, sie halten die Neugier und die Lust am Lernen wach und stellen vielfältige Materialien bereit (S. 17).
HE	Kinder benötigen eine positive emotionale Atmosphäre für ihr Lernen. Ein entspanntes Lernklima und Freiraum für entdeckendes Lernen bestärken ihre Lernneugier. Dabei müssen sie Fehler machen dürfen (S. 35f.). Nonverbale Signale werden aufgegriffen, um Kommunikation zu fördern (S. 72). Das Interaktionsgeschehen ist auf Dialog angelegt (S. 127).
MV	Das Prinzip der Selbsttätigkeit des Kindes stellt die Erzieherin vor die Aufgabe, geeignete Lernanlässe zu ermöglichen (S. 24).
NI	Aufgabe der Erzieherin ist es, das Gespräch mit jedem einzelnen Kind zu suchen / Sprechanlässe zu schaffen und sich für seine Themen zu interessieren (S. 34, 36).
NW	Keine Angaben
RP	Die räumliche Ausgestaltung gewährleistet, dass Kinder sich sicher fühlen und selbstbestimmte Aktivitäten möglich werden (S. 80ff.).
SH	Zu den Aufgaben der Erzieherinnen/Erzieher gehört es, Kindern Gespräche / Beziehungen / Gemeinschaftserfahrungen anzubieten (S. 29).
SL	In einem offenen Bildungsklima erhalten Kinder die Möglichkeit, Erfahrungen zu sammeln und sich auszutauschen (S. 11).
SN	Gemeinsam Erlebtes bietet Anknüpfungspunkte für Gespräche („Kommunikative Bildung") (S. 7). „Dialogische Grundhaltung" (S. 13 / Grundlagen).
ST	Pädagogische Fachkräfte begegnen Kindern im Dialog, sie zeigen sich interessiert am Gespräch mit den Kindern, drücken dies durch aktives Zuhören und dem Stellen von Fragen aus (S. 56).
TH	Erzieherinnen haben die Aufgabe eine Atmosphäre zu schaffen, die Kinder anregt / wertschätzt / unterstützt (S. 9).
BL	Mitspielen
BW	Keine Angaben
BY	„Positionieren von Personen" (z. B. mit ihm spielen) um z. B. die Lernerfahrungen des Kindes zu bereichern (S. 436).
BE	Zu den Anforderungen an pädagogische Fachkräfte gehört es, dass sie viele Spiele kennen und selbst Spaß am Spiel haben (S. 35).
BB	Keine Angaben
HB	Erwachsene können durch Mitspielen neue Spielweisen anregen oder neue Handlungsmuster ins Spiel bringen. Kinder gehen auf Spielanregungen von Erwachsenen ein und dabei gelingt es, isolierte Kinder zu integrieren (S. 19).
HH	Erzieherinnen sollten selbst Spaß am Spiel haben und über ein breites Repertoire verfügen (S. 18).
HE	Als allgemeiner pädagogischer Ansatz wird das Positionieren von Personen aufgeführt, womit auch das gemeinsame Spiel gemeint ist, mit dem Ziel, z. B. die Aufmerksamkeit des Kindes zu gewinnen oder seine Lernerfahrungen zu bereichern (S. 101).

MV, NI, NW, RP, SH, SL Keine Angaben	
SN	Pädagogische Fachkräfte nehmen am Spiel der Kinder teil, regen sie zu Neuem an und werden damit zu aktiven Beobachtern (S. 14 / Grundlagen).
ST	Die pädagogischen Fachkräfte sind aufgefordert, z. B. in den Bereichen der Bewegung und der Kreativität aktiv mitzumachen/kreativ zu werden (S. 48, 65).
TH	Erwachsene Mitspieler können Impulse geben / Kenntnisse vermitteln (S. 29).
BL	Scaffolding
BW	Die Erzieherin unterstützt gezielt Entwicklungsprozesse, indem sie dem Kind erklärt, zeigt, vormacht, mit dem Kind übt (S. 46).
BY	Kindern werden durch Hilfestellungen (z. B. Fragen, Hinweise, Anerkennung) unterstützt, mehr Verantwortung für die Lösung eines Problems selbst zu tragen. Eine genaue Beobachtung des Kindes ist notwendig, um den Stand seiner Entwicklung einschätzen zu können und Herausforderungen für die nächste Fähigkeitsstufe anzubieten (S. 434).
BE, BB Keine Angaben	
HB	Die Fachkräfte begleiten die Kinder und helfen den Kindern beim Finden der Antwort (S. 34).
HH	Erzieherinnen unterstützen Kinder darin, ihre eigenen Lösungswege zu finden (S. 17).
HE	Kinder werden beim Lernen gezieltermaßen unterstützt und zwar so, dass sie über das, was sie bereits wissen hinausgehen können. Wichtig ist dabei, den Entwicklungsstand des Kindes genau zu kennen (S. 99).
MV	Keine Angaben
NI	Kinder brauchen Unterstützung und herausfordernde Begleitung (S. 11).
NW	Keine Angaben
RP	Kinder werden gezielt gefördert und unterstützt (S. 102).
SH	Natürliche Bildungsprozesse sollen von den pädagogischen Fachkräften unterstützt werden (S. 10).
SL	Keine Angaben
SN	Kinder werden bei ihrer Suche nach Antworten unterstützt (z. B. Projektarbeit) (S. 7 / Kontexte).
ST	Aufgabe der pädagogischen Fachkräfte ist es, systematisch zu beobachten, wie das Kind mit seinen Erfahrungen umgeht um daraufhin fördernd/unterstützend Bildungsprozesse anzuregen (S. 30).
TH	Kinder erhalten Hilfestellung (S. 99, 103).
BL	Entwicklungspsychologisches Wissen
BW	Der Themenbereich „Wie Kinder lernen" (S. 27-32) beschreibt neurologische Entwicklungsabläufe (Gedächtnisspuren). In den gesamten ersten Teil des Orientierungsplans (Grundlagen) werden wissenschaftliche Erkenntnisse eingeflochten. Im Anforderungsprofil der pädagogischen Fachkräfte (S. 45f.) taucht die Forderung nach entwicklungspsychologischem Wissen nicht auf.
BY	Die Bildungsbereiche und das Bild vom Kind werden entwicklungspsychologisch und neurowissenschaftlich begründet (z. B. S. 23f.).

BE	Die Darstellung des dem Bildungsplan zugrunde liegenden Bildungsverständnisses sowie die Einführungen zu den jeweiligen Bildungsbereichen gehen auf Themen der Entwicklungspsychologie und der Hirnforschung ein (S. 18-22, 45f., 53f., 61f., 71f., 81f. , 89f., 99f.).
BB	Jeder Bildungsbereich („Körper, Bewegung und Gesundheit", „Sprache, Kommunikation und Schriftkultur", „Musik", „Darstellen und Gestalten", „Mathematik und Naturwissenschaft", „Soziales Leben") beginnt mit einer kurzen entwicklungspsychologischen bzw. pädagogisch-psychologischen Einführung (S. 3, 6f., 10, 14, 18, 22f.).
HB	Um Kinder zu verstehen benötigen die Fachkräfte Fachwissen und Kenntnisse zu typischen Entwicklungsthemen der Kinder (S. 32).
HH	Keine Angaben
HE	Das Bild vom Kind wird entwicklungspsychologisch/neurowissenschaftlich begründet („kompetenter Säugling") (S. 28).). Vor allem die Bereich „Mathematik"/„Naturwissenschaften" sowie „Moderierung und Bewältigung von Übergängen (Transitionen)" basieren auf entwicklungspsychologischen Grundannahmen (S. 80, 82, 102-107).
MV	Das pädagogisch-didaktische Prinzip der Orientierung am Kind erfordert Kenntnisse über die kindliche Entwicklung (S. 23). Entwicklungspsychologisches und neurologisches Wissen beeinflusst die Bildungsbereiche (S. 6).
NI	Enwicklungspsychologisches Wissen bildet die Grundlage der Bildungsarbeit (z. B. S. 16f., 36f.).
NW	Keine Angaben
RP	Fachwissen/entwicklungspsychologische Kenntnisse werden vorausgesetzt (S. 26, 102).
SH	Die pädagogischen Fachkräfte werden aufgefordert, sich für neue Ergebnisse der Wissenschaften zu interessieren (S. 10).
SL	Keine Angaben
SN	Entwicklungspsychologische Einführungen/Erkenntnisse aus der Hirnforschung sind im gesamten Bildungsplan integriert.
ST	Das Bildungsprogramm geht im Rahmen der Grundorientierungen und der Bildungsbereiche auf entwicklungspsychologische/neurophysiologische Kenntnisse ein (S. 19, 43, 49, 57, 63, 70, 74).
TH	Der Bildungsplan basiert auf entwicklungspsychologischen Kenntnissen. Jedem Bildungsbereich ist eine Einführung vorangestellt, die in den Tabellen weitergeführt wird, die die Kinder in den unterschiedlichen Entwicklungsphasen (hier als basale / elementare / primare Dimension dargestellt) beschreibt (z. B. „Sprachliche und schriftsprachliche Bildung" S. 42f.).
BL	Anregung / Themen zumuten
BW	Kinder werden ermutigt und herausgefordert, sich mit Neuem bekannt zu machen. Sie werden gezielt angeregt und gefördert (S. 46). Externe Experten (Künstler, Wissenschaftler usw.) können Bildungsprozesse fördern, Orte (Museen, Betriebe usw.) außerhalb des Kindergartens sollten aufgesucht werden (S. 47).
BY	Themenvorschläge können von den Kindern wie auch von den Erwachsenen gemacht werden. Wesentlich ist jedoch, dass Themen nach dem Gegenseitigkeitsprinzip ausgewählt werden. Kinder müssen an Themen durch Fragen/Ideen anknüpfen können. Ein Thema, das vielen Kindern vertraut ist, sollte nicht weiter vertieft werden (S. 71f.). Die pädagogische Fachkraft regt durch Vorschläge die Kinder an, sich mit Neuem zu befassen / neue Problemlösestrategien anzuwenden (S. 437).

BE	Bildung wird auch beschrieben als das überlegte Anregen von kindlichen Bildungsprozessen/Aneignungstätigkeiten durch einen Erwachsenen. Dabei ist die Zielsetzung, in welche Richtung eine Anregung erfolgen soll, im Voraus zu überlegen (S. 18f.). Die Projektarbeit bietet auch die Möglichkeit, Kinder mit neuen Themen bekannt zu machen (S. 35).
BB	Keine Angaben
HB	Bei der Planung von Bildungsangeboten müssen die Fachkräfte berücksichtigen, dass sie den Kindern auch Themen/Fragen zumuten (S. 36).
HH	Bildung benötigt bewusste Anregung der Aneignungstätigkeit des Kindes durch Erwachsene (S. 12). Erzieherinnen geben Impulse, um Spiele zu variieren (S. 18). Sie planen und unterstützen Aktivitäten der Kinder (S. 19). Eine durchdachte Gestaltung der Räume regt die Wahrnehmung an (S. 20). Erzieherinnen tragen Themen an die Kinder heran, die für sie in der Gesellschaft wichtig sind (S. 17).
HE	Kinder werden bei ihren Aktivitäten ermutigt und durch Fragen/Vorschläge angeregt, Neues zu entdecken / Hypothesen aufzustellen (S. 101).
MV	Im Zusammenhang mit den einzelnen Erfahrungsfeldern der Bildungsbereich werden zahlreiche Themenvorschläge gemacht, die das Interesse der Kinder anregen sollen, z. B. durch den Einsatz von Literatur die Neugier für etwas Unbekanntes wecken (S. 30).
NI	Pädagogische Fachkräfte geben Impulse, die der Entwicklung des Kindes förderlich sind (z. B. im Freispiel Anregungen zum Rollenspiel). Hierfür benötigen Erzieherinnen ein reichhaltiges Methodenrepertoire (S. 34).
NW	Keine Angaben
RP	Die Einbindung in die Gesellschaft bringt es mit sich, dass den Kindern auch Themen zugemutet werden (S. 28).
SH	Bildungsziele beziehen sich auf die Zukunft, daher ist es wichtig, dass Erwachsene Kindern auch Themen zumuten (S. 28). Kinder werden mit Inhalten konfrontiert, die ihre Zukunft betreffen (S. 29).
SL	Erzieherinnen ermöglichen Kindern eine Vielzahl von Erfahrungsmöglichkeiten (u. a. Mitarbeit in einem Projekt) (S. 11). Kinder müssen auch neue Inhalte kennen lernen (S. 9).
SN	Die Anregung kindlicher Lernprozesse wird in allen Bildungsbereichen thematisiert. Der Bereich „Ästhetische Bildung“ spricht die Zumutung von Themen an, mit dem Ziel, den Wahrnehmungshorizont der Kinder zu erweitern (S. 4).
ST	Die Interaktion zwischen Erwachsenen und Kindern wird u. a. dadurch gestaltet, dass Kinder mit unbekannten Themen in Berührung gebracht werden (S. 13).
TH	Kinder sammeln neue Erfahrungen („nonformale Bildung“: nicht verbindlich geplant/ strukturiert), z. B. an neuen Lernorten (S. 13).
BL	**Interessen der Kinder ernst nehmen**
BW	Im Zentrum des pädagogischen Angebots stehen die Interessen/Themen der Kinder (S. 46).
BY	Bezugspunkt für jedes Thema ist das Interesse der Kinder (S. 71).
BE	Alle Bildungsbereiche beinhalten Analysefragen, die ein besseres Verständnis der Situation des Kindes und damit seiner Interessen ermöglichen sollen. Besonders bei die Planung und Gestaltung von Projekten ist es Aufgabe der pädagogischen Fachkräfte, die Lebenssituation des Kindes zu erkunden (z. B. gezielte Beobachtung, entwicklungspsychologisches Wissen) (S. 35f.).

BB	Die Analyse kindlicher Lebensverhältnisse und die Beobachtung von Themen der Kinder bilden die Grundlage des pädagogischen Angebots (S. 7, 19).
HB	Aufgabe der Fachkräfte ist es, die aktuellen Themen/Interessen der Kinder wahrzunehmen und ihre Vorschläge/Fragen aufzugreifen (S. 32).
HH	Erzieherinnen erkunden für die Planung von Projekten die Lebenssituation der Kinder (S. 19). Die Themen der Kinder erschließen sich aus ihrem Verhalten und ihren Spielideen (S. 20).
HE	Der Lernprozess richtet sich nach kindlichen Interessen und unterstützt so das Lernen (S. 101).
MV	Die pädagogisch-didaktischen Prinzipien „Kindorientierung" und „Lebensnähe" setzen den Fokus auf die Bedürfnisse des Kindes (S. 23f.).
NI	Die Interessen der Kinder fließen in die pädagogische Arbeit ein. Die Kinder entscheiden mit, auf welches Thema näher eingegangen werden soll (S. 16). Um die Interessen der Kinder / ihren Entwicklungsstand zu erfassen sind systematische Beobachtungen wichtig (S. 50).
NW	Die Erzieherinnen greifen Anlässe auf, die sich aus Spielsituationen der Kinder ergeben (z. B. S. 13).
RP	Das pädagogische Konzept des situationsorientierten Lernens, entwickelt seine Angebote aus Situationen heraus, die für Kinder bedeutsam sind. Kinder lernen aus einem aktuellen Anlass heraus. Es werden ganzheitliche Lernsituationen organisiert (S. 86ff.).
SH	Die Rahmenbedingungen der Kindergruppe sowie die Themen der Kinder werden anhand möglicher Leitfragen erkundet. Um die Interessen der Kinder zu erfassen werden drei Aspekte genannt, die analysiert und dokumentiert werden sollen: Entwicklung/Lebenssituation des einzelnen Kindes, Zugang des einzelnen Kindes zu den Bildungsbereichen sowie Schlüsselsituationen für die Kindergruppe (S. 26f.).
SL	Die Fragen und Themen der Kinder werden ernst genommen und sie sollen erfahren, dass sie mit ihrem Wissen/Können ihre eigene Entwicklung sowie die Entwicklung der Gesellschaft bereichern (S. 9).
SN	Indem pädagogische Fachkräfte sich auf das Spiel der Kinder einlassen, erfahren sie etwas über die Themen, die die Kinder beschäftigen (S. 14 / Grundlagen). Die Forderung nach professionellem Handeln der pädagogischen Fachkräfte bezieht eine genaue Beobachtung und Analyse des Verhaltens der Kinder mit ein, damit die Themen der Kinder erfasst werden können (S. 18 / Grundlagen). Im Bereich „Naturwissenschaftliche Bildung" stammen die Themen der Kinder z. B. aus ihren Alltagserfahrungen (S. 2).
ST	Die Interaktion Erwachsener – Kind lebt davon, dass Themen der Kinder aufgegriffen und beantwortet werden (S. 13, 15). Dafür ist eine genaue Wahrnehmung der Situation der Kinder notwendig, um zu erfahren, was sie beschäftigt (S. 23).
TH	Kinder werden bei ihrem Interesse für ihre eigenen Themen von Erwachsenen / älteren Kindern unterstützt („informelle Bildung") (S 13).
BL	Didaktik / Methoden
BW	Als Methoden werden genannt: Spielerische Lernformen, Projektarbeit, Aktivitätsangebote, Freispiel usw. (S. 46).

BY	Eine Fülle von Methoden / Moderationstechniken / pädagogischen Ansätzen wird innerhalb der einzelnen Kapitel angesprochen. Projekte stellen einen großen Teil der Praxisbeispiel dar (z. B. Themenbereich „Naturwissenschaft und Technik", S. 284f.). Tabellarisch werden Moderationsmethoden aufgeführt (z. B. Demonstrieren, Beschreiben, Erleichtern, Singen usw.) (S. 435ff.).
BE	Die Projektarbeit („strukturiertes Erfahrungslernen") bildet ein zentrales Moment des Bildungsplans. An der Gestaltung, Durchführung und Reflexion von Projekten sind die Kinder beteiligt (S. 35). Jeder Bildungsbereich enthält zahlreiche kurze Vorschläge (z. B. Bildungsbereich „Musik": Gruppensong schreiben, S. 85).
BB	Jeder Bildungsbereich („Körper, Bewegung und Gesundheit", „Sprache, Kommunikation und Schriftkultur", „Musik", „Darstellen und Gestalten", „Mathematik und Naturwissenschaft", „Soziales Leben") beinhaltet Beispiele guter Praxis. Hier finden sich auch Anregungen zur Material- und Raumausstattung (S. 4f., 8f., 12f., 16f., 20f.).
HB	Im Elementarbereich erfüllt nicht eine einheitliche Methodik den Bildungsauftrag, sondern kindliche Fragen werden in Form von Projekten aufgegriffen. Diese werden flexibel und offen durchgeführt (S. 36).
HH	In Projekten wird entdeckend und forschend gelernt. Die Kinder setzen sich mit Themen ihrer Lebensrealität auseinander und planen Projekte mit, legen zeitliche und inhaltliche Aspekte gemeinsam fest (S. 19).
HE	Didaktik und Methodik werden als Voraussetzung für die Moderierung von Lernprozessen beschrieben. Als spezifische pädagogische Ansätze sind aufgeführt: Ko-Konstruktion, Schaffung einer lernenden Gemeinschaft, Dekonstruktion sozialer Realität, Philosophieren mit Kindern, Ermächtigung, Verstärkung, Scaffolding, Problemlösen und Aufgabenanalyse. Tabellarisch sind allgemeine pädagogische Ansätze aufgelistet, z. B. demonstrieren, beschreiben, zuhören, fragen, singen, üben und wiederholen (S. 94-101).
MV	Folgende pädagogisch-didaktische Prinzipien werden aufgeführt: Kindorientierung, Differenzierung und Individualisierung, Lebensnähe, Kontinuität und Förderung, Selbsttätigkeit sowie die Gleichzeitigkeit von Spielen und Lernen (S. 23f.).
NI	Erzieherinnen benötigen ein großes Methodenwissen (S. 34). Die Beobachtung stellt eine wesentliche Methode der Bildungsbegleitung dar (S. 50).
NW	Keine Angaben
RP	Methodische Aspekte beziehen sich auf u. a. die räumliche Gestaltung, das Spiel als Lernform, situationsorientiertes Lernen, Projektarbeit usw. (S. 79-90).
SH	Methodik in fünf Schritten: „Analyse der Rahmenbedingungen" (z. B. Umfeldanalyse, Ressourcen der Erzieher), „Erkunden der Themen der Kinder" (z. B. Familiensituation, kultureller Hintergrund der Kinder, Interessen), „Entscheiden für Themen und Ziele" (z. B. Schlüsselsituationen), „Handeln" (z. B. Überlegungen zu weiterführenden Angeboten, Zielveränderung im Prozess) und „Nachdenken" (z. B. Erreichen der Ziele, weitere Schritte) (S. 26-30).
SL	Als Aufgaben der Erzieherinnen werden u. a. genannt: den Alltag mit anregenden Lerngelegenheiten gestalten, Spiele anregen/begleiten, Projekte planen und Räume gestalten (S. 17).
SN	Das Kapitel „Didaktisch-methodische Überlegungen" befasst sich mit der Gestaltung der Lernumgebung (z. B. Raum, Materialausstattung) und mit der Beobachtung (Themen der Kinder erfassen) als Voraussetzung für den Ansatz der Projektarbeit. Diese wird als Methode des „Entdeckens der Welt" beschrieben. Die pädagogischen

	Fachkräfte begleiten die Kinder bei ihrer Suche nach Lösungen und Antworten, gestalten die Lernumgebung so, dass aus allen Bildungsbereichen unterschiedliche Aspekte mit einfließen. Die am Projekt Beteiligten bilden eine Lerngemeinschaft (S. 1-8 / Kontexte).
ST	Jeder Bildungsbereich beinhaltet „Anforderungen an das erzieherische Handeln". Hier finden sich knappe Anregungen für das Erzieherverhalten, z. B. worauf zu achten ist, welche Medien/Methoden eingesetzt werden können (S. 48, 56, 62, 68, 73, 78).
TH	Didaktisch aufbereitete Lernsituationen sind notwendig, damit bestimmte Kenntnisse/Fähigkeiten vermittelt werden können (S. 30). Diese sind häufiger im Bereich der primaren Bildung zu finden.
BL	Verhaltensbeobachtung
BW	Zur Aufgabe der Erzieherin gehört das Wahrnehmen und Beobachten der Entwicklung des Kindes. Dieses Wissen ist richtungweisend für die weitere pädagogische Planung der Angebote (S. 47).
BY	Die Beobachtung von Lern- und Entwicklungsprozessen des Kindes ist Grundlage des pädagogischen Handelns. Grundsätze: für jedes Kind, gezielt, regelmäßig, kompetenzorientiert, Kinder sind aktive Teilnehmer, einheitliches Grundschema. Drei Ebenen der Methoden: Ergebnisse kindlicher Aktivitäten, freie Beobachtung, strukturierte Beobachtung (S. 464ff.).
BE	Die Beobachtung stellt die Grundlage einer gezielten Unterstützung der individuellen Lern- und Entwicklungsprozesse des Kindes dar (S. 13, 27). Die Verhaltensbeobachtungen sollten in regelmäßigen Abständen und mit bestimmten Zielsetzungen (individuelle Entwicklung/Interessen der Kinder) erfolgen (S. 37-39). Als Hilfen für eine detaillierte Beobachtung wird jeder Bildungsbereich unterteilt in drei Teilbereiche: „Das Kind in seiner Welt", „Das Kind in der Kindergemeinschaft", Weltgeschehen erleben, Welt erkunden". Zu jedem dieser Aspekte finden sich eine Reihe von Analysefragen, die den jeweiligen Beobachtungsschwerpunkt vorgeben (z. B. Bildungsbereich „Körper, Bewegung und Gesundheit" im Hinblick auf das Kind in der Kindergemeinschaft: Welche Kinder sitzen beim Essen gerne zusammen? (S. 48). Weitere Hilfestellungen geben die aufgeführten Beobachtungsregeln, die die einzelnen Schritte von der Wahrnehmung bis zur Bewertung anhand von Fallbeispielen darstellen (S. 38f.).
BB	Die Kompetenzen der Kinder werden in den einzelnen Bildungsbereichen („Körper, Bewegung und Gesundheit", „Sprache, Kommunikation und Schriftkultur", „Musik", „Darstellen und Gestalten", „Mathematik und Naturwissenschaft", „Soziales Leben") mit Hilfe regelmäßiger Beobachtungen festgehalten und reflektiert. Daran kann sich die individuelle Förderung eines Kindes anschließen (S. 4, 7, 12, 15, 19, 23).
HB	Jedes Kind hat das Recht, beobachtet zu werden und es soll wissen, warum es beobachtet wird (S. 23). Um Kinder zu verstehen ist beobachten, zuhören usw. wichtig. Erforderlich ist dazu Zuwendung und Zeit seitens der Fachkraft (S. 32).
HH	Die Beobachtungsabsicht muss zuvor geklärt werden, z. B. Entwicklungen einzelner Kinder, Situationen innerhalb der Kindergemeinschaft. Qualitätskriterien: Regelmäßigkeit, Dokumentation, Förderplan usw. (S. 21). Schritte der Beobachtung: Beobachten und Beschreiben, Interpretieren und Dokumentieren, Bewerten und Entscheiden (S. 22).
HE	Systematische Beobachtung lässt die Lern- und Entwicklungsprozesse erkennen und individuell begleiten (S. 38). Es können freie Beobachtungen sowie strukturierte Formen der Beobachtung verwendet werden (S. 122).

MV	Keine Angaben
NI	Die gezielte Beobachtung (sensible Wahrnehmung) der Aktivitäten der Kindergruppe und des einzelnen Kindes bildet die Basis dafür, Bildungsprozesse geschickt anzuregen (S. 34). Das Kapitel „Beobachtung und Dokumentation – Grundlagen methodischen Vorgehens“ hält die Neugier der Erwachsenen als Voraussetzung für gelingende Beobachtungen fest. Beobachtungen sollen systematisch und in regelmäßigen Abständen erfolgen. Mögliche Leitfragen finden sich am Ende jedes Bildungsbereichs. Die Beobachtung ist die Voraussetzungen für die Bildungsbegleitung des Kindes (S. 39).
NW	Die beobachtende Wahrnehmung (von der Vielfalt der kindlichen Handlungen, seinen Ideen und Werken usw.) bildet die Grundlage für eine zielgerichtete Bildungsarbeit (S. 7).
RP	Das Kapitel „Beobachtung" betont die Bedeutung einer kontinuierlichen Verhaltensbeobachtung und den sich anschließenden fachlichen Diskurs für die Unterstützung der individuellen Lernprozesse jedes Kindes. Beobachtung auch als Beziehungsangebot an das Kind. Vorgefertigte Raster sind auf Entwicklungsoffenheit und Ressourcenorientierung hin zu überprüfen (S. 91ff.).
SH	Die Beobachtung dient der Unterstützung der Entwicklung des Kindes (S. 29).
SL	Jedes Kind wird regelmäßig beobachtet (Entwicklungs- und Bildungsfortschritte) (S. 17).
SN	Die Beobachtung des Verhaltens der Kinder ist Voraussetzung dafür, zu erfahren, was sie tatsächlich beschäftigt. Das Kapitel „Wahrnehmen, beobachten, reflektieren“ fordert zunächst einen wohlwollenden Blick auf die Aktivitäten des Kindes. Leitfragen könnten z. B. sein: Was mag dieses Kind? Welche Bedürfnisse hat es? Diese Fragestellungen helfen, die Beobachtung zu strukturieren und gleichzeitig, die Wahrnehmung des Beobachters zu konzentrieren (S. 3ff. / Kontexte).
ST	Systematische Verhaltensbeobachtungen bilden die Grundlage zur Unterstützung der Bildungsprozesse des einzelnen Kindes (S. 16). Die Beobachtung selbst wird verstanden, als die Wahrnehmung der von den Kindern entwickelten Konzepte. Die Wahrnehmungen der Erwachsenen müssen wiederum analysiert werden und mit den eigenen Kenntnissen verglichen werden (S. 23). Jeder Bildungsbereich enthält „Leitfragen zur Beobachtung“, die es den pädagogischen Fachkräften ermöglichen sollen unterschiedliche Gesichtspunkte zu fokussieren (S. 46, 54, 61, 66, 72, 77).
TH	Die geplante Beobachtung (selektive Vorgehen) verfolgt eine bestimmte Fragestellung, geht ressourcenorientiert vor und hat zum Ziel die Wirklichkeit des Kindes zu erfassen. Sie macht die pädagogische Arbeit transparenter und ermöglicht das Bestimmen pädagogischer Qualität. Eine Reihe möglicher Beobachtungsgründe wird aufgezählt (z. B. Entwicklungsstand erkenne, Grundlage für Elterngespräch, Darstellung pädagogischer Arbeit). Idealerweise wird die Beobachtung durch verschiedene Beobachter durchgeführt (Teamgespräche). Sachverhalt / Erklärung / Bewertung stellen die Ebenen der Beobachtung dar (S. 129f.).
BL	Dokumentation
BW	Der Entwicklungsstand des Kindes wird regelmäßig dokumentiert (S. 47).
BY	Lernprozesse im Rahmen von Projekten lassen sich in Dokumentationen festhalten und diesen der Reflexion der pädagogischen Fachkräfte (S. 75).

BE	Die Ergebnisse der Reflexion der Beobachtung werden schriftlich festgehalten. Pädagogische Fachkräfte stehen vor der Aufgabe, ein Dokumentationssystem (Einsatz unterschiedlicher Medien) anzulegen, welches sich im Laufe der Zeit zu einer Bildungsbiographie des Kindes entwickelt (S. 39). Die Dokumentation bietet Anknüpfungspunkte für den Dialog mit den Eltern (S. 113).
BB	Siehe Verhaltensbeobachtung
HB	Beobachtungen werden schriftlich festgehalten. Diese Dokumentation (Auswertungen von Aufzeichnungen, Führen von Entwicklungsbögen) bildet die Grundlage für die weitere Arbeit mit den Kindern. Jedes Kind besitzt eine Mappe, in die es selbst Eintragungen veranlassen kann, bzw. Zeichnungen usw. beifügen kann. Die Eltern können diese Mappe jederzeit einsehen und sie kann als Grundlage für eine weitere Förderung in der Schule dienen (S. 32).
HH	In der Dokumentation werden die beobachteten Sachverhalte gekennzeichnet, z. B. Vermutungen, Ursachen, Bewertungen. Bei der Auswertung müssen verschiedene Punkte beachtet werden, z. B. welche Signale zeigen Wohlbefinden / innere Beteiligung usw. Im Anschluss überlegen die Erzieherinnen, wie die Kompetenzen des Kindes gestärkt werden können, welche Impulse es benötigt usw. (S. 22f.).
HE	Das Kapitel „Dokumentation der kindlichen Lern- und Entwicklungsprozesse" beschreibt die Dokumentation als Grundlage der pädagogischen Arbeit. Sie hilft die Perspektive von Kindern zu verstehen, zeigt seine Entwicklung/Fähigkeiten, ist Basis für Entwicklungsgespräche mit den Eltern. Das Dokumentieren umfasst eine systematische Auswertung/Reflexion von Aufzeichnungen, woraus pädagogische Zielsetzungen abgeleitet werden. Zudem dient sie der Evaluation pädagogischen Handelns. Die Dokumentation spiegelt die Komplexität der Entwicklung jedes einzelnen Kindes wider (S. 121f.).
MV	Keine Angaben
NI	Beobachtungen werden schriftlich festgehalten und zu einer Bildungsdokumentation des Kindes zusammengetragen. Diese können für Gespräche mit den Eltern genutzt werden (S. 39).
NW	Die Beobachtungen und Auswertungen sollen den Bildungsprozess des Kindes dokumentieren. Die Eltern müssen sich damit einverstanden erklären (S. 7).
RP	Das Kapitel „Bildungs- und Lerndokumentation" hat zum Ziel, die intraindividuelle Entwicklung des einzelnen Kindes zu verfolgen. Hierbei wird eine prozesshafte Entwicklung von Methoden angestrebt. Dokumentationen sind Bestandteil der Qualitätssicherung von Kindertageseinrichtungen (S. 95-100).
SH	Bildungsprozesse werden aktiv begleitet, durch Beobachtung / Dokumentation / fachlichem Austausch (S. 29).
SL	Die Beobachtungen der Entwicklungs- und Bildungsfortschritte werden dokumentiert und in gemeinsamen Gesprächen mit Kind / Eltern / Team ausgewertet (S. 17).
SN	Die Selbstbildungsprozesse des Kindes müssen anhand von Dokumentationsverfahren (z. B. „Ich als Kind": Fotos, Zeichnungen, Notizen) festgehalten werden. Diese dienen der Transparenz in der pädagogischen Arbeit und bieten eine Grundlage zur Reflexion der Bildungsprozesse des Kindes. Für das Kind selbst sind sie Dokumente seiner Entwicklung (S. 5f. / Kontexte).
ST	Keine Angaben

TH	Die Dokumentation dient dem fachlichen Austausch (auch Beratung) und macht pädagogische Qualität sichtbar. Unterschieden werden die professionelle Dokumentation (dient auch der Planung von Förderangeboten) und die Selbstdokumentation des Kindes (Selbstzeugnisse) (S. 130f.).
BL	Diagnostik / Förderplan für das individuelle Kind auf Grundlage der Beobachtung und Dokumentation
BW	Die Förderung des einzelnen Kindes erfolgt auf der Grundlage von Beobachtung und Dokumentation (S. 47).
BY	Diagnostik bei „Risikokindern" (S. 156).
BE	Besondere Angebote zur Unterstützung der Bildungsprozesse des Kindes können aufgrund einer detaillierten Beobachtung angeregt werden (S. 27, 39).
BB	Eine Förderung kann sich an Beobachtung und Dokumentation anschließen (siehe Verhaltensbeobachtung).
HB	Individuelle Förderung meint das Einlassen auf Kinder mit speziellen Bedürfnissen (Unterstützung/Förderung von Begabung). Bei weiterem Förderbedarf bespricht sich das Team und leitet gezielte Fördermaßnahmen in die Wege (S. 33).
HH	Auf der Grundlage von Beobachtung und Dokumentation kann ein Förderplan erstellt werden (S. 21).
HE	Innere Differenzierung ermöglicht das Eingehen auf die individuellen Bedürfnisse der Kinder. Systematische Beobachtung und Dokumentation haben auf eine individuelle Lernbegleitung zum Ziel (S. 38).
MV	Das Prinzip der Differenzierung und Individualisierung orientiert sich am jeweiligen Entwicklungsstand des einzelnen Kindes (S. 23).
NI	Individuelle Förderangebote können auf der Grundlage der systematischen Beobachtungen entwickelt werden (S. 39).
NW	Keine Angaben
RP	Die Dokumentation des eigenen Entwicklungsverlaufs des Kindes zeigt, in welchen Bereichen es einer besonderen Förderung bedarf (S. 97).
SH, SL Keine Angaben	
SN	Eine differenzierte Wahrnehmung der Bedürfnisse des Kindes durch die Beobachtung ermöglicht es, seine Entfaltungsmöglichkeiten zu stärken (S. 4 / Kontexte). Mit Hilfe der Dokumentation kindliche Lern- und Entwicklungsprozesse können in Gesprächen mit den Eltern gemeinsam Wege für einen individuellen Bildungsplan diskutiert werden (S. 11 / Kontexte).
ST	Siehe Verhaltensbeobachtung
TH	Die professionelle Dokumentation dient als Grundlage für die Erstellung zusätzlicher Förderangebote (S. 130).
BL	Reflexion der Erziehungs- und Bildungsziele
BW	Keine Angaben
BY	Beobachtungen von Lern- und Entwicklungsprozessen des Kindes werden systematisch ausgewertet und dienen der Reflexion von Beobachtungen sowie der Überprüfung der Ergebnisse pädagogischen Handelns (S. 465).
BE	Der in Bildungsbereiche gegliederte Aufbau des Bildungsplans soll es den pädagogischen Fachkräften erleichtern, zu reflektieren, ob die einzelnen Aspekte in ihrer Kon-

	zeption/alltäglichen Arbeit hinreichend berücksichtigt werden (S. 13). Die Reflexion bezieht sich auf das eigene Handeln (Themenwahl, Planung, Zielsetzung Ergebnis) und sollte auch in der Zusammenarbeit mit dem Kollegium stattfinden (S. 36, 123).
BB	Jeder Bildungsbereich („Körper, Bewegung und Gesundheit", „Sprache, Kommunikation und Schriftkultur", „Musik", „Darstellen und Gestalten", „Mathematik und Naturwissenschaft", „Soziales Leben") beinhaltet einen Unterpunkt, der sich mit dem Selbstverständnis der pädagogischen Fachkraft beschäftigt. Anhand z. B. pädagogischer Fachdiskussionen entwickeln sie ihre pädagogische Kompetenz weiter (S. 4, 7, 12, 16, 19, 23).
HB	Bei der Planung und Durchführung von Bildungsangeboten sind verschiedene Punkte zu berücksichtigen, z. B. dass Kinder forschend lernen und beteiligt werden (S. 36).
HH	Erfahrungen, die in der Projektarbeit gewonnen werden, werten alle Beteiligten gemeinsam aus (wie aktiv haben sich die Kinder beteiligt, worin liegt der Erfolg) (S. 19). Im Team überlegen sich die Erzieherinnen regelmäßig, ob die sieben Bildungsbereiche inhaltlich bei ihren Planungen angemessen berücksichtigt werden (S. 26). Die Träger bieten fachliche Reflexion an (S. 76).
HE	Selbst- und Fremdevaluation/Qualitätsentwicklung (S. 123f.), sowie Teamarbeit als Grundlage für die Gestaltung der Bildungsprozesse (S. 118).
MV	Am Ende jedes Erfahrungsfeldes finden sich Impulse zur Reflexion der Inhalte. Diese Fragen richten sich in erster Linie an die Kinder und ihre Lernerfahrung (z. B. Welche Technik verwende ich im Alltag? S. 54).
NI	Teambesprechungen, Supervision, Fachberatung unterstützen die fachliche Reflexion des pädagogischen Handelns (S. 41).
NW	Die Träger evaluieren die Bildungsarbeit der Einrichtungen intern (S. 9).
RP	Beobachtungen und Dokumentation sind Grundlagen für die Reflexion. Die Erzieherin beobachtet Situationen und Bildungsprozesse des Kindes reflexiv (S. 102).
SH	Das Kapitel „Methodische Hinweise zur gemeinsamen Gestaltung von Bildungsprozessen" stellt zu jedem Unterpunkt des methodischen Vorgehens Fragen, die die Reflexion der einzelnen Schritte anregen können (S. 26-30). Insbesondere der letzte Schritt des methodischen Vorgehens „Nachdenken" geht auf die Evaluation der Bildungsprozesse ein (z. B. Wurden die gesetzten Ziele erreicht?) (S. 30). Pädagogische Fachkräfte sollen Theorien als Reflexionsanregung nutzen (S. 10).
SL	Keine Angaben
SN	Anhand des Bildungsplans lassen sich die Handlungen im pädagogischen Alltag reflektieren (S. 3 / Grundlagen). Eine Reflexion der Bildungsprozesse der Kinder ist notwendig, um die Lernumgebung angemessen gestalten zu können, diese Reflexion wird in den einzelnen Bildungsbereichen gefordert (S. 1 / Kontexte).
ST	Damit die Bildungsprozesse der Kinder angemessen durch die pädagogische Fachkraft reflektiert werden können, ist diese auf weitere Qualifikationen angewiesen (S. 27). Da dem Erwachsenen eine Vorbildfunktion beim Spracherwerb des Kindes zukommt, ist es notwendig, das eigene Sprachverhalten zu reflektieren (S. 51).
TH	Siehe Verhaltensbeobachtung
BL	Selbstreflexion
BW, BY, BE Keine Angaben	

BB	Selbstreflexion als Möglichkeit, die eigene pädagogische Kompetenz auszubauen (S. 2).
HB	Die Fachkräfte machen sich die eigenen Verhaltensweisen ständig bewusst und tauschen sich im Team darüber aus (S. 31). Um Kinder zu verstehen, ist es wichtig, sich an seine eigene Kindheit zu erinnern und sich selbst zu kennen (S. 32).
HH	Keine Angaben
HE	Der Erwachsene ist verantwortlich für die Steuerung des Interaktionsgeschehens zwischen Fachkraft und Kind. Hierfür werden Qualitätskriterien beschrieben (siehe Beziehung anbieten / Zuwendung) (S. 125ff.).
MV	Keine Angaben
NI	Das eigene Sprachverhalten sollte überlegt gestaltet werden (S. 20).
NW	Keine Angaben
RP	Die Erzieherin reflektiert ihre eigene Bildungsbiographie und bildet sich regelmäßig weiter (S. 102).
SH	Als Anforderungen an pädagogische Fachkräfte wird u. a. die Bereitschaft zur Reflexion der eigenen Lebensgeschichte genannt (S. 10).
SL	Keine Angaben
SN	Die eigene Berufsrolle muss überdacht werden, z. B.: Bin ich bereit Macht abzugeben, sodass Kinder an Entscheidungen und Prozessen partizipieren können? (S. 18 / Grundlagen).
ST, TH Keine Angaben	

6 Ergebnisse

Aufgrund der Vielzahl der Kategorien werden an dieser Stelle jene ausgewählt, die für den in dieser Arbeit verfolgten Ansatz der frühen Bildung besonders interessant erscheinen. Diese Auswahl wird anhand der Fragestellungen zusammenfassend betrachtet. Weitere Hinweise zu einzelnen Kategorien finden sich im Diskussionsteil.

6.1 Bildung im Objektbezug

➔ Mathematik:

Der Bildungsbereich Mathematik wird in allen Bildungsplänen der 16 Bundesländer intensiv und umfangreich thematisiert, konkrete Vorschläge zu Inhalten und Zielsetzungen werden zum Teil sehr ausführlich dargestellt. Mathematische Inhalte in den Kindergartenalltag zu integrieren, bzw. Kinder für Mathematisches zu sensibilisieren stellen die Hauptanliegen aller Bildungspläne dar. Mathematik gilt als Ordnungssystem für Vorstellungen, womit kognitive Verarbeitungsprozesse in den Vordergrund treten, die jedoch eingebettet sind, in das konkrete Tun des Alltags. Mathematische Begriffe sind theoretische Konstruktionen und damit Denkprodukte, die nicht auf rein empirischer Basis erfasst werden können. Besondere Bedeutung kommt daher der Verbalisierung mathematischer Sachverhalte zu, wodurch der mathematischen Aspekt in den Gedankenkreis des Kindes gebracht wird (BY, BE, HE, MV, NI, ST, TH). Methodisch ist der Kindergartenalltag auf mathematisches Geschehen hin zu untersuchen. Einige Bildungspläne verweisen auf die Verknüpfungen der Mathematik mit sprachlichen / naturwissenschaftlichen / musischen / motorischen / sozialen Bereichen (BY, HE, MV, NI, NW, TH).

➔ Architektur / Heimat:

Dieser Bildungsaspekt wird von neun Empfehlungen (BY, BE, BB, HH, NI, NW, SN, ST, TH) in unterschiedlichen Bereichen aufgegriffen. Im Kontext von Kunst, der Erkundung des Lebensumfeld, des sozialen und kulturellen Lernens finden sich Anregungen, mit Kindern Exkursionen zu planen: Entdeckung von Denkmälern, interessanten Gebäuden, Kirchen und öffentlichen Einrichtungen etc. Dabei steht das forschende Lernen Zentrum der Aktivitäten.

➔ Kunst / Ästhetik:

Alle Bildungspläne gehen auf die Bedeutung künstlerischer Ausdrucksformen für die Bildungsprozesse des Kindes ein. Kunst und ästhetische Erfahrungen sprechen alle Sinne an und heben die Selbsttätigkeit des Kindes hervor. Zielsetzung ist die Schulung differenzierter Wahrnehmungs- und Ausdrucksmöglichkeiten, womit ebenfalls der emotionale Aspekt von Bildung angesprochen wird. Der Bildungsbereich stellt die Kreativität und das uneingeschränkte schöpferische Tun in den Mittelpunkt. Die therapeutische Wirkung dieser Verarbeitungsprozesse wird hervorgehoben (BB, MV). Die Haltung der pädagogischen Fachkräfte ist unbedingt wertschätzend gegenüber dem Schaffen des Kindes (BY, BE, BB, HB, NW, ST). Einige Zielformulierungen beziehen sich auf den Erwerb bestimmter Fertigkeiten und Wissen im Umgang mit Materialien, Werkzeugen, Techniken (BY, BE, HH, HE, MV, NI, TH) ein. Ein weiterer Aspekt ist, Kindern den Zugang zur Kunst durch die Betrachtung von Kunstwerken und die Begegnung mit Künstlern zu ermöglichen (BW, BE, HH, HE, MV, NI, SH, SN, ST, TH).

➔ Literatur:

Insgesamt befassen sich sieben Bildungspläne explizit mit dem Thema Literatur als Bildungsgelegenheit, wobei fünf dieser Pläne den Umgang mit Literatur im Zusammenhang mit dem Erwerb der Schriftsprache (Literacy) aufführen. Dabei soll die Freude am Lesen, die Neugier auf Schrift geweckt werden. Das bedeutet, der kompetente Umgang mit Literatur wird als Vorläufer für das spätere Lesen- und Schreibenlernen betrachtet (BY, BE, BB, HE, SN). Zwei Bildungspläne formulieren die die Persönlichkeit bildenden Aspekte von Literatur (HH, MV). Literatur eröffnet unbekannte Welten und ist ein Schlüssel zur Vielfalt sprachlicher Erscheinungsformen. Die Zielsetzung ist hierbei, eigene Gedanken und Deutungen in der Auseinandersetzung mit den unterschiedlichen sprachlichen Textformen zu entwickeln. Ein Bildungsplan (MV) geht sehr differenziert auf die pädagogischen Gestaltungsmöglichkeiten ganz unterschiedlicher literarischer Textarten ein. Die Zielformulierungen richten sich dabei auf kognitive, emotionale und moralische Lerninhalte (z. B. Sprache ausdifferenzieren, Wissen erweben, Gefühle ausdrücken, Werte entwickeln).

➔ Lesen / Schreiben / Literacy:

Fast alle Bildungspläne (außer NW) haben den Erwerb schriftsprachlicher Kompetenzen im Blick. Beim Lesen- und Schreibenlernen spielen so genannte „phonologische Operationen" eine wichtige Rolle (BW, BY, HH, HE, MV, RP, SH). Schreibhandlungen werden in den Alltag oder in Rollenspiele eingebaut, sodass Erfahrungen mit Schriftsprache angeregt werden (BW, BY, BE, BB, HB, HH, HE, RP, SH, SN, ST, TH). Eine wichtige Rolle spielt die pädagogische Fachkraft, die sich ihrer Vorbildfunktion im Umgang mit Schrift und Sprache bewusst sein muss (ST, TH). Bildungsprozesse werden in diesem Bereich in erster Linie angeregt durch das Vorlesen, das Spiel mit Sprache (Reime, Wortspiele, Silben klatschen) und einen alltäglichen Umgang mit Schrift (Kommunikationsmedium, Schreibmaterialien stehen zur Verfügung). Ein Bildungsplan (MV) spricht das Training der Handmuskulatur (Feinmotorik) als Vorübung für das Schreibenlernen an.

➔ Theater:

Zwölf Bundesländer (BW, BY, BE, HE, MV, NI, NW, RP, SH, SL, SN, TH) gehen in ihren Empfehlungen in unterschiedlicher Weise auf das Theaterspiel ein, bei dem Rollenübernahme und Perspektivwechsel sowie unterschiedliche Ausdrucksformen erprobt werden können. Hierbei spielen sowohl ästhetische Aspekte eine Rolle, als auch körperliche Bewegungen, der Umgang mit Emotionen und das soziale Lernen. Den Körper als Medium für darstellendes Gestalten zu entdecken, eröffnet eine Fülle von Bildungsprozessen (BW, MV, NI, RP, SH, SN). Die Übernahme unterschiedlicher Rollen und die damit verbundenen Lerngelegenheiten (soziale Interaktion, Perspektivübernahme, Bedürfnisse äußern) sind ein anderer Schwerpunkt dieses Bildungsbereichs (BW, BY, HE, MV, RP, SH, TH). Die Unterstützung der sprachlichen Entwicklung gilt als weiterer Prozess, der durch das Spielen unterschiedlicher Rollen oder den Besuch eines Theaterstücks gefördert werden kann (MV, TH). Wissen über das Theater und das Theaterspiel zu erwerben spielt in zwei Plänen eine Rolle (BY, HE).

➔ Philosophie / Ethik / Religion:

Bis auf drei Bildungspläne thematisieren alle die Entwicklung von Wertevorstellungen und die Auseinandersetzung mit existentiellen Fragen (BW, BY, BE, HB, HH, HE, NI, RP, SH, SL, SN, ST, TH). Während in einigen Empfehlungen die Auseinandersetzung mit der christlichen Religion, Glaubensfragen und die Gestaltung dieses Glaubens im Mittelpunkt steht (BW, BY, HE, HH, RP, SH, SN), thematisieren andere (BE, HB, NI, ST, TH) stärker den Austausch über Sinnfragen des Lebens, über Normen und Werte. In philosophischen Gesprächen entwickeln Kinder ihre Ausdrucksfähigkeit und ihr Denkvermögen, Probleme und Fragen werden aus verschiedenen Perspektiven beurteilt. Kinder lernen dabei, Sachverhalte oder Vorstellungen einer gedanklichen Prüfung zu unterziehen und somit kritisch zu hinterfragen.

➔ Unterschiede zwischen Menschen:

Alle Empfehlungen empfinden Unterschiede zwischen Menschen als Bereicherung für die Gemeinschaft und das Zusammenleben. Dabei steht die Integration soziokultureller Vielfalt im Vordergrund und die integrative Erziehung von behinderten und nicht-behinderten Kindern wird von der Hälfte der Bildungspläne thematisiert (BW, BY, HB, HE, NI, RP, SH, TH). Hier soll der Fokus auf die individuelle Förderung des Kindes gelegt werden und eine gleichberechtigte Teilhabe an der Kindergemeinschaft möglich sein. Allerdings bleiben die Anregungen zur Umsetzung einer integrativen Erziehung äußerst vage und beschränken sich auf rein Grundsätzliches. Innerhalb der einzelnen Bildungsbereiche existieren keine Differenzierungen hinsichtlich der Integration behinderter Kinder.

➔ Kultur / Interkulturelles:

Auf diesen Aspekt von Bildung gehen beinahe alle Empfehlungen in unterschiedlicher Art und Weise ein. Während interkulturelle Erfahrungen als relativ wichtig für die Entwicklung von Wertevorstellungen und als Bereicherung der eigenen Kultur angesehen werden (BY, HB, HE, NI, NW, RP, SH, SL, SN, ST, TH), wird das Leben einer Kultur im Alltag sowie die Nutzung / Schaffung kultureller Angebote weniger ausführlich thematisiert (BY, BE, HH, HE, MV, NW, RP, TH). Exkursionen zu Museen, Schlössern, Burgen, die Gestaltung von Festen, Gespräche mit Zeitzeugen, eigene Ausstellungen organisieren etc. sind wesentliche Bildungsgelegenheiten, die in nur wenigen Empfehlungen als Anregungen aufgeführt werden.

➔ Geschlechtssensible Pädagogik:

Das Thema Mädchen – Jungen wird in nahezu allen Bildungsplänen aufgegriffen (BW, BY, BE, HB, HH, HE, MV, NI, NW, RP, SH, SN, ST, TH). Die Gleichbehandlung und Gleichberechtigung beider Geschlechter steht dabei im Vordergrund. Insbesondere im Zusammenhang mit mathematischen / naturwissenschaftlichen / technischen Erfahrungsfeldern sollen geschlechtsstereotype Rollenzuweisungen überdacht und vermieden werden. Die Entwicklung der Geschlechtsidentität des Kindes bedarf einer genderbewussten pädagogischen Arbeit. Mädchen und Jungen werden zu „geschlechtsuntypischen" Spielen aufgefordert (NI, TH) „typische" Aktivitäten werden eher selten unterstützt (BY). Hier schließt sich die Frage an, ob das emanzipatorische „Gleichmachen" von Mädchen und Jungen und damit eine geschlechtsneutrale Pädagogik den beiden Geschlechtern tatsächlich gerecht wird. Vielleicht sollte jedoch darüber nachgedacht werden, ob nicht vielmehr auch die Eigenarten der Geschlechter und ihre besonderen Bedürfnisse berücksichtigt werden sollten. Folglich wären pädagogische Angebote aus diesem Blickwinkel auch nach Geschlecht differenziert sinnvoll. Hinsichtlich der Vorbildfunktion von weiblichen pädagogischen Fachkräften für kleine Jungen wird ein stärkerer Einbezug von Männern in den Kindergartenalltag gefordert (HH, NI, RP).

6.2 Individuelle kindbezogene Bildungsinhalte

➔ Bindung:

Die Beziehung des Kindes zu seiner Bezugsperson wird in fast allen Empfehlungen (außer SL) in irgendeiner Weise formuliert. Einige Bildungspläne gehen ausführlich auf die Bedeutung dieser emotionalen Basis ein, andere streifen dieses Thema nur am Rande. Positive Beziehungen gelten als Voraussetzung für die Lern- und Bildungsprozesse des Kindes (BY, BE, HB, HH, RP, SH, ST, TH), weshalb insbesondere der Eingewöhnungsphase große Bedeutung beigemessen wird (BY, HH). Erwachsene zeigen Interesse am Tun und Denken des Kindes, reagieren feinfühlig auf seine Äußerungen, entsprechen seinem Bedürfnis nach Nähe (BY, BE, HB, HH, NI, RP, TH). Wie genau die Beziehung zu dem einzelnen Kind in der Praxis zu gestalten ist, kann selbstverständlich nicht festgelegt werden. Es fehlen jedoch konkrete Anregungen, die die Kontaktaufnahme erleichtern und stabilisieren, bzw. pädagogische Qualität gewährleisten (z. B. Rituale der Begrüßung / Verabschiedung, auf Augenhöhe mit dem Kind sprechen etc.).

➔ Resilienz:

Ziel vieler Bildungsbereiche und von Bildung überhaupt ist die Stärkung der Persönlichkeit des Kindes. Mit Resilienz explizit befassen sich sechs Empfehlungen (BY, HE, RP, SH, SN, TH), andere thematisieren an dieser Stelle den Umgang mit schwierigen Situationen und die Entwicklung eines positiven Lebensgefühls (BW, HB, NI, ST). Wesentlicher Faktor sind positive Beziehungen zu Erwachsenen (HB, HE, ST, TH). Kinder gehen diese Bindungen aktiv ein und benötigen von ihrer Bezugsperson wertschätzende Resonanz, um sich selbst als wirksam und wertvoll zu erleben.

➔ Persistenz:

Eigene Interessen ausdauernd zu verfolgen ist Teil entdeckenden Lernens und durch Lob und Anerkennung zu fördern (BW, BY, BE, HB, HH, MV, NI, SL, ST, TH). Kinder konzentrieren sich auf ihre Aufgabe, Anstrengungen werden bei Erfolg positiv erlebt und Misserfolge überwunden.

➔ Zeit / Muße:

Kindern unverplante Zeit zuzugestehen wagen wenige Bildungspläne. Kinder benötigen freie Zeit, um sich entfalten und kreativ zu werden zu können (BY, BE, HB, HH, HE, NI, SH, SN, TH), doch ist diese Zeit eingebunden in bestimmte Aktivitäten oder Lernprozesse. Müßiggang wird sehr knapp thematisiert (BW, RP).

➔ Selbsttätigkeit:

Alle Bildungspläne sind sich darüber einig, dass Bildungsprozesse angeregt werden können, wenn Kinder eigenaktiv tätig werden. Forschendes Lernen regt an zu selbstbestimmtem Handeln (BY, BB, HB, HE, MV, NW, RP, SN, St, TH), das Kind erfährt dabei seine Selbstwirksamkeit. Selbsttätigkeit ist die Voraussetzung für Selbstständigkeit (MV). Kinder brauchen die Möglichkeit, im Tun aufzugehen, sich selbst in einer Tätigkeit zu erschaffen. Im Handeln entwickeln sie Kompetenzen, Fähigkeiten, Fertigkeiten und gelangen zu Einsichten. Eng verknüpft mit der Forderung der Selbsttätigkeit sind die Aspekte Selbstbestimmung und Freiheit. Mit ihrem eigenen Tun übernehmen Kinder Verantwortung für ihren Bildungsprozess.

➔ Sprache / Kommunikation:

Der sprachliche Bereich nimmt in allen Bildungsplänen einen großen Raum ein. Sprache ermöglicht abstrakte Denkvorgänge und gesellschaftliche Teilhabe. Der Spracherwerb ist geprägt sowohl von Eigenaktivität als auch von sozialer Interaktion. Spracherwerb und Identitätsentwicklung beeinflussen sich gegenseitig (HH, ST). Voraussetzungen für den Spracherwerb sind wertschätzende Beziehungen und Zuwendung, aktives Zuhören, eine dialogische Grundhaltung und Sprachvorbilder. Aufgabe der pädagogischen Fachkräfte ist es, das Gespräch mit Kindern zu suchen, Sprechanlässe zu schaffen und sprachliches Vorbild zu sein. Sprachvorbilder (BE, HB, HH, MV, NI, ST) sollten ihr eigenes Sprachverhalten reflektieren. Das Gespräch zwischen Kind und Erwachsenem soll wesentliches Element des Kindergartenalltags sein. Einige Empfehlungen formulieren Leitgedanken zur dialogischen Grundhaltung der pädagogischen Fachkraft und zur Gestaltung von Sprechanlässen (z. B. BY, BB, MV, SH, SN, ST, TH).

➔ Hinterfragen:

Bei der Hälfte der Empfehlungen wird das kritische Hinterfragen in unterschiedlichen Bildungsbereichen knapp thematisiert. Grundsätzlich beinhaltet Bildung die Persönlichkeitsentwicklung des Kindes, in deren Verlauf sich die Fähigkeit des kritischen Nachfragens herausbildet (HB, HH, MV). Weitere Bereiche, die kritische Fragen anregen sind der Ansatz des forschenden Lernens (BY, HH, TH), die Konfrontation mit gesellschaftlichen Regeln und Normen (HB, RP, TH) und der reflektierte Umgang mit beispielsweise den neuen Medien (BE, TH). Ein weiteres Erfahrungsfeld für kritische Überlegungen ist der Bereich der Ökologie, der in dieser Arbeit eine eigene Kategorie darstellt (siehe Tabellen „Bildung im Objektbezug“).

➔ Reflexion:

Dieser Aspekt trägt in vielen Bildungsplänen die Bezeichnung „Lernmethodische Kompetenz“, womit das Lernen des Lernens gemeint ist. Diese Kompetenz gilt häufig als Basis für effektives Lernen überhaupt (BY, BE, HB, HE, HH, RP, ST). Dabei geht es um die Bündelung verschiedener Kompetenzen (Informationen verarbeiten, Strategien anwenden etc.). Die Reflexion von Erfahrungen kann angeregt werden mittels Impulse / Fragen (MV, TH) oder das Erstellen einer Bildungsdokumentation (NI).

6.3 Bildungsziele und Verhalten des Erziehers

➔ Interaktion / Ko-Konstruktion:

Bildungsprozesse sind immer auf soziale Interaktion abgewiesen, diese Meinung vertreten im Grunde alle Empfehlungen (BB und NW machen keine Angaben). Unterschiede bestehen lediglich hinsichtlich der Begriffsschärfe. Einige Bildungspläne sprechen ausdrücklich von einer ko-konstruktiven Gestaltung (BY, BE, HE, ST) wohingegen andere Begriffe wie soziale Interaktion, gemeinsamen Tätigkeit und Kommunikation wählen (BW, HB, HH, MV, NI, RP, SN, TH). Zurückhaltender wird auch von Mitgestaltung und Bildungsbegleitung gesprochen (SH, SL).

➔ Vorbildsein:

Kinder lernen am Modell, durch Beobachtung und Wahrnehmung. Diese Auffassung ergänzt die Theorie der Eigentätigkeit, was zur Folge hat, dass Vorbild und eigenaktives Lernen gleichermaßen wichtig sind. Erwachsene sollten sich daher ihrer Verhaltensweisen und ihrer Haltung bewusst sein, denn diese tragen entscheidend dazu bei, wie Kinder sich entwickeln. Nicht alle Bildungspläne gehen auf die Vorbildfunktion der pädagogischen Fachkräfte ein (BB, MV, RP, SH machen keine Angaben) und selten nehmen Überlegungen zu dieser Thematik viel Raum ein. Im Rahmen bestimmte Bildungsbereiche (Sprache, Partizipation, Konfliktverhalten, Gesundheit und Ernährung, Werteerziehung, Umweltverhalten, forschendes Lernen) wir die Bedeutung des erwachsenen Vorbildes hervorgehoben. Selten wird ein reflektierter Umgang und ein bewusstes Einsetzen der Vorbildfunktion als Methode gefordert (BY, BE, HE).

➔ Beziehung anbieten / Zuwendung:

Die Bildungspläne, die den Aspekt der Bindung (Kategorie aus „Individuelle kindbezogene Bildungsinhalte“) vernachlässigt haben, gehen auf die Beziehungsebene Erzieherin – Kind ebenfalls nicht ein (NW und SL). Überschneidungen zwischen den beiden Kategorien finden sich auch in den anderen Empfehlungen. An dieser Stelle geht es jedoch in erster Linie darum, inwieweit sich die pädagogische Fachkraft dem Kind zuwendet und sich um den Aufbau einer Beziehung bemüht. Dabei stehen die Feinfühligkeit und emotionale Zuwendung der Erzieherin, das Interesse und die Aufmerksamkeit die sie dem Kind entgegenbringt. Die Bewusstseinsebene der Erzieherin wird angesprochen, wenn durch den Einsatz von Zuwendung positives Verhalten verstärkt werden kann (BY), Qualitätskriterien für das pädagogische Verhältnis gelten (HE) und reflektiert wird, dass es sich bei der Beziehung mit dem Kind um eine auf gewisse Dauer angelegte Beziehung handelt (BE, HB, RP, TH), die Verbindlichkeiten mit sich bringt (TH). Ein weiterer Aspekt, der auch für die Sprachentwicklung von großer Bedeutung ist, ist die emotional-sprachliche Zuwendung (BB, HE, SN, ST, TH).

➔ Mitspielen:

Die Hälfte aller Empfehlungen gehen auf das Mitspielen von Erwachsenen mit wenigen Worten ein. Wenn Erzieherinnen mit den Kindern gemeinsam spielen, dann um Impulse zu setzen, Kinder zu Neuem anzuregen (BY, HB, HE, SN, TH). Durch den nahen Kontakt im Spiel lernen die Erzieherinnen die Kinder und ihre Themen genauer kennen, sie werden zu aktiven Beobachtern (SN). Erzieherinnen sollten selbst Freude am Spiel haben und viele Spiele kennen (BE, HH).

➔ Entwicklungspsychologisches Wissen:

Beinahe alle Bildungspläne gehen im Zusammenhang mit der Darlegung des Grundverständnisses von Bildung oder im Rahmen der einzelnen Bildungsbereiche ausdrücklich auf entwicklungspsychologische Besonderheiten oder neurologische Erkenntnisse über das Lernens ein (BW, BY, BE, BB, HE, MV, NI, SN, ST, TH). Entwicklungspsychologisches Fachwissen der Erzieherin, bzw. ihre Bereitschaft, sich für neue Ergebnisse aus der Wissenschaft zu interessieren wird gefordert (MV, RP, SH).

➔ Anregung / Themen zumuten:

Diese Kategorie zeigt Übereinstimmungen mit der Kategorie „Atmosphäre des Lernens / Kommunikationsanlässe schaffen". Zwei Bildungspläne machen zu beiden Aspekten keine Angaben (BB, NW). Impulse zu geben, die Kinder ermutigen und zu neuen Erfahrungen herauszufordern steht im Mittelpunkt der hier zu behandelnden Kategorie (BW, BY, BE, HB, HH, HE, MV, NI, SL, SN). Erzieherinnen machen Themenvorschläge, die weiter verfolgt werden, wenn die Kinder daran anknüpfen können (BY, BE). Das Aufsuchen von unterschiedlichen Lernorten oder der Einbezug von Experten stellt eine weitere Möglichkeit dar, den Gedankenkreis zu öffnen (BW, TH). Ein weiteres Argument für die Notwendigkeit, Kinder an neue Themen heranzuführen, ist das der Gesellschafts- und Zukunftsorientierung von Bildung (HH, RP, SH).

7 Diskussion und pädagogischer Bezug

Die 16 Bildungsempfehlungen setzen unterschiedliche Schwerpunkte, doch zeigen sie auch eine Reihe von Gemeinsamkeiten. Einige Bildungspläne wirken ambitioniert geschrieben, andere gehen wenig ins Detail. Dieses Kapitel bringt die Ergebnisse aus dem Theorieteil in Zusammenhänge mit den Inhalten der Bildungspläne, wobei einzelne Kategorien hervorgehoben werden sollen. Hierfür werden die unterschiedlichen Aspekte aus dem zusammenfassenden Schaubild: „Bildung und Erziehung in der frühen Kindheit“ (siehe S. 51) kursiv wiederholt.

Zunächst fällt die weite Spannbreite der Bildungsbereiche ins Auge. Viel Platz nehmen Bildungsbereiche ein, die bisher in der pädagogischen Arbeit des Kindergartens wenig Beachtung fanden: mathematische, naturwissenschaftliche und technische Bildung. Soziales Lernen stand bislang an erster Stelle, unterdessen gewinnen kognitive Lerninhalte an Bedeutung. Musik, Ästhetik und Sprache / Sprachförderung (letzteres wurde in dieser Untersuchung nicht gesondert behandelt) sind weitere Bereiche, denen eine erhöhte Aufmerksamkeit zukommt. Die Bereiche Sprache, Mathematik / Naturwissenschaften / Technik, Musik / Kunst und Bewegung werden zwar unter verschiedenen Bezeichnungen und Zusammensetzungen geführt, sind trotzdem weitgehend in allen Versionen der Bildungspläne vertreten. Differenzierungen finden sich insbesondere bezüglich religiöser / kultureller / interkultureller Bildung, Medienerziehung, sozial-emotionaler Entwicklung und lernmethodischer Kompetenzen.

Kind als eigenständig Handelnder

Kinder werden in allen Empfehlungen als aktiv und kompetent verstanden, Selbstbildung und soziale Interaktion sind die Antriebskräfte von Bildung. Hier zeigen sich die Meinungsverschiedenheiten der beiden konkurrierenden Positionen (Schäfer und Fthenakis), welche im theoretischen Teil bereits erläutert wurden. Selbstbildung und Ko-Konstruktion sind dabei die Schlagworte, welche auf den ersten Blick scheinbar Unterschiedliches beschreiben. Von besonderem Interesse sind m. E. jene Konzepte, die weder dem einen, noch dem anderen Lager zuzuordnen sind und einen Mittelweg beschreiten. In solchen Fällen wird sowohl die eigentätige Weltaneignung betont als auch die Bedeutung sozialer Interaktion und Kommunikation hervorgehoben (z. B. BW, BE, HB, HH, RP, SL, SN, ST, TH).

Interaktives Geschehen – Rolle des Erwachsenen – Bildungsprozesse

Ohne soziale Ansprache können Kinder ihre Bildungschancen nicht nutzen. Roth (2004) bezeichnet das menschliche Gehirn als eine soziale Konstruktion. Die Interaktion zwischen Kind und Erzieherin/Erzieher basiert auf einer positiven Bindungsbeziehung. Auch die Ergebnisse der Resilienzforschung machen deutlich, dass in der Erwachsenen-Kind-Interaktion ein Grundstein dafür gelegt wird, dass Kinder wichtige Bewältigungskompetenzen entwickeln können (Wustmann, 2004). In diesem Zusammenhang kommt also jeder Erziehungsperson mit ihren Erziehungseinstellungen und -handlungen eine entscheidende Rolle zu. Diese Beziehungsebene sollte seitens des Erwachsenen bewusst gestaltet werden, denn jedes einzelne Kind benötigt ein hohes Maß an Zuwendung verbunden mit positiven Emotionen, damit Lern- und Bildungsprozesse sinnvoll ablaufen können. Wie weiter oben bereits beschrieben (siehe 6.3) geht ein Großteil der Bildungsempfehlungen wenig detailliert auf eine reflektierte Gestaltung der Bindungsbeziehung zum Kind ein. Studien belegen die geringe Interaktionshäufigkeit zwischen Erzieherin und dem einzelnen Kind, andere wiederum verweisen auf die Vorteile der sicher an die Erzieherin gebundenen Kinder im sprachlichen, sozialen und emotionalen Bereich (vgl. Textor, o. J. b). Das Erzieherverhalten orientiert sich an der Gruppe, ist nicht vergleichbar mit der Mutter-Kind-Dyade. Die Individualität des jeweiligen Kindes muss trotzdem berücksichtigt werden. Dafür sind Situationen im Kindergartenalltag notwendig, in denen sich die Erzieherin dem Kind intensiv zuwendet. Sicherlich sind Beziehungen so individuell wie die Menschen, die diese Beziehungen eingehen. Doch lassen sich einige Verhaltensregeln finden, die den Bindungsaufbau erleichtern und stabilisieren. Hier bleiben die Ansätze der Bildungsempfehlungen an der Oberfläche, lediglich der hessische Bildungsplan beschreibt Qualitätskriterien für das Interaktionsgeschehen zwischen Erzieherin und Kind. Dabei wird reflektiert, wie die Beziehung zum Kind gestaltet wird, d. h. Interaktionshäufigkeit und Umgangsstil gefragt usw. sind von Interesse. Wünschenswert wären konkrete Anregungen, wie z. B.:

- Jedes Kind wird begrüßt und verabschiedet, indem die Erzieherin ihm die Hand gibt, sich nach seinem Befinden erkundigt.
- Gespräche auf Augenhöhe führen
- in Dialog mit dem Kind treten
- aktives Zuhören
- Blickkontakt aufnehmen
- non-verbale Signale senden
- die Interessen der Kinder ansprechen
- empathisches Verhalten zeigen
- Emotionen verbalisieren helfen, über Gefühle sprechen

- Verhaltensbeobachtungen in unterschiedlichen Situationen
- mitspielen
- sich verhaltensauffälligen Kindern gezielt positiv zuwenden
- Körperkontakt ermöglichen (z. B. in Vorlesesituationen)
- autoritativer Erziehungsstil, sensibles und responsives Verhalten.

Situationen der Aufmerksamkeit sind auch für die sprachliche Entwicklung des Kindes von immenser Bedeutung. Viele Bildungsempfehlungen (z. B. BY, BE, MV, SN, TH) stellen aus diesem Grund den Dialog ins Zentrum des sprachlichen Bildungsbereichs. Dabei wird den Äußerungen des Kindes besondere Beachtung geschenkt, sie werden von dem Erwachsenen aufgegriffen und partnerschaftlich beantwortet. Der hessische Bildungsplan hat auch hierzu Leitfragen zur Reflexion des Gesprächsverhaltens der pädagogischen Fachkraft im Tagesablauf entwickelt. Die Kategorie „Atmosphäre des Lernens / Kommunikationsanlässe schaffen" hat zum Ziel, die Art und Weise des Gesprächsaufbaus näher zu betrachten. Auch hier bleiben die Anregungen eher an der Oberfläche. Eine entspannte Atmosphäre, interessiertes und aktives Zuhören sind die am häufigsten genannten Bedingungen für das Entstehen von Gesprächen. Hervorzuheben ist eine Äußerung des sächsischen Bildungsprogramms, nämlich dass gemeinsame Erlebnisse von Erzieherinnen und Kindern Auslöser für anregende Gespräche sein können. Weiter wird dieser Gedankengang nicht ausgeführt, doch enthält er etwas sehr Wesentliches. Gemeinsame Unternehmungen, gemeinsames Erleben und Tun birgt reichhaltigen Gesprächsstoff in sich. Nicht abstrakte Themen, sondern die Gemeinschaft und die Handlungen in der Gemeinschaft lassen Sprache notwendig werden und Mitteilungen darüber werden sinnvoll. Arnold Gehlen (1962) kennzeichnet den Menschen als handelndes Wesen und setzt damit Sprache und Handeln gleich: Sprechen sei Handeln. In seiner Sprachtheorie verfolgt er den Ansatz, dass Sprache sich aus gemeinsamen Tätigkeiten heraus entwickelt habe, die eine Verständigung notwendig machten. Die Aufforderung zum Sprechen liege somit in der Handlung selbst, in dem gemeinsamen Tun. Für den Kindergartenalltag bedeutet dies, dass gemeinsame Unternehmungen (z. B. kochen, einkaufen, spazieren gehen, Ausflüge machen, im Wald Kastanien sammeln, ein Beet bestellen, Blumen pflücken, Bilder im Museum betrachten, die Häuser der Stadt angucken usw.) Anlässe bietet, währenddessen zu kommunizieren oder im Nachhinein darüber zu berichten und damit Erlebtes aus unterschiedlichen Sichtweisen zu reflektieren. Dabei müssen Erwachsene unbedingt auf ihr eigenes Sprachverhalten achten. Ihre Vorbildfunktion wird im Zusammenhang mit Sprache in unterschiedlichen Bildungsempfehlungen angesprochen und zum Teil inhaltlich gefüllt. Die Sprachkompetenz des Vorbildes beeinflusst die sprachliche Entwicklung des Kindes maßgeblich. Mögliche Anregungen für einen förderlichen sprachlichen Umgang mit dem Kind im Kindergartenalltag könnten sein:

- Vertrauen und Großzügigkeit zeigen
- emotional zugewandt sein
- in ganzen Sätzen sprechen und aktiv zuhören
- altersgemäß ansprechen
- alltägliche Handlungen sprachlich begleiten (z. B. beim Anziehen, beim Tischdecken, beim Aufräumen)
- gemeinsame Unternehmungen machen
- Kommunikationsbereitschaft signalisieren und vom Kind kommunikative Reaktionen erwarten
- Persönlich begrüßen und verabschieden
- Sensibel sein für Gesprächsbereitschaft des Kindes
- Selbstwirksamkeitsbestrebungen des Kindes durch seine sprachlichen Äußerungen anerkennen (z. B. Bedürfnisse nach Zuwendung, Anerkennung)
- Gespräche während der gemeinsamen Mahlzeiten führen (freies Erzählen, zuhören, Gesprächsregeln einhalten)
- Angebote / Materialien für unterschiedliche Rollenspielthemen bereitstellen
- Rollenspiele mitspielen
- möglichst Hochdeutsch sprechen
- Bilderbücher lesen und ansehen, Bilder (auch solche bekannter oder unbekannter Künstler) betrachten und Eindrücke austauschen
- paraphrasieren, wiederholen
- sprachliche Rituale bewusst einsetzen

Diese Liste ließe sich mühelos weiter fortsetzen. Einige Überschneidungen zu den Anregungen bezüglich der Beziehungsgestaltung sind offensichtlich, denn der Spracherwerb basiert auf Beziehungen zu anderen Menschen. Wolf, Brandt, Degel, Götte und Röchner (1987, S. 10ff.) betrachten die emotionale Zuwendung und die sich daraus ergebenden Anregungen des Erziehenden als zentrale Lernumweltkomponenten. Sie legen anhand unterschiedlicher Studien die Bedeutung positiver emotionaler Zugewandtheit dar. So wirke sich die Qualität der emotionalen Beziehung auf die Sprachentwicklung und die kognitive Entwicklung des Kindes aus. Sprachvorbilder seien wirkungsvoller, wenn sie auf einem guten Beziehungsverhältnis basieren. Auch gezielte Sprachförderprogramme erzielten bessere Erfolge, wenn sie verknüpft seien mit emotionaler Zuwendung durch die Erzieherin. Diese Aspekte fordern die Erzieherin heraus, sie muss aktiv werden. Interessant ist in diesem Zusammenhang das Teilergebnis einer Studie zur Erforschung von Kindergartenlernumwelten von Wolf (1987, S. 140), welche sich mit dem Sprachvorbild der Erzieherin befasst. Dabei zeigte sich, dass Erzieherinnen, die generell motorisch aktiver waren, auch häufiger in Kontakt mit Kindern standen und in diesen Gruppen das Rollenspiel eine besondere Stellung einnahmen.

Rolle des Erwachsenen

Die Beobachtung kindlichen Verhaltens dient dem Verstehen des Kindes und bildet in allen Bildungsbereichen die Voraussetzung pädagogischer Arbeit. Beobachtungen orientieren sich an den Stärken und Ressourcen des Kindes. Ziel ist also nicht, den Entwicklungsstand des Kindes zu beurteilen, sondern eine Grundlage für die Erarbeitung pädagogischer Angebote und der Entwicklungsförderung zu schaffen. Sie helfen, Individuelles zu unterstützen und zu fördern. Zudem stellt die Dokumentation von Beobachtungen eine Grundlage für Gespräche mit Eltern dar. Beinahe alle Bildungspläne beschreiben die Zielsetzung der Verhaltensbeobachtung mit ähnlichen Worten. Interessant sind die Details, z. B. mit welcher Systematik beobachtet und dokumentiert werden soll. Hier bieten einige Bildungspläne (z. B. BY, BE, BB, HH, HE, NI, SN, ST, TH) unterschiedliche Methoden an, die sich hinsichtlich ihres Differenzierungsgrades unterscheiden. Das Berliner Bildungsprogramm beleuchtet beispielsweise verschiedene Situationsebenen, in denen sich jedes Kind bewegt und listet jeweils mögliche Analysefragen auf, die einen Beobachtungsschwerpunkt setzen könnten. Eine systematische Beobachtung (z. B. HE, NI, ST) benötigt eine engere Struktur, beispielhafte Beobachtungsbögen enthalten die Empfehlungen nicht. Der Verhaltensbeobachtung wird unterdessen große Bedeutung beigemessen, die Erzieherinnen in der Praxis verfügen allerdings noch nicht über die geeigneten Instrumente. In Rheinland-Pfalz haben Erzieherinnen im Laufe des Rückmeldeverfahrens zur Erprobungsphase der Bildungs- und Erziehungsempfehlungen deutlich signalisiert, dass ein großer Bedarf an Fortbildungen in diesem Bereich bestehe. Daraufhin beteiligte sich das Land Rheinland-Pfalz am Projekt „Lern- Bildungsgeschichten als Weg der Konkretisierung und Umsetzung des Bildungsauftrags vor Schulbeginn" des Deutschen Jugendinstituts. Das Konzept der Erfassung von Lerngeschichten hat zum Ziel, den Blick auf die Formen des individuellen kindlichen Lernens zu richten. Im Rahmen des Projekts ging es um die Entwicklung von Instrumenten und Materialien mit der Praxis und für die Praxis in Modelleinrichtungen, die wiederum als Multiplikatoren eingesetzt werden sollten (vgl. zusammenfassend Roth, 2005).

Selbsttätigkeit des Kindes – Hilfe zur Ichreifung / Mündigkeit

Die Selbsttätigkeit des Kindes und seine Eigenaktivität werden in allen Plänen grundsätzlich als wichtig erachtet. Kinder benötigen Gelegenheiten, aus eigenem Antrieb mit eigenen Zielvorstellungen zu handeln und dabei Selbstwirksamkeit zu erfahren. Selbsttätigkeit ist Voraussetzung für die Entwicklung von Selbstständigkeit. Die Entwicklung kindlicher Autonomie und die Anregung selbstständigen Handelns werden in nahezu allen Bildungsempfehlungen mit der Übernahme von Verantwortung verbunden (lediglich BB und NW machen keine Angaben). Im Spiel, durch forschendes Lernen und im Darstellen und Gestalten wird das Tun des Kindes mit seinen Gestaltungsmöglichkeiten ganz besonders angesprochen. Ästhetische Bildung ist Gegenstand unterschiedlicher Bildungsbereiche, beschränkt sich jedoch häufig auf das bildnerische Gestalten, im Fach Kunst. Sowohl der künstlerische und musische Bereich, als auch Bewegung, Tanz und Theater, Literatur etc. eröffnen ästhetische Erfahrungswelten. Der Schwerpunkt liegt in der Sensibilisierung gestalterischer Ausdrucksmöglichkeiten. Ganzheitlichkeit und Wahrnehmungsschulung werden in den meisten Bildungsempfehlungen bereichsübergreifend thematisiert. Zeit und Muße sind wichtige Begleiter kreativen Schaffens, die unzureichend Beachtung finden. Kindern Zeit zum Müßiggang zuzugestehen scheint schwierig. Jedes Kind hat aber das Recht, seine Entwicklungsstufen, sein Leben nach seinem eigenen Tempo zu durchlaufen und benötigt deshalb selbstbestimmte Zeit. Gerade die Entstehung von Kreativität braucht Muße. Dem Spiel wird hierbei die größte Bedeutung zugeschrieben und wird von vielen Bildungsplänen als die Haupttätigkeit des Kindes beschrieben (BB und ST machen keine Angaben), wobei manche die Zweckfreiheit (z. B. HH) und andere das informelle Lernen (z. B. BY, HE) betonen. Frühe Bildungsprozesse, Aneignungstätigkeiten und Verarbeitungsprozesse haben im Spiel ihre Wurzeln.

Erfahrungen mit Werten thematisieren viele Bildungspläne im Rahmen ethischer und religiöser Bildung. Das Philosophieren mit Kindern wird unterschiedlich gewichtet. Häufig werden religiöse Themen, wie z. B. Glaubensvorstellungen und Sinnfragen des Lebens aufgegriffen, bzw. die Lebenssituation des Kindes erfordert „ernste“ Gespräche. Seltener sind z. B. Märchen das Mittel der Wahl, um mit Kindern ins Gespräch zu kommen und das Nachdenken anzuregen. Im Zusammenhang mit der Kategorie „Philosophie / Ethik / Religion“ ist es (nach der vorliegenden Untersuchung) der niedersächsische Orientierungsplan, der den Einsatz von Märchen befürwortet. Die Kategorie „Literatur“ verweist auf zwei weitere Bildungspläne (NI und MV), die das Märchen als geeignet für die pädagogische Arbeit hervorheben. Kinder erfahren mit Märchen Werte. Im Märchen ist die gesamte Bandbreite von Gegenspielern vertreten (z. B. Glück – Unglück, Geiz – Großherzigkeit, Bescheidenheit – Gier, Macht – Ohnmacht, Freunde – Feinde usw.). Märchen illustrieren die Urängste und die Urwünsche der Menschheit, sie weisen den Weg in eine Phantasiewelt. Aus Märchen schöpfen Kinder Mut und Zuversicht, denn das Böse wird besiegt, scheinbar unüberwindbare Hindernisse werden überwunden und Wünsche gehen in Erfüllung. Das Märchen der sechs Schwäne der Brüder Grimm gehört beispielsweise zu den Kinder- und Hausmärchen, die äußerst eindrucksvoll eine Vielzahl von Werten erfahrbar machen. Zuverlässigkeit, Hilfsbereitschaft und Solidarität, Gerechtigkeit sowie die Liebe zwischen Geschwistern bilden nur einen kleinen Ausschnitt aus der Fülle der Motive. Auch die ritualisierte Formulierung der Märchensprache („Es war einmal...“) zieht Kinder in ihren Bann, gibt ihnen Orientierung und Halt (vgl. Beck, 2007). Vorlesesituationen, an die sich ein Philosophieren anschließen kann, sollten nach Möglichkeit besondere Situationen sein, in denen konzentriertes Zuhören möglich ist. Häufig dient das Vorlesen der Überbrückung kurzer Zeitfenster und die Atmosphäre ist unfruchtbar für tiefere Gespräche. Märchen werfen Fragen auf, auf die Kinder Antworten und Lösungen suchen. Behutsame Impulse können zu Transferleistungen anregen und Kinder über ihre eigene Situation nachdenken lassen.

Die Partizipation von Kindern an Entscheidungen, die sie betreffen, ist ein Kinderrecht. Die Selbst- und Mitbestimmung der Kinder wird in fast allen Bildungsplänen als Grundlage für das Erlernen demokratischer Prinzipien verstanden (MV und NW machen keine Angaben). Die Schwierigkeit besteht darin, die Gradwanderung zwischen tatsächlicher Beteiligung und Pseudo-Beteiligung auszubalancieren. Kinder sollten dann beteiligt werden, wenn ihre Meinung auch tatsächlich wirksam werden kann. Sie vor die Scheinentscheidung zu stellen, z. B. welche Spielgeräte auf dem Spielplatz zu installieren seien oder welches Auto sich die Eltern kaufen sollten, ist wenig sinnvoll, da die wahren Entscheidungsträger andere sind. Kinderwünsche werden in unnötigen Situationen zu häufig abgefragt. Kinder sollen sehr wohl artikulieren, was ihnen gefällt, was ihnen wichtig ist, was sie stört, was sie anders machen würden. Dies können sie u. a. in unterschiedlichen Foren tun. Die Kinderkonferenz wird in unterschiedlichen Bildungsempfehlungen als Möglichkeit genannt. Trotz der großen Lernchancen, die diese Gesprächskreise in sich bergen, bleibt zu bedenken, dass die Kinder, die kommunikativ und sozial kompetent sind, gefördert werden und jene, welche in diesem Bereich weniger kompetent sind, überfordert und ihre Bedürfnisse nicht adäquat berücksichtigt werden. Auch hier ist der aktive Erwachsene gefragt, der anregend, leitend und regulierend teilnimmt. Kinder müssen erfahren, dass sie den Alltag und damit eben auch die pädagogische Arbeit mitgestalten können. Dies stärkt ihr Selbstwertgefühl und unterstützt ihr Streben nach Autonomie.

Warum benötigt der Elementarbereich überhaupt Bildungspläne und macht die Aufteilung in einzelne Bildungsbereiche überhaupt Sinn? Diese Fragen stellen sich im Anschluss an die Auswertung der Inhaltsanalyse. Zunächst soll der zweiten Frage nachgegangen werden. Eine Einteilung in einzelne Bildungsbereiche, Kompetenzbereiche und letztlich auch in Kategorien, wie sie dieser Untersuchung vorangestellt sind, kann selbstverständlich nur eine rein analytische Trennung sein. In der pädagogischen Arbeit steht die Ganzheitlichkeit des Kindes im Mittelpunkt. So können beispielweise mathematische Inhalte im Kindergarten nicht in einem Lehrgang vermittelt werden, sondern brauchen den Einbezug des Alltags, der Sinne und der Situation. Im Alltag sind immer unterschiedliche Bildungsbereiche gleichzeitig betroffen. Der bayerische Bildungsplan verweist beispielweise explizit auf die möglichen Querverbindungen eines Bereichs mit anderen Bereichen. Sinnvoll ist eine theoretische Trennung trotzdem. Das Potenzial dieser unterschiedlichen Empfehlungen liegt vielmehr darin – und hier schließt sich die erste Frage an – eine Diskussionsgrundlage für die Erwachsenen, für die pädagogischen Fachkräfte (hiermit sind Erzieherinnen und Wissenschaftler gleichermaßen angesprochen) und Eltern zu bieten. Der Stellenwert einzelner Bereiche kann durch die Segmentierung hervorgehoben und ins Bewusstsein der Verantwortlichen gebracht werden. Einzelaspekte werden sichtbar, verschwinden nicht in der Ganzheitlichkeit. Die Planung pädagogischer Angebote hinsichtlich methodischer und didaktischer Überlegungen wird damit unterstützt. Die Reflexion von Erziehungs- und Bildungszielen erhält durch äußere Differenzierung und Strukturierung einen Rahmen. Aufgrund der Vielfalt innerhalb der 16 Bildungsempfehlungen wäre die Lektüre unterschiedlicher Programme – unabhängig vom eigenen Bundesland – wünschenswert. Hier ist ein Fundus von Ideen und Ansichten entstanden (zumal einige Pläne durch Handreichungen für die Praxis erweitert wurden), der trotz vieler Übereinstimmungen eigene Akzente erkennen lässt. Diesen gilt es zu nutzen. Fried (2003) hebt hervor, dass Erzieherinnen im pädagogischen Alltag in erster Linie auf der Grundlage ihrer subjektiven Theorien handeln. Wie genau diese Skripte beschaffen seien, müsse noch intensiver erforscht werden, doch sieht auch Fried den Nutzen der Bildungspläne darin, dass sie den pädagogischen Fachkräften als Basis für die Reflexion der eigenen Vorstellungen dienen könnten.

Zudem ist Bildung ein wichtiger Aspekt pädagogischer Qualität. Wolf (2003) schlägt vor, diesen Aspekt in seiner Komplexität differenziert hinsichtlich der Strukturbedingungen, der Situation des Kindes und des Verhaltens und Handelns der Erwachsenen zu beleuchten. Die vorliegende Arbeit hat sich diesbezüglich um einen Analyseaufbau bemüht, welcher die Vernetzungen hervorzuheben und gleichzeitig zu entschlüsseln versucht.

Die sich durch die gesamte Pädagogik ziehende Frage nach der Legitimation der Erziehungs- und Bildungsziele stellt sich auch angesichts der neuen Bildungsempfehlungen. Sehr häufig werden Erziehungs- und Bildungsziele mit der Orientierung auf die Zukunft begründet: die Wissens- und Informationsgesellschaft sowie der Wirtschaftsstandort Deutschland rufen nach Kompetenzen, die schnelle und geschickte Problemlösungen, Flexibilität und Kreativität erfordern. Diese Kompetenzen sollen so früh wie möglich erworben werden. Eltern melden ihre Kinder vor der Geburt bereits im Englischkurs für Babys an, Förderzentren, die Kleinkinder fit machen in Rhetorik und Ökonomie, sprießen aus dem Boden (Otto, 2007). Die Problematik, welche sich hieraus ergibt ist, dass die Erziehungsverantwortlichen von heute nicht wissen können, wie die Zukunft der heutigen Kinder sich tatsächlich gestalten wird und welche Fähigkeiten und Fertigkeiten in vielen Jahren gefragt sein werden. Damit besteht die Gefahr, Kinder ihres Rechts auf den heutigen Tag (Korczak), ihres hier und heute und ihrer Unbestimmtheit zu berauben. Die Zukunftsangst der Erwachsenen ist groß und die Zukunft der Kinder scheint planbar. Mathematik, Naturwissenschaften, Lesen und Schreiben und Fremdsprachen sind interessant für Kinder, dürfen ihnen nicht vorenthalten werden, doch zur Entwicklung von Persönlichkeit gehört mehr. Die Pole „möglichst frühe Frühförderung“ und „Kindheit als überbehüteter Schonraum“ stehen sich gegenüber. Doch im Alltag eines Kindes außerhalb des Kindergartens gibt es wenig tatsächlichen Schonraum. Kinder leiden heute unter ähnlichen Stressfaktoren wie Erwachsene. Sie stehen unter einem ständigen Zeitdruck und müssen sich dem Rhythmus der Erwachsenen anpassen. Hier ist der Raum für die Selbstbestimmung des Kindes eng abgesteckt. Eltern verbringen ihre Nachmittage damit, ihre Kinder nach dem Kindergarten zu diversen Veranstaltungen, wie Musikschule, Ballettschule, Schwimmschule, Tennisschule usw. zu fahren. Die Förderung von Kindern findet in erster Linie außerhalb des Kindergartens statt. Denn der Kindergarten selbst kämpft mit strukturellen Problemen. Dringend notwendig wären:

- mehr Personal und angemessene Bezahlung
- besserer Erzieherin-Kind-Schlüssel
- Höherqualifizierung der Erzieherinnenausbildung
- mehr Vorbereitungszeit für pädagogische Angebote (Freistellung aus der Gruppenarbeit)
- Zeit für die Dokumentation der Entwicklungsprozesse der Kinder
- Zeit für die Zusammenarbeit mit Schule und Eltern
- Kritische Überlegungen zur Integration von Kindern unter drei Jahren in bestehende Gruppen

Kindertageseinrichtungen haben viel zu leisten. Der Bildungsauftrag ist dabei nicht ihr Hauptgeschäft, denn der Sozialfürsorgeaspekt (Prävention / Kompensation) und die Vereinbarkeit von Familie und Beruf spielen ebenfalls eine wichtige Rolle. Die Diskussion um den Ausbau von Krippenplätzen (also arbeitsmarktpolitische Überlegungen dazu, wie Müttern der frühzeitige Wiedereinstieg ins Berufsleben ermöglicht werden kann) hat unterdessen m. E. die Bildungsdiskussion abgelöst. Es werden große Anstrengungen unternommen, Kindergartenplätze und nun auch Krippenplätze zu schaffen. Der Ausbau des Krippenbereichs geht – wenn sich damit die negativen Rahmenbedingungen der Kindertagesbetreuung verschärfen – auf Kosten der Bildungsbemühungen. An den Kindern wird vorbeidiskutiert, denn um sie geht es eigentlich gar nicht. Einerlei, ob beide Eltern berufstätig sind oder nicht, alle Kinder haben ein Recht auf Bildung und für die Bildung des Kindes sind sowohl die Eltern als auch die Gesellschaft – vertreten durch die Institution Kindergarten – verantwortlich. Die Bildungsempfehlungen der Länder stellen diesen Bildungsauftrag klar und deutlich heraus.

Die Förderung von Kindern gehört in den Kindergarten, denn hier verbringen sie sehr viel Zeit und es bliebe ihnen erspart, ihre Nachmittage in Autos und Kursen zu verbringen. Die Rahmenbedingungen dafür zu schaffen ist die erste Maßnahme für ein Mehr an Bildung in der frühen Kindheit, dies wäre allerdings gleichzeitig mit einem deutlichen Mehr an Kosten verbunden. Ein weiteres – und im Grunde die eigentliche Brisanz verdeutlichendes – Ergebnis von PISA ist die Kopplung der Bildungschancen an die Herkunftsfamilie des Kindes, also an die soziale Schicht. Kinder bildungsferner Familien erfahren auch in den Institutionen keine ausreichende Förderung. Kinder sind von Anfang an angewiesen auf anregungsreiche Umwelten, in denen viel zu entdecken und zu begreifen ist und die selbsttätiges Handeln herausfordern. Grundlegende Lernprozesse verlaufen kumulierend, das bedeutet, dass die Kinder, die von Beginn an in anregungsreichen und herausfordernden Umwelten leben, auch von späteren Bildungsangeboten stärker profitieren. Die Qualität der ersten Jahre beeinflusst in hohem Maße, inwieweit sich das individuelle Potenzial zu entfalten vermag. Das wiederum wirkt sich auf die weiteren Entwicklungschancen aus (vgl. Colberg-Schrader, 2003). Doch hierbei sind Familien stark auf sich alleine gestellt. Die bereits beschriebene Frühförderung kommt nur den Kindern zugute, deren Eltern sich in einer finanziell abgesicherten Situation befinden. Auch ein regulärer Kindergartenplatz kostet Geld. Wo bleibt bei der wachsenden Zahl ungünstiger Lebensverhältnisse Platz für Bildung? Beides muss möglich sein, Erziehung und Bildung sind eng miteinander verknüpft. Kindern Bildungsgelegenheiten vorzuenthalten kommt einer Verletzung des Kindeswohls gleich.

Vielleicht bestünde die Chance in der Öffnung und Vernetzung der Kindertageseinrichtung. Kindergärten sollten Orte des Lebens sein und zu Familienzentren ausgebaut werden. Familie, Kindergarten und Schule könnten enger zusammenarbeiten, kooperieren und unterstützt werden durch Beratungsstellen, Wissenschaftler, Therapeuten, Ehrenamtliche, Kursangebote usw. Denn das entwicklungsfördernde Potenzial eines Bereichs steigt mit dessen Vernetzung zu anderen Bereichen (Bronfenbrenner, 1976). Kompensatorische Erziehung – und hieran knüpfen

Bildungsprozesse an – kann erst dann wirksam werden, „[...] wenn nur unsere Gesellschaft bereit ist, die Lebensbedingungen für alle ihre Familien lebenswert und menschlich zu machen“ (Brofenbrenner, 1982, S. 150). Alle sind angesprochen, die ganze Gesellschaft trägt die Verantwortung für die Erziehung und Bildung der nachfolgenden Generation. Von besonderer Bedeutung ist sicherlich die Zusammenarbeit des Kindergartens mit den Eltern. Elternarbeit sollte sich nicht beschränken, auf Entwicklungsstandgespräche und Kuchenbacken für das nächste Sommerfest. Das Interesse der Eltern an den Bildungsprozessen ihrer Kinder ist wichtig und wesentlich für deren Entwicklung. Ist dieses Interesse nicht in ausreichendem Maße vorhanden – und hierfür gibt es viele Gründe, wie z. B. Berufstätigkeit, soziale Schwierigkeiten oder bloße Unwissenheit – besteht durch das Einbeziehen der Eltern in die pädagogische Arbeit die Chance, Einstellungs- und Verhaltensänderungen herbeizuführen, die der Verbesserung der Beziehungsqualität und damit der Förderung der eigenen Kinder zugute kommen. Die Eltern-Rolle würde gestärkt. An dieser Stelle sei wiederholt auf den Zusammenhang von Bindung und Bildung verwiesen und die Bedeutung von Gemeinsamkeit für die Entwicklung von Resilienz hervorgehoben. Bronfenbrenner plädierte bereits in den 1980er Jahren für eine umfassende Förderung von Kindern, die ebenfalls alle an der Entwicklung des Kindes Beteiligten berücksichtige. Als besonders günstig für die kindliche Entwicklung hat sich in diversen Untersuchungen eine möglichst ununterbrochene und langjährige Förderung der ganzen Familie herauskristallisiert. Für das vierte bis sechste Lebensjahr erwies sich eine Kombination aus kognitiver Förderung des Kindes – die aktuellen Bildungspläne gehen verstärkt auf kognitive Inhalte ein – sowie der Förderung durch die Eltern als besonders wirkungsvoll (Bronfenbrenner, 1982).

Die Bildungs- und Erziehungsempfehlungen weisen den Weg in die richtige Richtung. Da sie kein eigenständiges Programm darstellen, bleibt ausreichend Handlungsspielraum für die pädagogische Umsetzung. Kognitive Bildungsprozesse sind wichtig, sollten aber nicht überbewertet werden. Den gesunden Mittelweg zu finden ist gemeinsame Aufgabe von pädagogischen Fachkräfte und Eltern.

Abschließend soll die Notwendigkeit weiterführender Forschung hervorgehoben werden, insbesondere zur Implementierung der Bildungsempfehlungen in die Praxis. Einige Bundesländer haben hierzu bereits Studien veranlasst bzw. durchgeführt. Erzieherinnen und Erzieher vor Ort müssen unterstützt werden, denn sie tragen in ihrer täglichen pädagogischen Arbeit ein hohes Maß an Verantwortung für das Gelingen von Bildungsprozessen bei den ihnen anvertrauten Kindern. Wünschenswert ist, dass das aktuelle Interesse an frühkindlicher Bildung auch in der Öffentlichkeit anhält.

„Und das Beste was ihr habt, seid ihr selbst. Ihr müsst eure Zeit hergeben. Ihr müsst als Zuhörer da sein, als Mitgestalter, nicht nur als Belehrer und Besserwisser. Ihr seid selbst ein fabelhaftes Programm für eine Kinderseele.“

Hartmut von Hentig (ZEIT-Literatur Nr. 49, 11 / 2003)

8 Inhaltsangabe / Abstract

Die Entwicklung von Bildungsplänen, Empfehlungen und Orientierungsplänen für die pädagogische Arbeit in Kindertagesstätten gründet auf inhaltlichen Überlegungen zu der Frage, welche Bildungs- und Erziehungsziele verfolgt werden sollen. Dies stellt Anforderungen an die Wissenschaft und an die pädagogischen Fachkräfte in der Praxis. Im Rahmen dieser Diplomarbeit wird die Frage erörtert, welche inhaltlichen Aussagen die Bildungspläne der Bundesländer in den einzelnen Bildungsbereichen festschreiben und wie deren pädagogische Umsetzung auszusehen hat. Methodisch wird hierbei mit der Inhaltsanalyse gearbeitet. Im Theorieteil der Arbeit werden zunächst Konzepte von Erziehung und Bildung vorgestellt, stets mit einem Fokus auf Aussagen zur frühen Kindheit. Die Beschreibung der curricularen Entwicklung des Kindergartens beginnt mit seiner Entstehung und endet mit einer Zusammenfassung des Rahmenplans, der Grundlage der aktuellen Bildungsempfehlungen ist. Der Theorieteil schließt mit der Formulierung der zielleitenden Fragestellungen. Im empirischen Teil wird zunächst die Forschungsmethode thematisiert. Vor dem Hintergrund der zuvor beschriebenen Bildungskonzepte werden Kategorien von Bildung entwickelt. Anhand dieses Kategoriensystems wird die Inhaltsanalyse durchgeführt. Einzelergebnisse werden dargestellt und abschließend mit pädagogischem Bezug richtungsweisend diskutiert.

The design of the curricula, recommendations and orientation guides for pedagogic work in daycare facilities for children is based on considerations with regard to the goals aimed for in learning and education. This is a challenge in practice for specialists in science and pedagogic. Within the scope of this diploma thesis, the question that will be reconsidered is which content-addressed propositions are being made in the curricula of the Bundesländer (german federal states) and how their pedagogical implementation is meant to look like. The methodology will be based on content analysis. In the theoretical part concepts of education and learning will be presented first, always with a special focus on propositions concerning the early childhood. The description of the curriculum design for the kindergarten starts with its conception and ends with a summary of the plan which is the basis for the current recommendations for education. The theory part ends with the formulation of questions regarding the goals aimed for. At the beginning of the empirical part, the method of research is at issue. Against the background of the beforehand described education and learning concepts, categories of education are being designed. By means of this category-system the content analysis is being performed. Individual results are presented, and to close the thesis, are being discussed with references to pedagogics theory.

Literatur

Aden-Grossmann, W. (2002). Kindergarten. Eine Einführung in seine Entwicklung und Pädagogik. Weinheim und Basel: Beltz.

Ahnert, L. (2005). Entwicklungspsychologische Erfordernisse bei der Gestaltung von Betreuungs- und Bildungsangeboten im Kleinkind und Vorschulalter. In L. Ahnert, H. J. Roßbach, U. Neumann, J. Heinrich & B. Koletzko (Hrsg.), Bildung, Betreuung und Erziehung von Kindern unter sechs Jahren (S. 953). München: Verlag Dt. Jugendinstitut.

Ahnert, L. (2006). Frühe Kindheit: Bindungs- und Bildungsgrundlagen. Stimme der Familie, 53 (5/6), 68.

Anweiler, O. (1971). Deutsche Demokratische Republik. In O. Anweiler et al., Europäische Bildungssysteme zwischen Tradition und Fortschritt (S. 4959). Mülheim: Arich.

Arbeitsstab Forum Bildung (2001). Empfehlungen des Forum Bildung vom 19.11.2001. Bonn.

Baden-Württemberg, Ministerium für Kultus, Jugend und Sport (2006). Orientierungsplan für Bildung und Erziehung für die baden-württembergischen Kindergärten. Pilotphase. Weinheim und Basel: Beltz.

Bayerisches Staatsministerium für Arbeit und Sozialordnung, Familie und Frauen & Staatsinstitut für Frühpädagogik (2006). Der Bayerische Bildungs- und Erziehungsplan für Kinder in Tageseinrichtungen bis zur Grundschule (2. Aufl.). Weinheim und Basel: Beltz.

Beck, R. (2007). Kinder lieben Märchen ... und entdecken Werte. München: Knaur.

Becker-Textor, I. (Hrsg.). (1995). Maria Montessori. Lernen ohne Druck. Freiburg i. B.: Herder.

Becker-Textor, I. (o. J.). Maria Montessori. Erziehung zur Selbständigkeit. In Kindergarten heute spezial, S. 16.

Bettelheim, B. (1987). Ein Leben für Kinder. Erziehung in unserer Zeit. Frankfurt a. M.: Büchergilde.

Braun, U. (2003). Fünf Jahre Einschätzskalen Qualitätsfeststellung in Tageseinrichtungen für Kinder nimmt zu. Kita aktuell NRW, 2, 4043.

Brezinka, W. (1989). Aufklärung über Erziehungstheorien: Beiträge zur Kritik der Pädagogik. München, Basel: E. Reinhardt.

Brezinka, W. (1990). Grundbegriffe der Erziehungswissenschaft. München: Reinhardt.

Bronfenbrenner, U. (1976). Ökologische Sozialisationsforschung. Stuttgart: Klett-Cotta.

Brofenbrenner, U. (1982). Wie wirksam ist kompensatorische Erziehung? Frankfurt, Berlin, Wien: Ullstein.

Bundesministerium für Familie, Senioren, Frauen und Jugend (1995). Kinder und Jugendhilfegesetz (SGB VIII). Bonn.

Colberg-Schrader, H. (2003). Informelle und institutionelle Bildungsorte: Zum Verhältnis von Familie und Kindertageseinrichtung. In W. E. Fthenakis (Hrsg.), Elementarpädagogik nach PISA (S. 266-284). Freiburg: Herder.

Der Minister für Bildung, Kultur und Wissenschaft (2004). Bildungsprogramm für Saarländische Kindergärten. Weimar, Berlin: Verlag das Netz.

DIE ZEIT (2005). Das Lexikon. Band 02. Mannheim: Zeitverlag.

dtv-Lexikon (2005). Band 2 und 8. München: dtv.

Ellermann, W. (2004). Bildungsarbeit im Kindergarten erfolgreich planen. Weinheim: Beltz.

Elschenbroich, D. (2001a). Verwandelt Kindergärten in Labors, Ateliers, Wälder. DIE ZEIT, 44.

Elschenbroich, D. (2001b). Weltwissen der Siebenjährigen. Wie Kinder die Welt entdecken können. München: Kunstmann.

Flitner, A. (1968). Der Streit um die Vorschulerziehung. In G. Bittner & E. Schmid-Cords (Hrsg.), Erziehung in früher Kindheit (S. 364-384). München: Piper.

Flitner, A. (1999). Reform der Erziehung. Impulse des 20. Jahrhunderts. München: Piper.

Freie Hansestadt Bremen. Der Senator für Arbeit, Frauen, Gesundheit, Jugend und Soziales (2004). Rahmenplan für Bildung und Erziehung im Elementarbereich. Bremen-Brinkum: Scharnhorst & Reincke.

Freie und Hansestadt Hamburg. Behörde für Soziales (2005). Hamburger Bildungsempfehlungen für die Bildung und Erziehung von Kindern in Tageseinrichtungen. Hamburg: Lütcke & Wulff.

Fried, L. (1993). Kindergarten. In M. Markefka & B. Nauck, Handbuch der Kindheitsforschung (S. 557-565). Neuwied: Luchtermann.

Fried, L. (2003). Einleitung. In L. Fried, S. Roux, A. Frey & B. Wolf (Hrsg.), Vorschulpädagogik. Hohengehren: Schneider.

Fried, L., Roßbach, H. G., Tietze, W. & Wolf, B. (1992). Elementarbereich. In K. Ingenkamp et al. (Hrsg.), Empirische Pädagogik 1970-1990 in der BRD – ein Trendbericht (S. 197-264). Weinheim: Deutscher Studien Verlag.

Fthenakis, W. E. (2002). Bildung und Erziehung für Kinder unter sechs Jahren: Der bayerische Bildungs- und Erziehungsplan. Bildung, Erziehung, Betreuung von Kindern in Bayern, 7(1), S. 4-6.

Fthenakis, W. E. (2004). Der Bildungsauftrag im Kindergarten: ein umstrittenes Terrain. Verfügbar unter: http://www.familienhandbuch.de/cmain/f_Aktuelles/a_Kindertagesbetreuung/s_739.html [02.05.2007].

Gehlen, A. (1962). Der Mensch: seine Natur und seine Stellung in der Welt. Frankfurt: Athenäum.

Geißler, E. E. (1975). Erziehungsmittel. Bad Heilbrunn: Klinkhardt.

Gemeinsamer Rahmen der Länder für die frühe Bildung in Kindertageseinrichtungen (2004). Verfügbar unter: http://www.rahmenplan.de [30.11.2006].

Giesecke, H. (1990). Einführung in die Pädagogik. Weinheim: Beltz.

Giesecke, H. (1993). Hitlers Pädagogen. Theorie und Praxis nationalsozialistischer Erziehung. Weinheim: Juventa.

Giesecke, H. (2000). Pädagogik als Beruf: Grundformen pädagogischen Handelns. Weinheim und München: Juventa.

Gisbert, K. (2004). Neue Bildungsinhalte. In I. Wehrmann (Hrsg.), Kindergärten und ihre Zukunft (S. 138-149). Weinheim: Beltz.

Gudjons, H. (1999). Erziehungswissenschaft kompakt. Hamburg: Bermann + Helbig.

Hentig, H. v. (1985). Die Menschen stärken, die Sachen klären. Ein Plädoyer für die Wiederherstellung der Aufklärung. Stuttgart: Reclam.

Hentig, H. v. (2004 a). Bildung – Ein Essay. Weinheim und Basel: Beltz.

Hentig, H. v. (2004 b). Rousseau oder Die wohlgeordnete Freiheit. München: C. H. Beck.

Herbart, J. F. (o. J.). Über die ästhetische Darstellung der Welt als das Hauptgeschäft der Erziehung. Über die dunkle Seite der Pädagogik. Weinheim: Beltz.

Herders Sprachbuch (1964). Ein neuer Weg zu gutem Deutsch. Freiburg i. B.: Herder.

Hessisches Sozialministerium und Hessisches Kultusministerium (2005). Bildung von Anfang an. Bildungs- und Erziehungsplan für Kinder von 0 bis 10 Jahren in Hessen. Niedernhausen/Ts.: Elektra GmbH.

Heydorn, H. J. (1970). Über den Widerspruch von Bildung und Herrschaft. Frankfurt.

http://www.bund.de/nn_351516/DE/BuB/Behoerden/Land/Allgemein/Landeshauptstaedte/Landeshauptstaedte-knoten.html__nnn=true [05.05.2007].

http://de.wikipedia.org/wiki/Wolfgang_Klafki#Kategoriale_Bildung [23.05.2007].

http://www.didaktik.unijena.de/docs/bitheo_did.pdf [12.04.2007].

http://www.mckinseybildet.de/html/05_kongress/kongress_vortraege_02.php [16.02.2007].

http://www.mpib-berlin.mpg.de/pisa/PISA [03.05.2007].

http://www.paedal.de [26.06.2007].

Hüther, G. (2004). Kinder brauchen Wurzel. Zum Verhältnis von Bindung und Bildung. In A. Schavan (Hrsg.), Bildung und Erziehung (S. 17-26). Frankfurt: Suhrkamp.

Jank, W. & Meyer, H. (1991). Didaktische Modelle. Frankfurt a. M.: Scriptor.

Jaspers, K. (1992). Was ist Erziehung? München: Piper.

Jugendministerkonferenz (JKM) (2004). Gemeinsamer Rahmen der Länder für die Bildung in Kindertageseinrichtungen. In Ministerium für Bildung, Jugend und Sport (Hrsg.), Grundsätze elementarer Bildung (S. 39-47). Potsdam: KitaDebatte, 1/2004.

Klafki, W. (1993). Neue Studien zur Bildungstheorie und Didaktik: Zeitgemäße Allgemeinbildung und kritischkonstruktive Didaktik. Weinheim und Basel: Beltz.

Kluge, N. (2006). Das Bild des Kindes in der Pädagogik der frühen Kindheit. In L. Fried & S. Roux (Hrsg.), Pädagogik der frühen Kindheit (S. 22-33). Weinheim und Basel: Beltz.

Knauf, T. (2000). ReggioPädagogik. Ein italienischer Beitrag zur konsequenten Kindorientierung in der Elementarerziehung. In W. Fthenakis & M. R. Textor (Hrsg.), Pädagogische Ansätze im Kindergarten (S. 181-201). Weinheim: Beltz.

Kinder- und Jugendhilfegesetz (1995). Achtes Buch Sozialgesetzbuch (7. Aufl.). Bonn: Bundesministerium für Familie, Senioren, Frauen und Jugend.

Korczak, J. (1979). Wie man ein Kind lieben soll. Hrsg. von E. Heimpel und H. Roos. Göttingen: Vandenhoeck & Ruprecht.

Kozdon, B. (1994). Erziehungsfragen in der Gegenwart. In N. Seibert & H. J. Serve (Hrsg.), Bildung und Erziehung an der Schwelle zum dritten Jahrtausend (S. 696-727). München: PimS.

Kraft, V. (1996). Pestalozzi oder Das Pädagogische Selbst. Bad Heilbrunn: Klinkhardt.

Laewen, H. J. (2002). Bildung und Erziehung in Kindertageseinrichtungen. In H. J. Laewen & B. Andres (Hrsg.), Bildung und Erziehung in der frühen Kindheit. Bausteine zum Bildungsauftrag von Kindertageseinrichtungen (S. 16-102). Weinheim: Beltz.

Langewand, A. (2001). Bildsamkeit. In D. Lenzen (Hrsg.), Pädagogische Grundbegriffe, Band 1 (S. 204-208). Hamburg: Rowohlt.

Lenzen, D. (Hrsg.). (2001). Pädagogische Grundbegriffe Band 1 und 2. Stuttgart: Klett.

Luhmann, N. (2002). Das Erziehungssystem der Gesellschaft. Frankfurt: Suhrkamp.

Marotzki, W. (2006). Erziehung. In H. H. Krüger, Wörterbuch der Erziehung (S. 146-152). Opladen: Budrich.

März, F. (1980). Problemgeschichte der Pädagogik. Band II. Pädagogische Anthropologie 2. Teil. Bad Heilbrunn: Klinkhardt.

Mayring, P. (1997). Qualitative Inhaltsanalyse: Grundlagen und Techniken. Weinheim: Dt. Studien-Verlag.

Mayring, P. (2000, Juni). Qualitative Inhaltsanalyse [28 Absätze]. Forum Qualitative Sozialforschung / Forum: Qualitative Social Research [Online Journal],1(2). Verfügbar unter: http://qualitativeresearch.net/fqs/fqsd/200inhaltd.htm [15.06.2007].

Merten, K. (1983). Inhaltsanalyse: Einführung in Theorie, Methode und Praxis. Opladen: Westdt. Verlag.

Ministerium für Bildung, Frauen und Jugend, Rheinland-Pfalz (2004). Bildungs- und Erziehungsempfehlungen für Kindertagesstätten in Rheinland-Pfalz. Weinheim und Basel: Beltz.

Ministerium für Bildung, Jugend und Sport des Landes Brandenburg (2004). Grundsätze elementarer Bildung in Einrichtungen der Kindertagesbetreuung im Land Brandenburg. Potsdam.

Ministerium für Bildung, Wissenschaft, Forschung und Kultur des Landes Schleswig-Holstein (2004). Erfolgreich starten. Kiel.

Ministerium für Gesundheit und Soziales des Landes Sachsen-Anhalt (2004). Bildungsprogramm für Kindertageseinrichtungen in Sachsen-Anhalt. Bildung: elementar – Bildung von Anfang an. Halberstadt: Halberstädter Druckhaus GmbH.

Ministerium für Schule, Jugend und Kinder des Landes Nordrhein-Westfalen (2003). Bildungsvereinbarungen NRW. Fundament stärken und erfolgreich starten. Düsseldorf.

Montessori, M. (1996). Kinder sind anders. München: dtv.

Niedersächsisches Kultusministerium (2005). Orientierungsplan für Bildung und Erziehung im Elementarbereich niedersächsischer Tageseinrichtungen für Kinder. Langenhagen: Schlütersche Druck GmbH & Co. KG.

OECD (2004). Die Politik der frühkindlichen Betreuung, Bildung und Erziehung in der Bundesrepublik Deutschland. Ein Länderbericht der Organisation für wirtschaftliche Zusammenarbeit und Entwicklung (OECD).

Oelkers, J. (2001). Einführung in die Theorie der Erziehung. Weinheim und Basel: Beltz.

Öhlschläger, A. (Hrsg.). (1999). Janucz Korczak. Kinder achten und lieben. Freiburg: Herder.

Otto, J. (2007). Meines kann schon mehr. DIE ZEIT, 06.09.2007, 37.

Portman, R. (2001). Kinder haben Rechte. München: Don Bosco.

Rauschenbach, T. (2002). Der Bildungsauftrag des Kindergartens. In Ministerium für Frauen, Jugend, Familie und Gesundheit des Landes NordrheinWestfalen / Sozialpädagogisches Institut des Landes Nordrhein Westfalen (Hrsg.), Lebensort Kindertageseinrichtung. Bilden – Erziehen – Fördern. Frühkindliche Bildung im Kindergarten. Chancen und Möglichkeiten nach der PISA-Studie, Dokumentation. http:/www.tageseinrichtungen.nrw.de/diskurs/doku_ws5.pdf.

Retter, H. (1983). Curriculumtheorien im Elementarbereich. In U. Hameyer, K. Frey & H. Haft (Hrsg.), Handbuch der Curriculumforschung (S. 129-137). Weinheim: Beltz.

Rink, F. T. (1922). Immanuel Kant über Pädagogik. In K. Vorländer (Hrsg.), Immanuel Kant. Sämtliche Werke. Band 8 (S. 205). Leipzig: Baustein.

Roth, G. (2004). Warum sind Lehren und Lernen so schwierig? Zeitschrift für Pädagogik, 50, 496-506.

Roth, H. (1966). Pädagogische Anthropologie. Band 1: Bildsamkeit und Bestimmung. Hannover: Schroedel.

Roth, X. (2005). Bildungs- und Erziehungsempfehlungen für Kindertagesstätten in Rheinland-Pfalz. Vom Prozess der Entstehung, Weiterentwicklung und Umsetzung: Chancen und Herausforderungen. In E. Hammes-DiBernando & S. Hebenstreit-Müller (Hrsg.), Innovationsprojekt Frühpädagogik. Hohengehren: Schneider.

Röchner, M. (1987). Erziehungspraxis im Kindergarten: Curricula, Einstellungen und Verhalten. In B. Wolf (Hrsg.), Zuwendung und Anregung (S. 159-187). Weinheim: Deutscher Studienverlag.

Roßbach, H. G. (2005). Die Bedeutung eines Orientierungsplans für die Weiterentwicklung der frühkindlichen Bildung und Erziehung in Kindertageseinrichtungen. Vortrag auf der didacta. Stuttgart.

Roux, S. (2002). Wie sehen Kinder ihren Kindergarten? Theoretische und empirische Befunde zur Qualität von Kindertagesstätten. Weinheim, München: Juventa.

Roux, S. (2003). Vorschulkonzeptionen im Wandel. Was war, was ist, was kommt? In S. Roux (Hrsg.), PISA und die Folgen. Bildung im Kindergarten. Grundlagen, Materialien, Perspektiven (S. 28-41). Landau: Verlag Empirische Pädagogik.

Roux, S. & Schmiedt, J. (2004). Geschichte der Pädagogik kompakt (Erziehungswissenschaft, Band 17). Landau: Verlag Empirische Pädagogik.

Sächsisches Staatsministerium für Soziales (2006). Der Sächsische Bildungsplan – ein Leitfaden für pädagogische Fachkräfte in Kinderkrippen und Kindergärten. Weimar, Berlin: verlag das netz.

Schäfer, G. E. (2002). Bildungsprozesse im Kindesalter: Selbstbildung, Erfahrung und Lernen in der frühen Kindheit. Weinheim und München: Juventa.

Schneewind, K. A. (2002). Familienentwicklung. In R. Oerter & L. Montada. (Hrsg.), Entwicklungspsychologie (5. Aufl.) (S. 105-127). Weinheim: Psychologie Verlags Union.

Schuster, K. M. (2006). Rahmenpläne für die Bildungsarbeit. In L. Fried & S. Roux (Hrsg.), Pädagogik der frühen Kindheit (S. 145-156). Weinheim und Basel: Beltz.

Schwenk, B. (2001). Bildung. In D. Lenzen (Hrsg.), Pädagogische Grundbegriffe, Band 1, S. 208-221. Hamburg: Rowohlt.

Senatsverwaltung für Bildung, Jugend und Sport (2004). Berliner Bildungsprogramm für die Bildung, Erziehung und Betreuung von Kindern in Tageseinrichtungen bis zu ihrem Schuleintritt. Berlin: verlag das netz.

Sesnik, W. (WS 2000/2001). Bildungstheorie. Begleitender Text zur Vorlesung. Institut für Pädagogik der TU Darmstadt.

Singer, W. (2003). Was kann ein Mensch wann lernen? In W. E. Fthenakis (Hrsg.), Elementarpädagogik nach PISA (S. 67-75). Freiburg: Herder.

Sozialministerium des Landes Mecklenburg-Vorpommern (2004). Rahmenplan für die zielgerichtete Vorbereitung von Kindern in Kindertageseinrichtungen auf die Schule (2. Aufl.). Schwerin: cw Oboritendruck GmbH.

Spitzer, N. (2007). Lernen. Gehirnforschung und die Schule des Lebens. München: Elsevier GmbH.

Textor, M. R. (1999). Bildung, Erziehung, Betreuung. Unsere Jugend 1999, 51(12), 527-533.

Textor, M. R. (o. J. a). Der Bildungsauftrag des Kindergartens. Verfügbar unter: http://www.kindergartenpaedagogik.de/844.html [12.05.2007].

Textor, M. R. (o. J. b). Die Erzieherin-Kind-Beziehung aus Sicht der Forschung. Verfügbar unter: http://www.kindergartenpaedagogik.de/1596.html [18.09.2007].

Thüringer Kultusministerium (2006). Thüringer Bildungsplan für Kinder bis 10 Jahre. Erprobungsfassung September 2006.

Tietze, W. (2001). Bildet der Kindergarten wirklich? GEW Berlin, 6, Verfügbar unter: http://www.gew-berlin.de/blz/373.htm

UN-Kinderrechtskonvention. 1992 für Deutschland in Kraft getreten. Übereinkommen über die Rechte der Kinder.

Wolf, B., Brandt, D., Degel, Ch., Götte, R. & Röchner, M. (1987). Theoretischer Gesamtrahmen. In B. Wolf (Hrsg.), Zuwendung und Anregung. Lernumweltforschung und Sprachentwicklung im Elternhaus und Kindergarten (6-28). Weinheim: Deutscher Studienverlag.

Wolf, B. (1987). Lernumwelt Kindergarten: Zu den Einflüssen der Erzieherinnen. In B. Wolf (Hrsg.), Zuwendung und Anregung (S. 122-158). Weinheim: Deutscher Studienverlag.

Wolf, B. (2002). Elternhaus und Kindergarten. Aachen: Shaker.

Wolf, B. (2003). Bildung als ein Aspekt der Qualität von deutschen Kindergärten. In T. Banaszkiewicz, W. Szlufika & A. Pekali (Hrsg.), Z Najnowszych Badan Nad Wczesna Edukacja Dziecka (S. 79-90). Czestochowa: Wydawnictwo Wyzszej Skoly Pedagogicznej.

Wustmann, C. (2004). Resilienz: Widerstandsfähigkeit von Kindern in Tageseinrichtungen fördern. Weinheim, Basel: Beltz.

Zimiles, H. (2000). Kommentar zu ausgewählten Aspekten der ReggioPädagogik. In W. Fthenakis & M. R. Textor (Hrsg.), Pädagogische Ansätze im Kindergarten (S. 202-208). Weinheim: Beltz.

Anhang

Die Abkürzungen der Bundesländer:

BW	Baden-Württemberg	**HE**	Hessen	**SL**	Saarland
BY	Bayern	**MV**	Mecklenburg-Vorpommern	**SN**	Sachsen
BE	Berlin	**NI**	Niedersachsen	**ST**	Sachsen-Anhalt
BB	Brandenburg	**NW**	Nordrhein-Westfalen	**TH**	Thüringen
HB	Bremen	**RP**	Rheinland-Pfalz		
HH	Hamburg	**SH**	Schleswig-Holstein		

Quelle:
http://www.bund.de/nn_351516/DE/BuB/Behoerden/Land/Allgemein/Landeshauptstaedte/Landeshauptstaedte-knoten.html__nnn=true [05.05.07].

BL	Literaturangabe
BW	Baden-Württemberg Ministerium für Kultus, Jugend und Sport (2006). Orientierungsplan für Bildung und Erziehung für die baden-württembergischen Kindergärten. Pilotphase. Weinheim und Basel: Beltz. http://www.kmbw.de/servlet/PB/s/bo3r7b16u7g5z16flxy1kbh7f6c5mtwx/show/1182991/OrientierungsplanBawue_NoPrintversion.pdf [10.05.2007].
BY	Bayerisches Staatsministerium für Arbeit und Sozialordnung, Familie und Frauen & Staatsinstitut für Frühpädagogik (2006) (2. Aufl.). Der Bayerische Bildungs- und Erziehungsplan für Kinder in Tageseinrichtungen bis zur Grundschule. Weinheim und Basel: Beltz.
BE	Senatsverwaltung für Bildung, Jugend und Sport (2004). Berliner Bildungsprogramm für die Bildung Erziehung und Betreuung von Kindern in Tageseinrichtungen bis zu ihrem Schuleintritt. Berlin: verlag das netz. http://www.berlin.de/imperia/md/content/senbildung/bildungswege/vorschulische_bildung/berliner_bildungsprogramm_2004.pdf [10.05.2007].
BB	Ministerium für Bildung, Jugend und Sport des Landes Brandenburg (2004). Grundsätze elementarer Bildung in Einrichtungen der Kindertagesbetreuung im Land Brandenburg. http://www.brandenburg.de/sixcms/media.php/1234/bildungsgrundsaetze.pdf [10.05.2007].
HB	Freie Hansestadt Bremen. Der Senator für Arbeit, Frauen, Gesundheit, Jugend und Soziales (2004). Rahmenplan für Bildung und Erziehung im Elementarbereich. Bremen-Brinkum: Scharnhorst & Reincke. http://lehrplan.bremen.de/sek2b/vollzeit/fs/fss/rlphb/download [10.05.2007].

HH	Freie und Hansestadt Hamburg Behörde für Soziales (2005). Hamburger Bildungsempfehlungen für die Bildung und Erziehung von Kindern in Tageseinrichtungen. Hamburg: Lütcke & Wulff. http://fhh.hamburg.de/stadt/Aktuell/behoerden/sozialesfamilie/kita/bildung/bildungsempfehlungen-pdf,property=source.pdf [10.05.2007].
HE	Hessisches Sozialministerium und Hessisches Kultusministerium (2005). Bildung von Anfang an. Bildungs- und Erziehungsplan für Kinder von 0 bis 10 Jahren in Hessen. Niedernhausen/Ts.: Elektra GmbH. http://www.kultusministerium.hessen.de/irj/HKM_Internet?cid=d6edd99ab3c6c73e0d2dc2f0e02715b9 [10.05.2007].
MV	Sozialministerium des Landes Mecklenburg-Vorpommern (2004) (2. Aufl.). Rahmenplan für die zielgerichtete Vorbereitung von Kindern in Kindertageseinrichtungen auf die Schule. Schwerin: cw Oboritendruck GmbH. http://www.sozial-mv.de/doku/Rahmenplan.pdf [10.05.2007].
NI	Niedersächsisches Kultusministerium (2005). Orientierungsplan für Bildung und Erziehung im Elementarbereich niedersächsischer Tageseinrichtungen für Kinder. Langenhagen: Schlütersche Druck GmbH & Co.KG. http://cdl.niedersachsen.de/blob/images/C3374461_L20.pdf [10.05.2007].
NW	Ministerium für Schule, Jugend und Kinder des Landes Nordrhein-Westfalen (2003). Bildungsvereinbarungen NRW. Fundament stärken und erfolgreich starten. Düsseldorf. http://www.callnrw.de/php/lettershop/download/865/download.pdf [10.05.2007].
RP	Ministerium für Bildung, Frauen und Jugend, Rheinland-Pfalz (2004). Bildungs- und Erziehungsempfehlungen für Kindertagesstätten in Rheinland-Pfalz. Weinheim und Basel: Beltz.
SH	Ministerium für Bildung, Wissenschaft, Forschung und Kultur des Landes Schleswig-Holstein (2004). Erfolgreich starten. Kiel. http://www.schleswig-holstein.de/Bildung/DE/Downloads/KiTas/Leitlinien Bildungsauftrag,templateId=raw,property=publicationFile.pdf [10.05.2007].
SL	Der Minister für Bildung, Kultur und Wissenschaft (2006). Bildungsprogramm für Saarländische Kindergärten. Weimar, Berlin: Verlag das Netz. http://www.saarland.de/dokumente/thema_bildung/Saarland_Programm.pdf [10.05.2007].
SN	Sächsisches Staatsministerium für Soziales (2006). Der Sächsische Bildungsplan – ein Leitfaden für pädagogische Fachkräfte in Kinderkrippen und Kindergärten. Weimar, Berlin: Verlag das Netz. http://www.kita-bildungsserver.de/168.0.html?did=37 [10.05.2007].
ST	Ministerium für Gesundheit und Soziales des Landes Sachsen-Anhalt (2004). Bildungsprogramm für Kindertageseinrichtungen in Sachsen-Anhalt. Bildung: elementar – Bildung von Anfang an. Halberstadt: Halberstädter Druckhaus GmbH. http://www.kitas-im-dialog.de/download/recht_bildungsprogramm.pdf [10.05.2007].
TH	Thüringer Kultusministerium (2006). Thüringer Bildungsplan für Kinder bis 10 Jahre. Erprobungsfassung September 2006. http://www.thueringer-bildungsplan.de/ [10.05.2007].